JN269796

新 人が学ぶということ

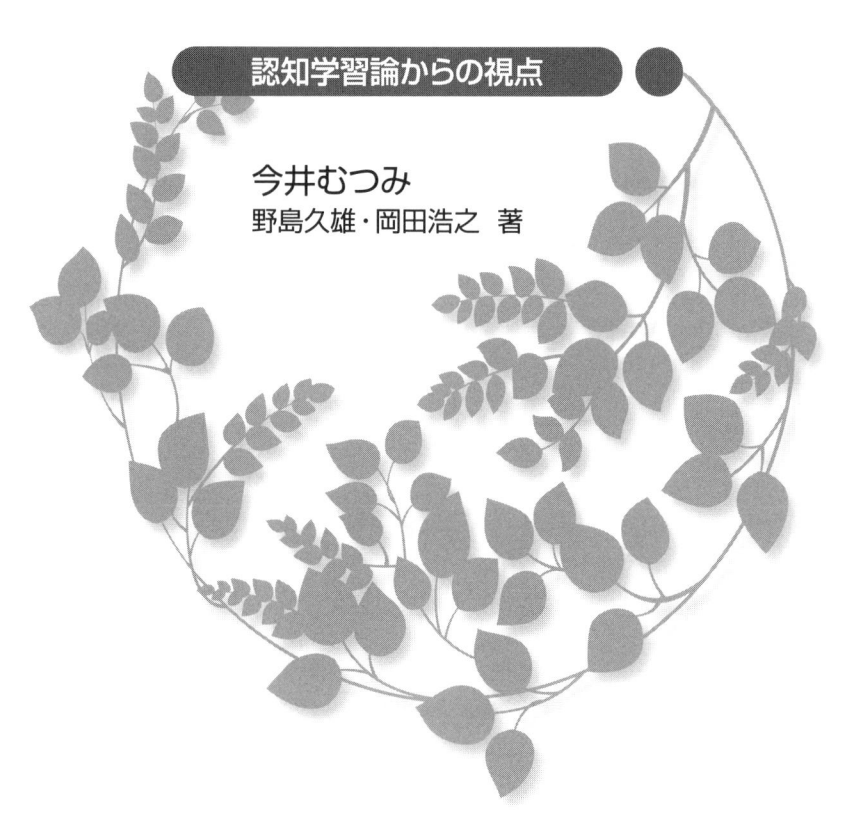

認知学習論からの視点

今井むつみ
野島久雄・岡田浩之 著

北樹出版

はじめに

　「学ぶということ」は老若男女だれにとっても関心があることだろう。近年では特に子どもたちの学校での学習について，ゆとり教育のもたらしたもの，学力低下問題などの問題が大きな社会問題となっている。また，学習するのは子どもだけではない。コンピュータやネットワークをはじめとする日進月歩の新しい知識や技術をどのように身につけていったらいいのかは，多くの大人にとっても身近で切実な問題だろう。それにもかかわらず，この「学ぶということ」について考えるための情報，それも科学的な知見にもとづく基本的な事実が理解されていないと私たち筆者は感じている。

　私たちの専門は，認知心理学・認知科学である。認知心理学・認知科学は目や耳に入って来る情報を人がどのように処理し，理解したり記憶したりするのか，どのようにその場にない情報を推論で補い，思考し，問題を解決するのかなど，人の心の働きの仕組みを科学的に明らかにしようとする学問である。本書は，最近の学習に関しての認知にかかわる主なテーマをまとめた教科書として企画された。その趣旨にそって，学生はもちろんのこと，学ぶということに興味を持つ多くの人々にとっての学習の手引きとしての役割を果たすことができるように本書を執筆したつもりである。

　それだけにとどまらない。私たちが本書にこめたねらいは，「学ぶということ」はいったい何なのか，という根本的な問題に対して，認知科学の立場からの情報発信をすることにある。

　「学び」という人間にとって非常に大事な問題について，認知心理学・認知科学はこれまでに数多くの知見を明らかにしている。それらの知見は直接的・間接的に「よりよい学びとは何か」「よりよく学ぶためにはどうしたらよいのか」を考える上で大きなヒントとなるはずのものである。それにもかかわらず，残念なことに，これらの認知科学の成果は，一般にはあまりよく知られていない。そのため，これらの成果は，私たち誰もが最も関心があること，つまり「学び」ということに十分に活かされているとはいえない。後で述べるように，「学び」は学校で学ぶことだけに限らない。しかし，学校で学ぶ様々な知識やスキルは

子どもが現代社会で生きていくための核になるものであり，学校でどのようなことを教え，学習の成果として何を目指すべきなのかということについても，認知科学の数々の重要な発見が貢献しているとは言い難い状況である。

「学習」は認知科学の中でももっとも重要なテーマと言ってよいだろう。しかし，一口に「学習」といってもいろいろある。学習ということばに対して個々の研究者が持っているイメージも，定義も，研究パラダイムも非常にバラエティに富む。学習をするのは人間か，動物か，コンピュータか。人間を対象とする場合でも，幼児を対象とするのか，学齢期の児童を対象とするのか，大人を対象とするのか。学習する課題は身体運動にかかわるものか，何かを記憶するという単純な課題なのか，それともいくつかのステップを踏んで問題解決をしなければならないような複雑な課題なのか。一口に学習といってもその定義とアプローチのしかたは研究者の数だけあるといっても過言ではない。

認知科学は20世紀中頃の成立以来，一貫して，人の知性・人の学習を研究の対象としてきた。そこから明らかになったことも多い。それにもかかわらずその成果が一般の人にあまり伝わらないのは，なぜなのだろうか。

認知科学の多面性も原因のひとつなのかもしれない。先ほど述べたように一口に「学習」といってもたくさんの種類の学習があり，それぞれの分野の学習がいろいろなレベルで研究されている。個々の研究の成果はとても重要で，興味深いものであるが，それぞれが互いにどのような関係にあるのか，それぞれの成果が集まったときに全体としてどのようなことが言えるのか，そして，それらが学校教育での学習にどのように役に立つのかなどがわかりにくかったのではないだろうか。

子どもの言語と概念の学習のメカニズムは，運動の学習や技能の学習のメカニズムとどのように関連しているのだろうか。子どもは母語を特別な訓練もなくやすやすと学習できるのに，大人になるとどうして外国語を学習するのが難しいのだろうか。赤ちゃんでも数の概念を持ち，たし算，ひき算ができるという研究結果があるのに，どうして小学校の算数で子どもはつまずいてしまうのか。

本書「新・人が学ぶということ」は2002年に刊行された「人が学ぶということ：認知学習論からの視点」を全章にわたり大きく改訂したものである。

2002年当時はまだITということばが新鮮で，ITをどのように教育に生かすか，ということが重要なテーマだった。しかし，それから10年後の現在，ITはもはや私たちの生活のなかに融け込み，「ITと教育」についてわざわざ取り立てて考える必要は薄れたように感じる。むしろ，ITによってもたらされた「情報の海」に溺れずに，いかに能動的に学ぶか，いかに21世紀をよりよく生きていくための学習能力やそれに必要なスキルを身につけることができるのかということが大きくクローズアップされてきている。「記憶して，知っているけれど使えない知識」ではなく，「問題解決に使える知識」が大事だという，ある意味であたりまえのことがあらためて見直され，教育の目標としてわざわざ掲げられるようになったのである。これは，ITにより，瞬時に検索できるようになった情報を個人の記憶の中に溜めこんでおくことが必要でなくなったという事情もあるが，それ以上に，「問題解決に使える知識」——これを本書では「生きた知識」と呼ぶ——を身につけるのがそれだけ難しく，昔からそういうことが言われていたのに，実際どのように教育現場で扱ったらよいのかわからず，手がつけられなかった，ということが背景にあるように思う。そもそも，「生きた知識」とは何なのか。「知っているけれど使えない知識」とどのように違うのか。これまで，この問題は，哲学者や教育学者によって理念的に語られるだけであったが，このような抽象論では「生きた知識」を子どもたちに身につけさせるにはどうしたらよいか，という教育実践の問題に落とし込めないのである。

「新・人が学ぶということ」では「生きた知識の学習」とは何か，どのようにしたら「生きた知識」を身につけることができるのか，ということを，認知科学がこれまで積み上げてきた科学的根拠をもとにあらためて問い直すことを改訂の主眼とした。ただ，「問い直す」のは著者たちだけでない。読者一人ひとりにこの問題を自分で考えてほしいのだ。本書はそのための理論的枠組みとヒントを提供する，というように理解していただきたい。

ここで本書の構成を簡単に紹介しよう。

本書では，学習を「知識の変容」，「課題に対する情報処理の最適化」，「熟達化」という3つの概念を軸にして，さまざまな分野の学習をオムニバス式にと

りあげる。しかし，それぞれの分野の学習メカニズムの各論に終始するのではなく，全体を通して人間の知性の全体像，そして人の学びの本質が透けて見えるような構成にしたいと考えた。

- まず第1章で学習を「知識」「情報処理」「熟達化」をキーワードとして考える認知学習論の考え方を紹介する。
- 第2章では赤ちゃんがどのようなことを知り，どのようなことを理解しているのかというテーマをとりあげ，知識の起源について考察する。
- 第3章は乳幼児がどのようにことばを学習し，語彙を築き上げていくかについて議論し，そこから人間の学習の性質を考える。
- 第4章ではコンピュータの知性，コンピュータの学習を人間と比較することにより，人間の知性，学習のしかたの特徴が何かを考察する。
- 第5章では，子どもが算数や理科のどのようなところで，なぜつまずくのかを，人が素朴に持つ物事の説明理論（素朴理論）の観点から考察する。
- 第6章は外国語学習がなぜ難しいのかを考え，よりよい，実りある外国語教育について議論する。特に，臨界期という観点から言語の学習を始める時期と学習の仕方の関係について考察する。
- 第7章は学習の非常に進んだ状態である「熟達」についてあらためてとりあげ，熟達者がどのような認知的特徴を持っているのか，各界で一流の熟達者になるためには何が必要なのかを考察する。ここでは，付録として能と将棋の分野で第一人者として活躍しておられる二人の熟達者の対談を掲載した。一流の人たちがどのようなことを考え，どのように学んでいるのかをこの対談から感じ取ってほしい。
- 第8章は21世紀の現代，未来を生きる子供たちが必要とする知識とは何か，ということから，一般的にテストで測られるような「事実の記憶」を超えて，知識にはどのような種類のものがあるのか，どのような知識が大事なのか，という問題を議論する。
- 第9章では，本書のまとめとして，よりよい学びとは何か，よりよい学びを支える教育とはどうあるべきなのかについて，教育実践例を紹介しつつ，議論する。

「学び」に関する著作はすでに多数ある。認知科学の視点から書かれた良書もずいぶんある。その中で本書のユニークな点は、「生きた知識の学習」という問題を、通常取り上げられる数学や科学など、学校教育に関係する分野に限らず、子どもの言語と概念の学習やコンピュータ・ロボットの学習などの視点も加え、多方面から考えようとするところにある。乳幼児が言語を学ぶ時、大人が直接何かを教える、ということはほとんどしない。膨大な数の単語の意味を子どもに一つひとつ教えることはしないし、単語を文にしていくための規則——つまり文法——を手とり足とりして教えることはしない。子どもは大人が使う言語にさらされる、ただそれだけで、自分で文をつくるための規則を抽出し、ことばの意味を自分で考えて（つまり「推論」によって）言語を学習していくのである。乳幼児が言語を学習する時に獲得する知識はまさに「生きた知識」である。子どもは、今持っている知識を総動員して、周りの人が話していることばを理解しようとし、自分の言い分を伝えるためにことばを使うのだから。乳幼児は、自分が使う、それ以外の目的で（例えばテストの準備のために）言語を学習するということはしない。乳幼児がどのようにして（大人の力は借りつつも基本的にはすべて）自分で言語を学習しているのかを理解することは、言語に限らずすべての分野において、私たちが「生きた知識」とは何か、「生きた知識」はどのようにしたら身につくのか、と言う問題を考えるのに、非常に役立つはずだ。

　ロボットの学習は人の乳幼児の学習と非常に対照的だ。そもそも、人の赤ちゃんがごく当たり前に行っている「自分で考え、推論して知識を増やしていく」ということがロボットには非常に難しい問題なのである。ロボットが何かを学習するためにはどのようなハードウエアや学習装置、知識が必要なのか、と言う問題を考えることで、人が当たり前に行っている「学習」がいかに精緻で複雑なものなのかをあらためて見直すことができる。また、コンピュータの計算の仕方（つまりコンピュータの思考のしかた）と人の思考を比べることで、人の思考がどのような性質のものなのかをあらためて考えるきっかけになるだろう。

　「新・人が学ぶということ」では著者に岡田浩之が加わった。岡田は人工知能・ロボット工学が専門であるが、岡田の目的は、ロボットを作ること自体よりも、人とコミュニケートできるロボットをつくることで人の知能、学習をより深く理解することにあるのである。

繰り返しになるが，本書はこのように，学習に関係する認知科学の様々なトピックをオムニバスに取り上げてはいるが，それは，知識，特に「生きた知識」を得る仕組みとはどういうことなのか，それをどのように教育実践に繋げていくかいくかを読者一人ひとりが考えるための材料にすぎない。人にとって，よりよい学びとは何か，そのために子どもたちにどのような教育の場を提供するべきなのか，という，何よりも大事な問題を考えるのは，著者たちではなく，文部科学省でもなく，教育の専門家と言われる大学研究者でも，教育評論家でもない。あなた方読者一人ひとりなのだ。本書が読者の人間観・学習観・教育観にいくらかなりとも影響を及ぼすことができ，人間の知性のありかた，よりよい学び，よりよい教育を考えるきっかけになってくれれば私たちにとって至上の喜びである。

【感謝のことば】

本書旧版「人が学ぶということ」は慶應義塾大学SFCで担当する「認知学習論」のシラバスを目にした北樹出版の福田千晶さんが執筆を進めてくださり，その企画に野島が加わって誕生した。それからちょうど10年が経ち，認知科学の研究分野でも様々な新しい知見が加わったので，岡田の視点をあらたに加え，3人で改訂の構想を温め，作業を進めてきたが，残念なことに2011年12月に野島は病気のため早世した。今井・岡田は野島の思いを受け継ぎ，人がいかに学ぶかと言うことに科学的なデータに立脚して問い続け，認知科学と教育の間に橋を架けたいと願っている。本書「新・人が学ぶということ」は多くの方たちの協力に支えられて出版が可能になった。特に「認知学習論」の講義に招待講演者として参加してくださった先生方，講義中の議論に積極的に参加してくれた学生諸君に感謝したい。特に，慶應義塾大学今井研究室のメンバーには本書の草稿に貴重なコメントをいただいた。福田千晶さん，今井研究室アシスタントの久雅子さんには編集作業でたいへんお世話になった。ここに深く謝意を表したい。

2012年3月　　　　　　　　　　　　　　　今井むつみ・岡田浩之

Contents

目　　次

第 1 章　学習とは──認知学習論から見た学び ……………………………… 2

1. 学習を考える …………………………………………………………………… 2
    1.1. なぜ学習観が大切なのか（2）　1.2. 認知学習論からのアプローチ（3）

2. 学習は目に見えるものだけが大切？：行動主義の学習観 ………………… 4
    2.1. 行動主義の考え方（4）　2.2. 行動主義における「学び」：行動変化の理論（7）　2.3. アメとムチの効果（8）　2.4. 行動主義の学習観のどこが問題か（10）
    ＊コラム：内観法による心の研究（6）

3. 「心」と「脳」から探る学び：認知科学の学習観 ………………………… 11
    3.1. 学びを科学する：知識や知識の獲得メカニズムをどのように測定するのか（11）　3.2. モノを「見る」ことに知識は必要か：事物の知覚と概念知識（13）　3.3. 事前に知識がないと学習はできない（15）　3.4. 脳内での働き：脳科学から見た学び（16）

4. 「学び」とは何か …………………………………………………………… 17

5. 「知識」とは何か …………………………………………………………… 17

6. ま と め ……………………………………………………………………… 18
    ＊コラム：モデルとシミュレーション（19）

第 2 章　学習の始まり──赤ちゃんはどのように知識を創るのか ………… 21

1. 赤ちゃんはどのようにして学ぶのか ……………………………………… 21
    1.1. 赤ちゃんに知識はあるのか（22）
    ＊コラム：ピアジェの発達理論（23）

2. 赤ちゃんの知識を知る：乳児の知識をどのように測定するか ………… 25
    2.1. なぜ乳児の知識の測定は難しいのか（25）　2.2. 赤ちゃんの飽きっぽさを利用して知識を測る：馴化脱馴化パラダイム（26）

3. 赤ちゃんは外界の法則について何を知っているのか …………………… 27
    3.1. 力学を理解しているか（27）　3.2. たし算やひき算はできるか（29）　3.3. 物体と物質の違いを知っているか（31）　3.4. 動物と動物以外のモノの概念的区別はできるのか（34）

4. ま と め ……………………………………………………………………… 36

第 3 章　ことばの学習──子どもはことばを学習する天才 ………………… 39

1. スピーチからのことばの切り出し ………………………………………… 40

ix

1.1. 単語の切り出しの前に：音素の識別（40） 1.2. 赤ちゃんはいつから単語の切り出しができるようになるか（42） 1.3. 赤ちゃんは何を手がかりに単語の切り出しを行っているのか（43）

2. 単語の意味の推論と学習 ……………………………………………45
    2.1. 単語の意味を子どもにわかるように教えることは可能か（46） 2.2. ひとつの事例からの推論の困難（46）

3. 子どもはどのようにして単語の意味の推論をしているのか …………47
    3.1. 相手の意図を読みとる能力があればことばの意味は推論できるのか（48） 3.2. 先行知識に導かれる子どもの単語の意味学習（50）
    3.3. 知らない事物に新奇なラベルがつけられた場合，子どもはどのようにラベルの意味を推論するのか（51） 3.4. 名前を知っている事物に新奇なラベルがつけられた時（53）

4. まとめ：幼児におけることばの学習の特質 ……………………………57
    ＊コラム：チンパンジーのことばの学習が人間のことばの学習について教えてくれること（59）

第4章　機械の学習と人間の学習——人間の知性をコンピュータの知から考える……63

1. コンピュータと人間の知能 ……………………………………………63
    1.1. コンピュータが生まれた時（63）
    ＊コラム：ブッシュのMEMEX（64）

2. 人工知能：コンピュータ上に知能を実現する試み ……………………65
    2.1. 問題解決の一般的な手法：GPS（66）
    ＊コラム：一般問題解決器（GPS）と人工知能の問題の例（67）

3. コンピュータと人はどこが違うか ……………………………………68
    3.1. コンピュータの発展（68） 3.2. コンピュータは人間なみになったか（69） 3.3. コンピュータが得意で人間が苦手なこと（70） 3.4. コンピュータが苦手なこと，できないこと（72）

4. フレーム問題 ……………………………………………………………81

5. まとめ：コンピュータの知と人間の知はどこが違うのか ……………84
    5.1. トップダウンの情報処理をする人間（84） 5.2. 詳細な指示が必要なコンピュータ（86） 5.3. 学習能力を持つロボットを目指して（87）

第5章　概念の学習——外界の認識から科学的発見まで ……………………91

1. 概念の学習とことばの学習 ……………………………………………91
    1.1. 概念知識に基づくことばの意味の推論（91） 1.2. 現実世界のカテゴリー（92） 1.3. ことばを利用した意味あるカテゴリーの獲得（93）

        1.4. 知識獲得のパラドックス（96）
   2. 科学的知識の構築……………………………………………………………97
        2.1. 科学的思考の素地（97）
   3. 知識がマイナスに働く時：概念変化…………………………………99
        3.1. 知識の獲得の二つの形態（99）3.2. 子どもの持つ誤った素朴理論
        （100）3.3. 大人も誤った素朴理論を持つ（102）3.4. 概念変化は簡単
        に起こらない（104）3.5. どうしたら概念変化や科学的発見が起こるの
        か（107）
   4. 学習における概念変化の役割…………………………………………108
   5. ま と め………………………………………………………………………110

第6章 外国語の学習——外国語はなぜ難しいのか………………………113
   1. 外国語の学習についての理論的枠組み………………………………113
   2. 学習の臨界期………………………………………………………………115
        2.1. 臨界期という考え方の背景（115）2.2. 脳の発達との関係（115）
        2.3. 言語学習の臨界期説（116）2.4. レス イズ モア（Less is More）
        仮説：学習の開始は早いほどよい（117）2.5. 外国語の文法習得の臨界
        期？（120）2.6. 母語と外国語の音声認識に関する臨界期（123）
   3. 外国語はなぜ大人にとって難しいのか
        ：乳幼児の言語学習と年をとってからの言語学習の違い……………126
        3.1. 言語処理の自動化（128）3.2. 母語に関するメタ知識の影響（131）
   4. 外国語学習はいつ始めたらよいのか,
        どのように学んだらよいのか……………………………………………134
        4.1. 臨界期のデータの解釈には注意が必要（134）4.2. 乳幼児の言語
        学習と大人の外国語学習は違う（136）4.3. 母語に関する素朴理論の誤
        った適用（137）4.4. 言語に関する感性と興味を育む（139）
   5. 母語から始める外国語…………………………………………………141
   6. ま と め………………………………………………………………………143

第7章 学習を極める——熟達者になるには……………………………………147
   1. 熟達者とは…………………………………………………………………147
   2. 初心者と熟達者の違い…………………………………………………148
        2.1. 熟達者は目のつけ所が違う（148）2.2. 熟達者は記憶力が違う
        （153）2.3. 熟達者は課題を遂行するときの手続きが違う（155）
        2.4. 熟達者は必要な技能が自動化されている（157）2.5. 結局熟達者
        とは何なのか（160）

＊コラム：熟達者の直観（158）
　3. 熟達者になるためには……………………………………………………162
　　　3.1.「10年修行の法則」：一流の熟達者が経る熟達の過程（163）
　　　3.2. 熟達者はどのくらい練習しているのか（164）3.3. 練習の質（165）
　　　3.4. 努力か才能か（166）
　4. ま と め………………………………………………………………169

第7章　付録：能と将棋のエキスパート対談——熟達とは，技を極めるとは……173
　1. 対談者紹介……………………………………………………………174
　2. 熟達するとはどういうことか………………………………………175
　　　2.1. 能の世界における熟達（175）2.2. 将棋の世界における熟達（177）
　3. 練習の繰り返しとチャンク化………………………………………180
　4. 熟達するにはどうしたらいいか……………………………………185
　　　4.1. 将棋の勉強法（185）4.2. 能の稽古（186）
　5. 余裕の役割……………………………………………………………189

第8章　21世紀に必要な知識の学び……………………………………………193
　1. ITと学び………………………………………………………………193
　　　1.1. インターネットが変えた学習者に求められる資質（194）
　2.「使えない」知識……………………………………………………196
　　　2.1. 役に立たない知識とはどういうものか（197）2.2. 現実の世界と
　　　接点がない算数教育（198）
　　　＊コラム：落語家になるということ（201）
　3.「生きた」知識の学習………………………………………………202
　4. 知識の価値を理解する………………………………………………203
　5. エピステモロジー：知識についての知識…………………………205
　　　5.1. エピステモロジーの発達段階（205）
　6. 科学的思考をするために必要なこと………………………………206
　　　6.1. 科学の定義（206）6.2. 理論と仮説（207）6.3. 知識の価値を理
　　　解する（207）
　7. 知識を創るためのコラボレーション………………………………209
　　　7.1. 科学分野におけるコラボレーション（209）7.2. コラボレーショ
　　　ンが機能しない時（210）
　8. ま と め………………………………………………………………212

第9章　21世紀を生きる知識を身につけるための教育とは……………………215
　　1. 人の学習の性質………………………………………………………………215
　　　　　1.1. 赤ちゃんの学習（216）1.2. 熟達者の学習（217）1.3. 知識がマイナスに働く時（218）1.4. 学習の臨界期（218）
　　2. より良い学習へのヒント……………………………………………………219
　　　　　2.1. 生きた知識を学ぼう（219）2.2. 基礎は重要（221）2.3. 誤りには理由がある（222）2.4. 知識の連続性を担保できるようなカリキュラムを（222）2.5. 知識についてのメタ知識，学びについてのメタ知識を育む教育が大事（223）2.6. 学び方を学ぶために（224）
　　3. 「ほんとうの学び」をどのように実現できるか
　　　　：総合学習，探究型学習で注意すべきこと………………………………225
　　4. ジャスパープロジェクト……………………………………………………226
　　　　　4.1. プログラムの概要（226）4.2. 同じ構造の問題を繰り返し解くための工夫（229）4.3. プロジェクトの評価研究（230）
　　5. 日本での探究型テーマ学習：TCS の実践…………………………………234
　　6. おわりに………………………………………………………………………236

引用文献一覧……………………………………………………………………………237
事　項　索　引…………………………………………………………………………245
人　名　索　引…………………………………………………………………………248

新 人が学ぶということ
認知学習論からの視点

学 習 と は
── 認知学習論から見た学び ──

Chapter 1

　学習ということばを私たちは頻繁に口にし，耳にする。しかし，「学習とは何か」という問題を改めてまじめに考える機会はあまりないのではないだろうか。学習は子どもたちだけのものではない。大人も，車の免許を取る時には，運転教習場で学ぶ。料理のレパートリーを増やすために料理教室に学ぶ人も多いだろう。パソコンや OA 機器などの道具類も学ばずに使えるものではない。

　それでは，そうした場面で行われている「学習」とはいったい何だろう。「学習とは何か」「どのようにしてよりよい学習をすることができるか」ということは，古くはギリシャのソクラテスをはじめ，古今東西のたくさんの賢人や哲学者，教育者達が深く考察を加えてきた重要な問題である。日常的な問題としても，たとえば，学習することと覚えることは違うのだろうか。よりよく学習するための方法論はあるのだろうか。どのようにしたら一度学んだことを忘れずにいることができるのだろうか。私達は，認知学習論の立場からこれまでに多くの研究者たちが積み重ねてきた実証的なデータを検討することによって，「学習」とはいったい何なのかを明らかにしていきたいと考えている。

1. 学習を考える

1.1. なぜ学習観が大切なのか

次のような例を考えてほしい。

（1）1週間後にあなたがタイへの観光旅行にはじめて出かけるとしよう。あなたはタイ語が話せない。あなたは本屋に行って，「タイ語の初歩」「旅行用基礎タイ語会話」のような本を買って勉強をするだろうか。それとも，あと1週間くらい勉強してもどうにもならないから，勉強などするのはやめようと思うのだろうか。

(2) あなたの小学校5年の子どもは，テレビゲームは大好きだけれども，本を読んだり，学校の勉強の復習をしたりするのは嫌いなようだ。時々，きつくしかるとしぶしぶ勉強に取りかかるが，すぐに飽きてしまうようだ。勉強，勉強としつこく言うのもかわいそうな気がするが，このまま子どもを自由にさせたままでいいのだろうかと思うこともある。

　皆さんなら，どう考えるだろうか。短い時間でも，タイ語の勉強をすれば自分の知識が増えて，旅行先で挨拶程度の会話でもできればうれしいと思う人はいるだろう。それに対して，ちょっとくらい新しい言語の勉強をしたとしても覚えられるわけではないのだから時間の無駄になるだけだと思う人もいるだろう。

　これまでに学んだことのないタイ語という言語を短時間でも学べばそれなりに得ることがあり，楽しいと思う人と，時間の無駄だと考える人とでは，タイ語の学習に取り組む姿勢が異なるであろう，ということは容易に想像がつくだろう。

　同様に，強制されなければ子どもが学校の勉強をするはずがないと考えている人ならば，子どもに勉強をやらせるために，しかりつけたりほうびをあげたりすることが必要だと考えるだろう。しかし，教科書を見ながら机の前に座って問題を解くだけが勉強ではない。テレビゲームを楽しみながらいろいろな情報を獲得していくことも子どもの自発的な学習の一つなのだ。知識を身につけることが楽しいことであり，うまく場面と材料を準備しさえすれば，子ども達が自分達からさまざまな知的活動に取り組んでいくこともあるのだということも知っている必要があるだろう。

　私たちは生活の中で，はじめて起こること，また繰り返し発生する様々な事柄に対応することを通して，あらたな知識を学んでいく。つまり私達は日常の中でいつも学習をしているのだ。私達がその時直面した「学習」をどのように捉えるかによって，その学習の質自体も影響されるのである。

✤ 1.2. 認知学習論からのアプローチ

　本書では，「認知的学習論」の立場から，学習がどのようなものに支えられて成立しているか，学習はどのように進んでいくかについて詳しく述べていき

たい。そして，読者が学習に対して持っている考え方，すなわち「学習観」を，さらに幅広いものにしていきたい。

2. 学習は目に見えるものだけが大切？：行動主義の学習観

2.1. 行動主義の考え方

それではまず，「認知的学習論」に取りかかる前に，その対極的な考え方であり，心理学において最初の「科学的」アプローチとされた行動主義の学習観について話をしておきたい。ここで認知学習論の説明をする前に行動主義の考え方を説明するのには理由がある。それは，

・行動主義の考え方はわかりやすいこと
・行動主義の考え方と認知主義の考え方の対比をすると認知学習論がわかりやすくなること
・行動主義の学習論は過去のものではなく，今でも広く実践されていること

などの理由による。

まずは犬をしつけるということを例にとって考えてみよう。ペットのしつけをする時，もっとも一般的なのはペットがある望ましいこと行為をした時はほめ，してはいけないことをした時はただちにしかるという方法であろう。たとえば「お手」を教えたければ何度も何度も犬に向かって「お手」と言い，犬が実際に「お手」をした時だけごほうびのおやつを与える。「お手」をしなければペットは何ももらえない。ペットはこれを繰り返すことにより「お手」と言われた時に座った姿勢で前足の一本を「お手」と言った人の方に差し出せばおやつがもらえることを学ぶようになる。これを繰り返すことによって，おやつをもらえなくても「お手」ができるようになる。

私達はこのような時，「ようやくうちの犬もお手をすることを学んだ」と言うにちがいない。これは，一般の人にとって非常に直感的でわかりやすい学習であるといえるだろう。

ペットのしつけに限らない。子どもがことばを覚える時も同じことが起こっていると考えている人は多いだろう。親が子どもに同じことばを何度も教え，子どもが正しくそのことばを使えたら親がほめ，間違って使ったら直すという

行為を繰り返すことによってことばが学習されるという考えである。

　この直感を非常に精緻な科学的理論にしたものが心理学における行動主義といわれるものである。行動主義は，20世紀前半の心理学の世界においてきわめて重要な役割を果たした理論である。

　行動主義では学習を「行動が変わること」と定義する[1]。ここで，「行動が変わる」とあるように，学習は，本人ではなく，外部の人から観察可能なこととして定義されていることに注意してほしい。人が何らかの知識を身につけたり，ものの見方が変わることとして学習が定義されているのではない。外部から観察可能な行動上の変化があることを学習と呼ぶのが，行動主義の特徴である。

　行動主義の研究者たちは，外から観察できる行動を通してのみ，人の学習は科学的に説明できると考えた。もしかしたら「お手」の仕方を学習したペットの頭の内部には何か（たとえば，知識）が増えたのかもしれない。あるいは，何らかの構造（たとえば，神経回路の接続）が変化したのかもしれない。実際，私たちも，本を1冊読み終えると新しい知識が身についたような気がする。しかし，頭の中にどのような知識が実際に増えたのかを，客観的に示す方法はないだろう。また，神経回路のような頭の中の物理的な構造の変化をはっきりと示す方法があるわけではない（少なくとも行動主義が生まれた当時は）。したがって，人間が頭の中で何を「考えて」いるかは科学的にわかるものではないので目に見える行動のみを研究の対象にしようというのが行動主義の研究者たちが採用した研究の方法論だったのである。

　もちろん，人がどのように思考しているのか，人は頭の中にどのような知識を持っているかの研究がなされていなかったわけではない。逆に，19世紀の終りから20世紀初頭の心理学においては，このことはきわめて関心が高く盛んに研究されていたといえる。それなのになぜ行動主義が台頭し，時代を席巻したのだろうか。

　20世紀の前半には，人間の思考プロセスを測定する，つまり，ある人が何を考えているかを知るためには，その人に尋ねる「内観法」に頼るしかなかった。それが客観的な実験によって真理を目指す物理学などの諸科学と比べて科学的でないと考えられたのは，ある意味で無理からぬことだったかもしれない。実際人間の学習で意識的に言語化できるものはごく一部だからである。たとえ

ば自転車に乗ることを覚えた子どもになぜ自転車に乗れるようになったかを尋ねても，もちろん科学的に正しい答えを質問者に与えられる子どもはいないだろう。同様にことばを覚え，ずいぶん上手に話ができるようになった2歳の子どもに「どうやってお話ができるようになったの？」と尋ねても，せいぜい「おっきくなったから」「おりこうだから」などという答えが返ってくるだけだろう。そのような問題点を当時の心理学は克服できなかった。そのような状況下での人の心の仕組みを科学的に（数字によって）明らかにしたい，という時代精神の中で行動主義が台頭したのである。

●コラム：内観法による心の研究●●

　心理学が人の心のありようを研究する学問であるとしたら，私達は皆心理学者であるといえる。自分の心がどのように動いているかを，厳密に観察しさえすればよいのだから。しかし，その方法には問題はないのだろうか？

　「内観」とは，もともとラテン語の「内部を注意深く見る」という意味のことばである。古くから哲学者は，自分の精神のあり方や自分の経験を調べるためにこの内観法を利用してきた。もっとも古い内観報告の例として，ギリシャの哲学者アリストテレスのものが知られている。ある時，アリストテレスの頭に「秋」という語が浮かんだ。彼は，そのことばが浮かぶまでにどのようなことばが頭の中に浮かんだかを思い起こし，「ミルク」「白」「空気」「流体」，そして「秋」となったことから，これらの概念の間にはつながりがあると考えたのである。

　心理学が学問として成立したのは，19世紀後半のことである。初期の心理学者たちが問題視したのは，この内観の主観性であった。ある人が内観法で何かを報告したとしても他の人はその報告が正しいものであるのかどうかを検証することはできない（正しく観察しているかどうかもわからないし，報告が偽りでないかどうかも検証できない）。内観法に対するもっとも強い批判者は行動主義の心理学者たちだった。彼らは内観法の主観性を批判し，心理学は観察可能な行動だけを対象にすべきだと考えたのである。

　その後認知心理学の広まりに伴って，内観法は心理学の研究の手法として受け入れられるようになった。しかし，19世紀までの内観法とは大きく異なり，「発声法」という手法が利用されている。これは，「発声しながら考える（think aloud）」という手法で，何らかの課題を行っている時の人の思考プロセスをそのまま口にして，それを記録し分析する，というものである。この方法は，以前からも使われていたが，1972年のニューウェルとサイモンによる「人間の問題解決」以降，思考過程の分析のための標準的な手法となっており，言語プロトコル（verbal protocol）法とも呼ばれる [2]。

　言語プロトコル法に対しても内観法に対するのと同じようなデータの恣意性・主観性

についての問題が指摘されることもあるが，一般には，言語プロトコル法は以下のような制約のもとで使われ，その時に有効な成果を上げるものであると考えられている。
（1）リアルタイムなデータの収集に使う：後になってから思い出して報告するタイプの課題には向かない。その場で実際に行っている問題解決のプロセスをその時点で報告する時には恣意的なゆがみは少なくなると考えられている。
（2）実験者があらかじめ持っている複数の仮説の中から正しいものを選ぶためのデータとして使う：ある課題の被験者の生み出した言語プロトコルだけに基づいて何かを結論することはできない。実験者があらかじめ考えたモデル（仮説）の正しさを確認するためのデータとして利用すべきものである。

✚ 2.2. 行動主義における「学び」：行動変化の理論

行動主義の考え方では「行動が変化することを学習と定義する」と述べた。それでは行動はどのように変化するのだろうか？

行動主義では，行動変化を説明する仕方として**古典的条件づけ**と**オペラント条件づけ**の二つの大きな考え方がある。

「パブロフの犬」ということばを聞いたことがある人は多いだろう。これが古典的条件づけである（古典的条件づけはパブロフが自分の犬の観察から発見したものである）。パブロフは犬に餌を与える時の合図としてチャイムを鳴らしていた。これが習慣になると，犬は餌がなくても唾液を出すようになった。なぜこういうことが起こったのか。犬はもともと餌を見ると唾液を分泌する。これは（学習する必要のない）生体の自然な反応であり，これを「無条件反応」という。一方チャイムの音はもともと生体の唾液分泌とは何の関係もないものである（このようにもともと自然に生体の反応を引き起こさない刺激を「条件刺激」という）。しかし，これがいつも餌といっしょに現れると（これを「対提示」という）餌がなくてもチャイムだけで唾液分泌がされるようになるが，これを「条件刺激（チャイム）と条件反応（唾液分泌）の間に連合が形成された」という。このように，もともと生体の自然な反応を引き起こさないものに対して生体が特定の反応をするようになることを「古典的条件づけ」という。この古典的条件づけにおける学習とは生体（人間でも動物でも）の反応と条件刺激の間につながり（連合）ができたことを指すのである。実際，最近の脳科学では条件刺激と条件反応の間に連合が形成される時，脳の中では神経回路のあらたなつながりができることがわ

かってきている。

　一般的にいう技能や知識の学習に関係が深いのはオペラント条件づけである。先ほどペットの犬に「お手」を教える話をしたが，あれはまさにオペラント条件づけに他ならない。オペラント条件づけはB. F. スキナーによって提唱され，1920年代より一世を風靡した理論である[3]。

　オペラント条件づけにおける「学習」とは，生体がある特定の行動をするようにすることを指す（これを「行動形成」という）。オペラント条件づけが成立するためには，生体がまず何らかの行動を自発的に行わなければならない。学習の最初は，生体はランダム，つまり規則や秩序なく，手当たり次第に行動する。その中で，たまたま生体がある特定の行動をとった時に報酬（たとえば，餌）が与えられると，その生体は，同じ行動を繰り返し行う傾向が高まる（これを，その特定の行動が「強化される」という）。もちろん，一度の報酬だけでは学習は成立しない。生体はさらにランダムな行動を続けるが，たまたま前と同じ特定の行動をとった時には，また報酬が与えられる。このようなことが何度も繰り返されると生体はその特定の行動だけをとるようになる。つまり学習が成立したのである。行動は罰によって形成される場合もある。生体がある行動をとると罰（たとえば電気ショックなど）が与えられる。そうするとその行動は負の方向に強化され，生体はその行動を回避するようになるのである。

　実際に実験で扱われた対象のほとんどはハトやネズミなどの動物で，課題は迷路を抜ける学習など単純な行動の学習であった。しかし，スキナーは，楽器の演奏の学習，水泳の学習，外国語の学習など，どのような種類の学習もこの理論で説明できると主張した。スキナーは複雑な行動はすべて要素に還元できると考えた。つまり楽器の演奏にしろ，水泳にしろ，言語の学習にしろ，その要素となっているオペラント条件づけによって形成されることになる単純な行動を組み合わせることによって形成されるのである。

✤ 2.3. アメとムチの効果

　オペラント条件づけでは学習の背後にあるのは報酬と罰である。では人間の学習も報酬と罰により決定されるのだろうか？

　そう考えている人は多いのではないだろうか。子どもは望ましくない行動を

した時，親からしかられる。つまり罰を受ける。買い物に行った時や電車の中などで幼い子どもがぐずると「いい子にしていれば後でアイスを買ってあげるからね」と言っておとなしくさせる。

　報酬と罰による学習はペットや子どもの生活習慣のしつけに限らない。宿題が終ったら外食につれていってあげる，算数の成績があがったら自転車を買ってあげる，志望の中学の入試に合格したら海外旅行につれていってあげる，などありとあらゆる報酬が子どもの「勉強」に対して，というより勉強の結果に対して用意される。

　では報酬は本当に効果があるのだろうか。

　実は，常識に反して報酬は効果がないばかりか，逆効果である，というショッキングな結果が研究によって報告されている[4]。ある研究では算数と関連した「ゲーム」を小学4，5年生にさせている。この時，ゲームをした半数の子どもには報酬を与え，残りの半分には報酬を与えなかった。さて，どちらの子どもの方がゲームを楽しんだのだろうか。報酬を与えられた子どもは当初は嬉々としてゲームに勤しんだ。しかし報酬がなくなるとゲームに対する興味は急激に落ち，もともとまったく報酬が与えられなかった子ども達よりもそのゲームをしなくなったのである[5]。

　別の研究では，やはり小学4，5年生に仮説を生成して問題解決をするような課題をさせた。これは，ある程度自発的で創造的な課題である。この研究でも，「よくできた人にはおもちゃをあげる」と報酬を約束された子どもは，約束をされなかった子どもに比べ，系統だった仮説生成をすることができず，問題解決にかかる時間も長かった。さらに，1週間後にこれに関連した別の課題をさせると，報酬を約束された子どもは約束されない子どもに比べ成績が悪かったのである[6]。これらの研究から示唆されるのは，ひとたび報酬のために何かをさせると子どもは自発的な興味を失い，報酬を得るためにその課題をするようになる。そして，その課題遂行のための自分なりの工夫をしなくなり，報酬がもらえるように，てっとりばやい方法でいい加減に結果を出そうとする傾向が強くなるらしいということなのである。

✚ 2.4. 行動主義の学習観のどこが問題か

　報酬が学習を形成するどころか負の効果をもたらすという結果は，人間の学習を説明する理論としての行動主義の考え方を根底から揺るがすものである。そもそも，ネズミやハトなどの動物における学習のメカニズムは人間のそれと基本的に同じであるという主張が行動主義の重要な理論的前提であったが，その前提自体がはなはだ疑わしいことが示されたのである。

　人間の学習の背後にあるものが報酬ではないなら，何だろうか。それは強い知的好奇心である[7]。この知的好奇心とは必ずしも「学習しよう」という意識的な意欲に限るものではない。これがもっとも端的に現れるのが乳児の様々な領域での学習である。第2章で詳しく議論するが，乳児は歩き回ったりことばを話したりし始めるずっと以前から，自分を取り巻く世界について整合的に説明しようとして常に世界を観察し，考え，様々な事象における相関関係や統計的な分布についてのルールを抽出し，次に何が起こるのかについて予測を行っている。これは親にほめられる，食べ物を与えられる，などの外的な報酬のために行っているのではなく，乳児が自然のうちに自発的に行っていることなのである。

　動物では効果をおさめた報酬による学習の促進が，人間には効果がない場合が多いということは，どのようにして説明したらよいのだろうか。

　まさにこの点を説明するために，認知主義的な考え方は広く受け入れられるようになったのである。報酬が与えられるとあたかも人がやる気を失ってしまうような現象を説明するためには，人の「やる気」「動機づけ」「外界への理解」などという，動物には適用しがたく，また，外からでは観察しにくい人に特有の心理的な要因を持ち込むことが必要になるからである。しかしながら，行動主義の考え方に基づいている限り，人の心理的な要因を考察の対象にすることはできないのである。というのは，行動主義の枠組みでは学習は基本的に環境の要因のみで決まると考え，環境をいろいろ操作して入力として与え，行動を出力として，その間の目に見える入出力関係を問題にした。つまり，入力と出力の間に動物の中で何が起こっているかは問題にしない。先にも述べたように，行動主義の理論家たちは生体の中で起こっているメカニズムは測定不可能なものであり，科学的な精査の対象となり得ないものと考えたからである。

✚ 3.「心」と「脳」から探る学び：認知科学の学習観

　行動主義においては，人間の中で内的に起こっている情報処理プロセスや学習のメカニズムはブラックボックスとして扱われた。認知科学は，まさにそのブラックボックスの中身を科学的に明らかにしようとして生まれた学問である[8]。

　認知科学の枠組みで学習を考える時，もっとも重要な概念は**知識**と**計算（情報処理）**である。行動主義の理論では，学習は常に白紙（何もない状態）から始まるとされる。そして，生体（学習者）が学習時にどのような知識をあらかじめ持っているのか，学習の最中にその知識を用いてどのような情報処理がなされているのか，そして，学習した後にどのような知識が人の中に作り上げられるのか，などということはいっさい問題にされなかった。そもそも知識などは科学的に測る手だてがない実体のないものであると考えられたのである。しかし認知科学者は，学習者がある領域において学習前にどのような知識を持っているのか，さらに学習後に知識がどのように変わるのか，またある学習課題の遂行中に学習者の持つ知識がどのように利用されているのか，さらにはそれが脳のどのような部位でどのような神経回路における情報伝達によって行われるのか，などの問題について科学的に吟味する手法を開発しつつ，この問題に取り組んできた。

　以下にそのいくつかの例を示すことにしよう。

✚ 3.1. 学びを科学する
：知識や知識の獲得メカニズムをどのように測定するのか

　人間は膨大な知識を持っている。しかし，その大部分は意識的に記述できるものではなく，持っていること，使っていることを意識することもめったにない。ほとんどの場合知識は暗黙に存在し，使用されるのである。最近の認知発達の研究によれば，まだことばを話すことができない乳児も，ことばは話せるが言語的に筋道を立てて物事を説明することができない幼児も，一般的に大人が思っているよりずっと豊かな知識を持ち，驚くほど様々な領域で，驚くほど精緻な学習メカニズムを通して様々な事柄を学習していることが明らかになっている。認知科学者たちは言語の獲得，概念知識の獲得，運動技能の獲得など

の様々な領域において，様々な手法を複合的に用いて人が暗黙に持つ知識やその知識を用いたリアルタイムの計算や，もっと長い時間のかかる学習のメカニズムを明らかにしようとしている。

　人が何らかの課題を行う時にどれだけの時間がかかるかを測定する手法がある。これは，1秒の何分の1や何十分の1といったわずかな反応潜時（反応に要する時間）を測ることによって，今現在脳の中で処理されていると考えられる言語プロセスや知覚プロセスにどのような要因が影響を及ぼしているのかを推定するものである。言語的な反応ができない乳児については，その乳児が何をどれくらいの時間見つめているかという注視時間を測ることによって，その乳児がどのような知識を持っているかなどを推定することもできる。ある課題を遂行中の人の脳波を測定したり，脳の血流量を測定したりすることによって，その課題をしている時に，脳のどの部位が特に活発に活動しているか，あるいはどのような場合に独特の脳波が現れるかなどを推定する手法もよく用いられる。

　さらに重要なことは，これらの実験から構築された理論の妥当性を検討することである。認知科学では，コンピュータ上でモデル化したり，モデルのシミュレーションを行ったりすることを通じて理論が妥当かどうかを検討する。以上に述べたような，人の内部で進行する情報処理は，目に見ることができない。そこで，コンピュータ上のモデルの形でわかりやすく示すことによって，モデルの妥当性を判断するのである。

　このようにして認知科学ではひとつのパラダイム（研究における理論的枠組みや理論の証明のために使われる手法のこと）を用いたひとつの研究によってではなく，複数のパラダイムを用い，その結果の整合性をつき合わせることによって人間の知識の性質，思考のプロセス，学習のメカニズムなどについて科学の理論を構築していくのである。

　次項では，これら様々なパラダイムの中から，人間の記憶の中にある概念間の結合を測る方法として広く用いられている**プライミング実験**を紹介する。また，ここで紹介する実験の結果は，人間の情報処理が知的な思考と考えられている言語活動や推論，問題解決などの認知活動のみでなく，意識をすることなく非常に自動的に行われている知覚のプロセスでさえ，既存の知識に影響されることを示すものである。

✚ 3.2. モノを「見る」ことに知識は必要か
：事物の知覚と概念知識

　私たちは膨大な知識を持っている。花とは何か，動物とは何か，カレーライスとはどのようなものか，人が歩くとはどういうことか，ありとあらゆることに関して人が持っている知識を「概念」と呼び，その概念に関する知識を「概念知識」と呼んでいる。たとえば，私たちは「イヌ」という概念や，「動物」という概念に関して様々な知識を持っていて，これが「イヌ」や「動物」に関する概念知識である。これらの概念知識は頭の中に独立にバラバラに存在しているのではなく，お互いに関連しており，全体として大きなひとまとまりの構造を形作っていると考えられている。

　頭の中のある知識が呼び出され，利用されることをその知識が「活性化」されるという。これは，脳の中の神経組織が活動するイメージを指して呼んでいることばである。ある概念知識が活性化されると，その概念とつながりのある他の概念も同時に活性化されることがある。これを「活性化が伝わる」（活性化の伝播）という。活性化の伝播が起こっていることは次のようにして明らかになった。

　人が，あらかじめある概念（たとえば，「花」）について考えていたとしよう。この時，「花」という概念が活性化している。次に，この人に「サクラ（花の一例）」の写真か「自動車（花ではないもの）」の写真を示して，それが何であるかを理解できるまでの時間を測定する。この時，「サクラ」の写真を理解するのにかかる時間の方が「自動車」の写真を理解するのにかかる時間よりも短いのである。ただ，速くなるといっても数10ミリ秒から数100ミリ秒，つまり1秒の何分の1，あるいは何十分の1であり，人は認識が速くなっていることを意識できるわけではない。しかしながら，この現象は繰り返し確認されており，このことによって事前に提示された「花」という概念によって関係概念（この場合は「サクラ」）が活性化され，認識が速くなったということが示されたといえるのである。

　このような現象を**プライミング**と呼ぶ。プライミングの実験を行って時間測定をすることによって，どの概念が他のどの概念と関連しているのか，どのような関連の仕方がより心的に強い結びつきなのかを実証的に明らかにすること

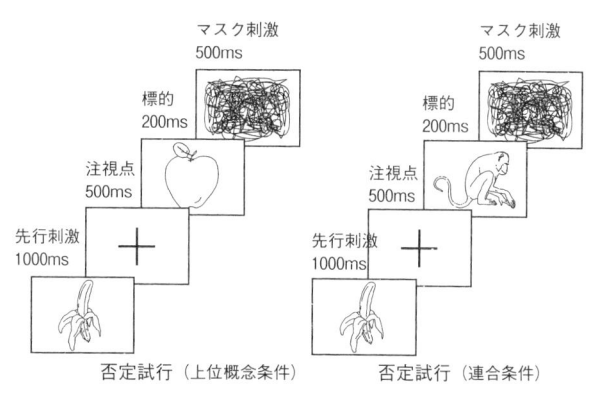

図1-1　事物の絵の同定における概念的つながり（上位概念関係、連想連合関係）の逆プライミング効果を示す実験の刺激例（横澤・今井，1997aより）

ができる。

　例として今井が共同研究者と行ったプライミングの効果を見る実験を紹介しよう[9]。これは人に日常的になじみのある事物の絵を短時間コンピュータのモニター上に提示し，次にまた絵を見せ，2つの絵が「同じ」か「違う」かを判断してもらう。この時2番目の絵は試行を通じて半数は「同じ」絵が提示され，あとの半数は「違う」絵が提示される。また，2番目に提示される「ちがう」試行での絵の種類は3種類が用意された。最初の絵と（1）共通の上位概念のメンバー（2）共起関係，連想関係にある（3）概念的な関係はない，のいずれかである。たとえば最初の絵が「バナナ」の場合，2番目の絵はバナナの絵（正試行）あるいは（1）リンゴ（2）サル（3）封筒，のいずれかとなる。もちろん，実験参加者は，バナナの絵の場合には「同じ」を示すキーを打ち，それ以外の絵は（1）−（3）のいずれの場合も「違う」を示すキーを打つように事前に指示されている。

　課題自体は非常に簡単で，人は容易に答えることができる。2番目の絵がどのようなものであっても，間違えることはほとんどない。しかし，「違う」と答えなければいけない試行において最初の絵と関係がない絵を違うと判断する場合より，上位概念を共有する事物の絵と連想関係が強い事物の絵を「違う」と判断する方が，上位概念の場合が平均して40ミリ秒，連想関係の方が20ミリ秒ほどよけいに時間がかかった。これは通常のプライミングの逆で，概念的

な関係があるために、プライミングが悪い影響を及ぼしている（負のプライミング効果をもたらしている）ことになる。効果は逆向きであるが、これもプライミングの一種である。つまり、最初の絵を見ると、その絵に表される事物の概念が自動的にアクセスされ、同時にその絵と関係がある概念も活性化される。それによって「違う」ことが明らかに意識されている場合でも「違う」と反応する時間に遅れが発生してしまうのである。

この実験から次のことが明らかになる。
・人の頭の中で概念が上位、下位などの階層的なつながり持つとともに、共起関係や連想関係によってもつながっていること。
・二つの絵が同じか違うかという単純そうで知覚的なプロセスさえ、概念の関係性が自動的にそして無意識に働き、判断に影響すること。

ここから、もっとも自動的で無意識に行われる視覚認知においてさえ、人が今頭の中に持っている知識に影響されるということがわかるのである。

✤ 3.3. 事前に知識がないと学習はできない

事物の絵の知覚のような、意識的な思考を介さないで自動的に行われる認知プロセスにおいてさえ、人が持っている知識に影響される。そうであるならば、文章の理解などの意識的に考えながら行う認知プロセスでは既存の知識の役割はさらに重要になるといえよう。

人が文章を読んで記憶するということは、何も書かれていない頭の中の白紙に文章を書き込んでいくのとは異なる。私たちは、文章だけをそのまま記憶するわけではないからである。文章を読みながら自分の持つ知識を引っぱってきて実際に書いていないことについてもどんどん推論しながら行間を埋めていく作業を行っている。

「太郎は花子に大きな声でさようならと言った」という文章を読んでほしい。男の子が女の子にさようならと手を振っているところを思い浮かべなかっただろうか。しかし、「太郎」が男の子であり、「花子」が女の子であるかどうかはこの文章には書かれていない。また、手を振ったかどうかも書かれていないのである（実際、コンピュータにはこれがわからない。これをわからせるためには明示的に膨大な知識を書き込んだ事典のようなものを別に用意しなければならないが、人間が日常の

推論に用いているような知識すべてを書き込むことは実際上不可能である。これを**フレーム問題**と呼んでいる。フレーム問題については第4章で説明する）。

　私達が文章を記憶する時には，実際に書いてあることを読者が自分の知識に照らして推論し解釈して，その結果を再構築していると考えられる[10]。したがって，文章自体は平易なことばで書かれていて，一文一文は問題なく理解できたとしても，文章全体として何について書いてあるかがわからないと，その文章を理解し，記憶することは非常に困難になる。

✚ 3.4. 脳内での働き：脳科学から見た学び

　先ほど述べたように　行動主義における，外から観察可能な行動の変化だけが科学的な研究の対象になる，という考え方の背景には，目には見えない心の仕組みや脳の働きを測定する技術が当時はほとんど存在しなかった，という事情がある。しかし，近年では，脳における情報処理をリアルタイムで計測する技術が進み，膨大な脳科学の知見が急速に蓄積されてきている。学習に関しても様々なデータが報告されている。世の中では，学習や教育に関する脳科学の一般書も多数見られる。

　ただし，現時点で，脳科学から出されるデータを学びへの示唆として解釈することには注意が必要だと筆者たちは考えている。たとえば前頭葉が学びに関する様々なことをする時に重要だという結果はすでに一般的にも知られ，前頭葉を活性化することは頭を良くすること，という神話まで，一部では流布している。しかし，計算や読書をして一時的に前頭葉を活発に使うような状態にする，ということが，ほんとうに長期的にその人の「頭を良くする」ことなのかは，科学的にはまったく確立されていない。そもそも「頭を良くする」とは何なのかもきちんと定義されていない。計算が素早くできるようになることが「頭が良い」ことなのか。複雑な問題にじっくり取り組み，長い時間をかけて粘り強く解決していくことが「頭が良い」ことなのか。後者だとしたら，計算練習をたくさんして，前頭葉をたくさん活性化させたら，ほんとうに「頭が良くなる」のか。

　以上のような理由から，本書は脳科学の成果についてはあまり取り上げない。しかし，人の心の仕組みの解明に脳科学は大きな役割を担うことは事実であり，

これからも様々な状況，特に単純な記憶課題などではない，複雑な問題を解決する際の脳の働きの仕組みを明らかにしていくことの重要性は強調しておきたい[11]。

4.「学び」とは何か

上の例でもわかるように，学びを科学的に考えていく上で，そもそも「学びとは何か」ということをよく考え，定義をする必要があることは明らかだ。認知科学では学びを「知識の変容」と捉える，と述べたが，そもそも知識といってもあらゆる種類の知識がある。哲学の問題として「学び」「知識」を考えることが本書の主眼ではないので，ここでは本書で扱う「学び」「知識」は何か，ということを明らかにしておくことにする。

本書を通じて詳しく述べていくが，学校で教えられることのみが「学び」ではない。認知科学の観点から言うと，運動機能を身につけること（たとえば歩行や自転車に乗れるようになること，スポーツなど）も立派な学習であるし，乳児が言語を学習したり，様々な概念を日常生活の中から覚えていくことも学習である。

料理をしたことがなかった人が，魚がさばけるようになったり，安価な材料で栄養のある献立を考えられるようになるのも，学習の結果である。この料理の例のように，日常生活の中でごくあたりまえに行っていることが，経験とともに熟練してきて，前よりも短時間で，上手に，正確にできるようになる。これも学習に他ならない。この過程を特に認知科学では「熟達化」と呼ぶ。「熟達」というと，特別な技能の熟練を思い浮かべるが，私たちが日常生活で行っていることのほぼすべてが熟達化の過程の中で身につけたものである。

5.「知識」とは何か

「知識」ということばについても定義しておきたい。一般的に，「ネコ」は英語で何というか，三角形の内角の和は何度になるか，など，言語的に，意識的に答えられることだけを「知識」というと考えがちである。このような知識は，認知心理学では「宣言的知識」と呼ばれる。しかし，実は意識に上らず，言語

化もできない，体が覚えている知識——これは「手続き的知識」と呼ばれる——が非常に大事なのだ。また，人は，個々の事柄についての知識だけではなく，それよりも抽象的なレベルで全体がどうなっているかについての知識や，自分の知識状態や行動を自分で評価する，言い換えれば自分を制御するための知識も持っている。前者を「メタ知識」，後者を「メタ認知」と認知心理学ではいう。メタ認知とメタ知識はあまり区別されずに使われることが多いが，本書では，個々の事例を超えた抽象的な体系についての知識（例えば3章で扱うような「ことば」（語意）一般についての抽象的な知識など）は「メタ知識」，自分の知識状態や行動に対する評価や知識を「メタ認知」と言うことにする。これらの知識については，次章以降，詳しく触れていくが，ここでは，本書で「知識」という時，それが一般的に「知識」と思われている「宣言的知識」に限定されるものではなく，むしろその他の知識の方が人の学びにとって大事なのだ，ということだけ心にとどめておいてほしい。

6. まとめ

本章では人間の学習のメカニズムに科学的に迫ろうとする二つのアプローチ(2) を紹介した。20世紀前半から中ごろまでは「学習」といえば行動主義の学習のことを指した。行動主義の理論では学習は行動の変容として定義され，行動は環境の操作によって変容すると考えられた。特に人間の学習理論にも大きな影響を与えたスキナーのオペラント条件づけ理論では，行動は生体がたまたま自発的に行った行為が報酬や罰によって強化されることによって形成されると考えた。ここで問題にされるのはどのように環境を操作するとどのような行動が出力として表出するかということのみで，人間の持つ遺伝的要因や先行知識は学習に影響を与える要因として考慮されることはなく，また学習の内的プロセスは科学的な測定の対象になり得ないと考えられた。

これに対して，行動主義への批判から生まれた認知科学は，まさにこの学習に影響を与える内的要因を見つけることと，人間の心の中で行われる計算（情報処理）メカニズムを科学的に解明することを目標にするものである。認知科学の特徴は哲学，認知心理学，計算機科学，言語学，脳神経科学，人間以外の

種と人間の認知を比較する比較心理学など，様々な学問領域において用いられる様々なパラダイムによって得られた知見を統合して，人間の知に関する理解を総合的に構築していこうとしている点にある。そして認知科学の枠組みにおける学習観では「知識」と「計算（情報処理）」がもっとも重要な概念となる。

　知覚のような自動的に行われる無意識の認知プロセスにも概念知識の影響がみられる。さらに多くの知識学習にとってきわめて重要な手だてである文章の理解や記憶においては，様々な種類の膨大な既有の知識がないと学習そのものが非常に困難であることも示されている。つまり認知科学では学習は常に学習者が今持っている知識によって制約されると考えるのである。また，学習の定義そのものが，知識が豊富になったり，洗練されたり，構造が変容したりすることであると考えられる。

　「知識」は認知科学の観点からは「学び」を考える上で欠かせない，最重要な概念であり，異なる種類の知識が私たちの心と脳の中でどのような形で存在しているのか，は認知科学の研究者のもっとも大事な課題である。これについては本書を通して紹介し，考察していく。では，既有の知識の存在が学習にとって不可欠ならば，生まれて間もない赤ちゃんはどのようにして学習ができるのだろうか？　知識はどのように始まり，どのように変化していくのだろうか？　次章ではこの問題を取り上げる。

●コラム：モデルとシミュレーション●●

　認知科学におけるモデル化とは人の思考や認識といった複雑な現象をコンピュータを使って単純に表現しその本質を理解するための手段である。特に本書で再三取り上げている概念獲得や言語学習といった人の高次認知に関わる研究では、モデル化することにより、実験で得られた行動データをもとに計算機シミュレーションを行い、仮説を定量的に検証することが可能になる。モデルの具体的な例としては、脳の情報処理の解明と工学的利用を目指したニューラルネットワークモデルや専門家の知識や推論方法を実現するプロダクション・システムなどが広く利用されている。

【注】

（1） 行動主義の概説書としてはJ.B.ワトソン，安田一郎訳，1980；B.F.スキナー，犬田充訳，1975などがある。
（2） Ericsson & Simon, 1993.
（3） Skinner, 1953, 1954.
（4） たとえばGreene & Lepper, 1974. Lepper, Greene, & Nisbett, 1973; この問題に関する概論書としてKohn, 1993.
（5） Greene et al., 1976.
（6） Lepper & Cordova, 1992.
（7） 稲垣・波多野，1989.
（8） 認知科学の考え方をより深く知りたい人はChurchland, 1986; Gardner, 1985; Newell, 1990; Pylyshyn, 1984などを読んでみるとよいだろう。特にNewellの本はお勧めである。認知科学の教科書としてはStillings, Weisler, Chase, Feinstein, Garfield & RisslandのCognitive Science: An introduction, 1995をお勧めする。この本は，哲学，認知心理学，人工知能，言語学，脳神経科学など認知科学の主だった下位領域についてかなり詳しい概説をしている。
　　認知心理学の標準的な教科書としては，リンゼイ・ノーマンの「情報処理心理学入門」が広い範囲をカバーしている。
（9） 横澤・今井，1997a, b. 及びSaalbach & Imai, 2007.
（10） これをスキーマ理論という。スキーマ理論についてはBransford, Barcley, & Franks, 1972; Bransford & Johnson, 1972; Norman, 1981.
（11） 心の働きと脳の働きについて非常にバランスよく俯瞰的に解説した概説書として安西祐一郎著『心と脳：認知科学入門』をお勧めする。本書では脳科学と学習のかかわりをあまり取り上げなかったので，それを補うためにぜひこの本を読んでいただきたい。

Chapter 2

学習の始まり
―― 赤ちゃんはどのように知識を創るのか ――

　前章で述べたように，人が学習する時には，その人がどのような知識をすでに持っているかがきわめて重要である。

　私達は，毎日本を読んだり，テレビを見たりして楽しんでいる。しかし，まったく違う文化の国に行って，はじめて本を読んだり，はじめてテレビ番組を見ても，同じように楽しむことはできないだろう。私達が，外からの情報を受け入れ，それを理解し，さらにはそれを膨らませるためには，あらかじめその情報に関するある程度の知識が必要なのだ。

　このように，私達が持っている知識は私達のその後の知識のあり方，すなわち，学習のあり方や進み具合に大きく影響を与え，方向づけをするのである。

　それでは，学習は何を始点として，どのように始まるのだろうか。私達が何かを学ぶ時に知識が重要な役割を果たすのだとしたら，最初に学び始める時にはどのようになっているのだろうか。

1. 赤ちゃんはどのようにして学ぶのか

　タブラララサ（Tabula Rasa）ということばがある。「白い紙」とか「きれいにぬぐわれた石版」という意味であるが，このことばは，人は何も知識を持たずに生まれてくるのだということを表す標語のように使われてきた。人は生まれた時点では，何の知識も持っていないし，外界を知覚することもできない。生まれてから経験を積むにしたがって，外界を知覚することもできるようになり，知識を蓄えていく。その過程を，白紙に文字が書き込まれていくプロセスに見立てたのがこのタブラララサということばである。

　この有名なタブラララサのことば通り，赤ちゃんが何も書き込まれていない白紙の状態で生まれてくる，と考えている人は多いのではないだろうか。しかし，もしも赤ちゃんが白紙の状態で，何の知識も持たずに生まれているのだとした

ら，いったい赤ちゃんはどのようにして新しいことを学ぶのだろうか。赤ちゃんが，驚くほどの速度で様々なことを学ぶのを知っている人も多いだろう。前章で述べたように，学習が，すでにその人の持っている知識に導かれて進むものであるとしたら，白紙で生まれてくる赤ちゃんはどのようにして学ぶことができるのだろうか。

　ここでの問題は，二つある。ひとつは，ほんとうに赤ちゃんは白紙の状態で生まれてくるのかということだ。白紙ではなく，何かを知っているとしたら何を知っているのだろうか。また，もうひとつは，赤ちゃんが生まれた後の驚異的な学習を可能にしているのはどのような仕組みなのかということである。

　では，赤ちゃんが持つ知識はどのようなものであるのか，また，それを明らかにするためにどのような研究が行われてきたのかを説明したい。

✤ 1.1. 赤ちゃんに知識はあるのか

　赤ちゃんは白紙の状態で生まれてくるというのはほんとうに正しいのだろうか。長い間，心理学の世界では，赤ちゃんは，生まれた時には，知識はほとんど持っていない，あるいは，持っているにしてもきわめて限定されたものにすぎないと信じられてきた。

　もちろん，動物でも生まれた時から生存のために本能として知っていることはいろいろあるだろう。しかし，ここでは，人が知的であるといわれるゆえんであるシンボルが使えるかということを問題にしたい。たとえば私たちは，実物のりんごを「リンゴ」という音で表現し，目の前に実物があろうとなかろうと「りんご」という実体について語ることができる。また，音ではなく「りんご・リンゴ・林檎」という文字を使って，「りんご」という実物を表現することもある。また，一部分がくぼんだ赤い丸の絵で「りんご」を表現することもある。このように，人はことばや絵のようなシンボルを使って，実物やその実物が持っている概念を指し示すことができる。この場面で使われる「りんご」という音声的なラベル，「り・ん・ご」という文字列，「りんごの絵」のようなシンボルを知識表象という。人は，このような知識表象を操作して思考することができる。

　それでは，赤ちゃんは，この**知識表象**を使うことができるのだろうか。もち

ろん，ことばや絵のような複雑なシンボルを取り扱うことができるようになるのは，ある程度大きくならないと不可能かもしれないが，もう少し簡単な知識表象ならば，赤ちゃんでも取り扱うことができるのではないだろうか。

この問題について，スイスの偉大な発達心理学者ピアジェは，生まれたばかりの乳児は外界にあるものを感じとって，それに反応して手足などを動かす程度の感覚運動能力しか持っていないと考えていた[1]。これだけの能力であるならば，犬や猫のような動物でもできることである。ピアジェは，乳児は簡単な知識表象も持つことができないと考えたのである。

●●●コラム：ピアジェの発達理論●●●

認知発達という領域の確立に最大の貢献をしたのは何といってもジャン＝ピアジェ（Jean Piaget：1896-1980）である。ピアジェは「認識や知能の起源は何か」という発生認識学的興味から認知発達の研究を始め，乳児期から青年，成人期に至るまでの知能の発達的変化のメカニズムに関しての壮大な理論を打ち立てた。ピアジェは知能を個体の環境への適応形態として捉え，個体と環境の絶えざる相互作用により個体内に構成されるのが知識であると考えた。彼は論理操作を知能の中心に据え，発達によって知能，つまり論理的な操作が質的に変遷するという段階様の発達モデルを提唱した。このモデルによれば，人間が成人するまでに発達の過程で感覚運動期，前操作期，具体的操作期，形式操作期の4つの論理的能力の段階を経験する。それぞれの段階に特徴づけられる論理操作の形式が，その段階にいる子どもができること，できないことを，様々な領域・課題にわたって普遍的に予測するとされる。

ピアジェ理論はその後様々な形で批判されてきたが，ピアジェ理論の問題点を克服しようという研究者達の試みが現在の認知発達の諸理論を作り上げたといっても過言ではない。

1.1.1. モノが視界から見えなくなっても その存在は消えないということの理解

簡単な知識表象，たとえば，「あるものが存在する」という知識表象を持つことができないとどうなるのだろうか。すると，単純ではあるがきわめて重要な**物体の永続性**ということを理解することが困難になる。物体の永続性とは，簡単にいえば，「今そこに存在していた物体は，目の前から消えて見えなくなったとしても，消滅したわけではなく，どこかに存在し続ける」ということで

ある。ピアジェによれば，乳児は，物体が自分の目の前から見えなくなってしまうと物体の存在そのものが消失してしまうと考えているという。

乳児が今まで夢中で遊んでいたおもちゃをタオルなどで隠してみる。すると乳児は，タオルの下を探すことはしない。そしてあたかもそのおもちゃが存在しなかったかのように，もうそのおもちゃに対する興味を失ってしまうのである。

当然のことながら，大人は物体の永続性を理解している。財布をどこかになくしてしまうことはよくあるだろう。財布が見えなくなったからといって，私たちは，財布がこの世から消滅したとは考えない。物体は姿が見えなくなったとしても，それは単に見えないところに行っただけで，実物が消えてなくなるわけではないということを知っているからである。

では，どうして乳児は物体の永続性を理解できないのだろうか。ピアジェによれば，「乳児は物体の永続的な表象というものを持つことができない」ためであるという。タオルをかけられて人形を見失った乳児を例にとろう。乳児は頭の中に知識として人形の表象（シンボルとしての人形）を持っていない。その知識表象を持つことができないため，目の前に人形が見えている間はともかく，見えなくなると頭の中からも消えてしまうのである。

目に見えていないものを対象にして考えたり，それに対して何らかの操作を行うというのは，私達大人にとってはあたりまえのことで，そのことを特に知的なことだとは思わないが，実はこれはきわめて知的なことなのである。ピアジェがこの事実を見出したのは，自分の子どもの観察を通してであった。彼は，自分の子どもを対象にして観察を行い，その成果を1930年代に報告した[2]。この「発見」は，それまで知られていなかったものの，非常にはっきりとした現象であり，誰でもが身近にいる乳児を対象として追試をすることができた。この，乳児が興味を持って取り扱っていたおもちゃが目に見えない状態に隠されると，そのものに対する興味をすぐさま失ってしまう，という結果があまりに印象的であったこともあり，それ以来長らく，乳児の知的能力は低く，知識もほとんど持っていないという説が，発達心理学の世界では主流を占めてきたのである。

しかしピアジェの結論は少し早まっていたようである。その後，ピアジェが，

乳児の持つ知識と認知能力を大きく過小評価していたことが多くの研究によって明らかにされた。これは，ピアジェの頃と乳児の知的能力が変わったのではない。乳児の知性を研究する研究手法がピアジェ以降で大きく変化し，乳児の持つ能力を正しく測定することができるようになったからである。

2. 赤ちゃんの知識を知る：乳児の知識をどのように測定するか

2.1. なぜ乳児の知識の測定は難しいのか

　人が白紙の状態で生まれるのか，それとも何らかの知識を持って生まれるのか，そしてその知識とはどのようなものかということについては，昔から様々な論者が議論をしてきた。この問題をデータに基づいて議論するのはきわめて難しい。なぜならば，大人でさえ，自分がどのような知識を持っているのかを説明するのは困難であるのに，乳児は話をすることができないので，知っていることがあったとしてもそれを大人に伝えることはできないからだ。犬や猫などのペットの例を考えてもそれはわかるだろう。犬や猫を飼ったことのある人ならば，ペットが飼い主の言ったことを理解していたり，自分で何かを考えていたりする，と感じる時があるのではないだろうか。しかし，犬や猫が思考しているということを客観的に証明しようとすると非常に困難だということもわかるだろう。

　ことばを使って質問することができないという点では，ペットと乳児は似たような状況にある。さらに，乳児の場合，身体の発達がまだ不十分であるため，手足を動かすことが必要な課題では，手足をコントロールするのが精一杯でそれ以外の情報処理をする余裕がなくなってしまうのである。そのため，乳児が何らかの知識を持っていたとしても，手足を使って物を指し示して回答をしたりする課題では能力が適切に反映されない可能性がある。そこで，開発されたのが，手足の運動を必要とせずに乳児の知識を測る実験パラダイムである。

　そのパラダイムを利用して実験を行った結果，生後間もない乳児でも，

・物体の永続性（ものは見えなくなっても消え去るわけではない）
・数の表象（1, 2, 3, 4くらいまでの数の小さい自然数を区別でき，数えたり，たしたり，ひいたりできる）

- 物体の運動の基本原理（物体は，運動する時すべての部分がまとまって動く，運動の軌跡は連続的でありワープしない，物質と異なって，二つの物体がくっつけられても，二つが融合してひとつの物体になることはない，など）
- 動物と非動物の運動法則の区別（動物は自ら動くことができるが，非動物は外から力が加わらない限り勝手に動き出さない）

など，人間の知識体系の根幹を成す知識を持っていることがわかってきたのである。

✚ 2.2. 赤ちゃんの飽きっぽさを利用して知識を測る
：馴化脱馴化パラダイム

前節でも述べたように，赤ちゃんは身体動作のコントロール機能が未成熟であるために，何かを考えるのと同時に体を動かして課題を遂行しようとすると，しばしば情報処理の能力がオーバーフローして課題に失敗してしまう。そこで，座ったままであるイベントを見せ，そのイベントを赤ちゃんがどのくらい注意を傾けて見ているかを測定し，そこから間接的に赤ちゃんの持つ知識を推定するという方法が用いられるようになった。ここでは，この中でも，もっともよく用いられる馴化脱馴化パラダイムという方法を以下に紹介しよう。

馴化脱馴化パラダイムとは，後で詳しく説明するように，赤ちゃんの持つ好奇心と飽きっぽさを利用した方法である。ここで「馴化」とは何かに馴れてしまうこと，「脱馴化」とは馴れから脱却することを意味している。

赤ちゃんはただボーッと何も考えずに時を過ごしているわけではない。かれらは非常に好奇心旺盛であり，自分の回りに起こっている物事の整合性を求め，物事が自分の期待どおりに起こっているのかどうかを無意識のうちに確認している。そこで自分の予測を裏切ること，つまり何か変なことが起きていると，予測どおりのことが起こった場合よりも，そのイベントを長く見つめることがわかっている。

馴化脱馴化パラダイムでは次のようなステップを踏んで実験を行う。

(1) **馴化**：赤ちゃんの目の前であるイベントを何度も何度も見せる。そうすると赤ちゃんはそれに飽きてしまい，そのイベントを見なくなってしまう。これが馴化である。多くの場合，赤ちゃんの目の前で提示されているイベ

ントの一部分は意図的に見えないように隠されている。その隠されている部分が，実験で測定したい事柄や法則に対応している。しかし，もし赤ちゃんにその能力があるのなら隠されていて見えなくても赤ちゃんはスクリーンの後ろに何があるか，何が起こっているかを「考えて」いるはずである。

(2) **脱馴化**のテスト：赤ちゃんが馴化をして，その場面に興味を持たなくなった時点で今度はテストする。テストではスクリーンが取り払われ，たいていの場合，同じイベントで馴化させられた赤ちゃんたちが二つのグループに分けられる。ひとつのグループは，そのイベントを支配する法則にかなったシーンを見せられる。もうひとつのグループの赤ちゃんはその法則に反するシーンが提示される。もし赤ちゃんがその法則を理解していたら，馴化の時にスクリーンの後ろで起こっていると考えていたことが起こっているはずであるので，法則に適ったシーンを見た赤ちゃんは「さっきと同じだ」と考えて，馴化によって飽きてしまったままになる。しかし，法則に反したシーンを見せられた赤ちゃんは期待が裏切られ，注意が回復する，つまり「脱馴化」が起こる，と考えられる。

もしも，赤ちゃんがそのの法則を理解していなければ見せられたシーンが法則にかなっていようと反していようとその差を理解できず，注意は回復しない。馴化したままの状態が続くはずである。今度は乳児が物体の物理的性質と物体の運動についてどのような知識を持っているのかについて述べよう。

3. 赤ちゃんは外界の法則について何を知っているのか

3.1. 力学を理解しているか

乳児は，ことばを発話し始めるずっと以前から物体（objects）の物理的な性質について，「**素朴力学理論**（naive theory of physics）」ともいえるような直感的理解を持っていることが知られている。たとえば，乳児は

(1) 物体はそれ自身では動かず，他の力によって動かされない限り，同じ場所に存在し続ける。
(2) 物体は自分の視界から見えなくなってもその存在は消失しない。

(3) 物体は別の物体を通り抜けできない（ある物体が壁などに突き当たった場合，壁に穴をあけて突き抜けない限りは壁の前で運動が止まる）。
(4) 物体は他から力を加えられない限り自分自身でその形を変えることはない。
(5) 一つの物体は全体がまとまって同時に動く（つまり物体の一部をつかめば全体がついてくる）。
(6) 物体は運動の際，連続的な軌跡をとる（ワープなどしない）。

などの物体の基本的特質を理解しているということがこれまでの研究から明らかになっている[3]。

たとえば（3）については以下のような実験でわかる。

乳児の認知研究で著名なエリザベス・スペルキーは生後2ヵ月の赤ちゃんに図2-1aのようなシーンを見せた[4]。

台の上についたてがある。ついたてがあるのを見せられた後，スクリーンが上がり，ついたては隠されてしまう。ここでボールがついたての方に向かって転がるシーンを見せられるが，ついたてはスクリーンの陰で見えないので，そこでボールが止まるところは赤ちゃんには見えない。これを何回も見せられて乳児はこのシーンに馴化する。馴化後，テストが行われる。テストではボールが転がってスクリーンの裏に動いていった後，スクリーンが取り払われる。起こっていることが法則と一致した「一致条件」の赤ちゃんはボールがついたての手前にあるのを見る。法則に反したシーンを見せられる「不一致条件」の赤

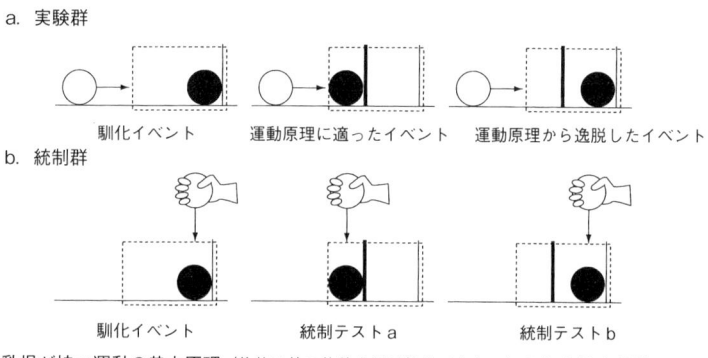

図2-1 乳児が持つ運動の基本原理（物体は他の物体を通り抜けできない）ことを示す実験．
　a：実験群；b: 統制群（Spelke, 1991 より改変）

ちゃんはボールがついたての反対側にあるのを見せられる。

もし赤ちゃんが（3）の法則を理解していたら，一致条件では馴化の時に予測していたとおりの事が起こっているわけであるから注意は回復せず，興味を持ってこのシーンを見ることはないだろう。しかし「不一致条件」の赤ちゃんの予測は裏切られるため脱馴化が起こり，「一致条件」の赤ちゃんよりシーンを長く注視するはずである。これが乳児の知識に関する仮説にあたる。

そして実験の結果はその仮説を支持するもので，不一致条件の赤ちゃんのみに脱馴化が起こったのである。ただ，この結果だけでは，まだ本当に仮説が正しいかどうかは確実ではない。他の可能性も考える必要がある。そのために行われるのが統制実験（コントロール実験）と呼ばれる付加的なダメ押しの実験である。

スペルキーはさらにこの結果が（3）の法則の理解を反映しているのではなく，単についたてに対してボールが反対側（右側）にあること自体が目新しかったからではないかという可能性を検討するため，もう一つ統制実験を追加した。この実験ではボールをついたての方へ転がすのではなく，上からボールを落としたのである。馴化の時にはまずついたてを見せた後スクリーンが上げられて，ついたてが隠された。図2-1bのようにボールはついたてに対して向かって左側から落とされた。しかし，スクリーンがあるのでボールの行き先は見えない。テストでは半分の赤ちゃんが馴化の時と同じくついたての左側から落とされるシーンを見，残りの赤ちゃんは馴化の時とは異なり，ついたての右側からボールが落とされるのを見る。赤ちゃんはこの場合にはこれまでとは異なる場所に落とされたということにはまったく影響を受けず，どちらの場合も脱馴化は起こらなかった。つまり，最初の実験の結果は場所が目新しかったためでなく，法則を理解していたからであることがこの統制実験で示されたわけである。

✚ 3.2. たし算やひき算はできるか

もうひとつおもしろい実験を紹介しよう。この実験は，乳児に物体の永続性の概念があることを示すとともに，さらに，目に見えないところで物体が加えられたり取り去られたりした時，そこに物体がいくつあるはずかという計算，つまりたし算やひき算ができることを示した実験である[5]。この実験では先

図 2-2　生後 5 ヵ月の乳児が物体が隠されても物体を表象することができ，その数を追跡できる（足し算，引き算ができる）ことを示した実験（Wynn,1992 より改変）

ほどの実験と異なり，馴化は行われない。ある一連のシーンを見せられその最後に半分の赤ちゃんは「可能なシーン」（つまり正解）を見せられ，残りの半分は「不可能なシーン」（不正解）を見せられる。そして可能なシーンと不可能なシーンで赤ちゃんの注視時間が異なるかどうかを調べるというパラダイムが用いられている。

　生後 5 ヵ月の赤ちゃんに人形劇の舞台のようなものを見せる（図2-2）。まずミッキーマウスがひとつステージに置かれて，次にスクリーンが上がり，ミッキーマウスは隠される。そして舞台のそでから手がミッキーマウスを持ってスクリーンの後ろに入ってきて，空の手が戻るのを赤ちゃんは見る。そこでスクリーンが取り除かれる。「可能なシーン」条件の赤ちゃんはミッキーマウスが 2 つあるのを見る。「不可能なシーン」ではミッキーマウスは 1 つしかない。もし赤ちゃんが最初にステージにあったミッキーマウスがスクリーンで隠されても存在し続けると信じ（つまり物体の永続性の概念を持ち），さらにミッキーマウスを持った手が今度は空で戻ってきたことから 2 番目のミッキーマウスはスクリーンの後ろに置かれたことを推論し，最初と合わせて 2 個のミッキーマウスがあるはずであるという計算を行っているとしたら 2 つのミッキーマウスがあると思うはずである。それに対し，もし物体の永続性の概念を持たず，スクリ

ーンの後ろにある物体の存在について考慮をしていなければ，ミッキーマウスは1つでも2つでも赤ちゃんはまったく気にしないはずである。

結果は，不可能なシーンを見せられた赤ちゃんは可能なシーンを見た赤ちゃんよりステージを長く見つめた。つまりミッキーマウスが1つしかないのは変だと赤ちゃんが思ったことが示されたのである。

✚ 3.3. 物体と物質の違いを知っているか
3.3.1. 物体と物質はどう違うのか

物体（objects）は，水や砂のような物質（substances）と個別性において根本的に異なる性質を持っている。物体は個別化された存在であり，物体全体として「一個の物体」として認められる。それゆえ，物体の一部は物体自身ではないし，物体が壊れたら，その壊れた一片はもはや物体であるとはいえない。たとえば「椅子の脚」は「椅子」ではないし，壊れたコップのかけらはもはやコップではない。

水や砂などの物質の場合，これとは異なる。水や砂などは椅子，コップなどの物体と違い「全体」というものがなく，また，個別化をする特定の単位も持たない。つまり，水差しに入っている水を4つのコップに注いでも，それぞれのコップの中身は「水」である。コップの中の水を半分飲んでも，コップに残っている残りは「水」である。つまり，コップの存在はもともと「個」が「全体」であることを前提としているのに対し，，物質は「個」とか「全体」いう概念が適用されない存在である。このため，物質は物体の特性と非常に異なる特性を持つ。物質は物体のように個体としてはっきりした境界を持つ堅固な存在でないため，時間的に持続するそれ自身の形を持たず，また，一部をつかんで動かしても残りが同時に動くということはない。物体同士は接触によって混ざり合うことはないが，2種類の物質（たとえば水と塩）は混ざり合ったり，科学的に反応したりする。このような，存在そのもののあり方が違うほど根源的な性質の異なりのことを哲学や心理学では「存在論的違い」という。ちなみに存在論とは人が持つ概念区分のもっとも根幹にある概念のことである。英語ではOntology・オントロジー・という。一般的に存在論的区分というのは生物と非生物，自然物と人工物などのように，根本的に性質が異なる対比概念を指

す[6]。物体と個別化されない物質は互いに相いれない属性のセットを持ち，その意味で物体と物質は異なる存在論的カテゴリーに属すると考えてよいだろう。

3.3.2. 物質についての直感的理解

乳幼児が物体の特性をどのように理解しているかについては，数多くの研究がなされ，かなり詳しいことがわかってきたが，物質についての直感的理解についてはまだそれほど研究がされていない。しかし，最近の研究で8ヵ月の乳児でも物体と物質では，形の恒常性において異なることを理解しているという報告がなされている。つまり，「数」という概念の果たす役割が違うことを理解しているというのである。この実験について以下に紹介しよう[7]。

この実験のロジックは前節で述べたミッキーマウスの数の追跡の実験に似ている。まず，乳児に何も置いていない台を見せる（図2-3a）。山形に作った物体を紐でつるして上から下げ，その台の片端に置く。乳児は物体が台の一方の端に置かれたのを見ることになる。台の前にスクリーンが置かれ，物体を隠す。もうひとつの山形の物体が台の別の端に降ろされる。乳児は，手がその物体を降ろしているところは見えるが，スクリーンにさえぎられているので，実際にこの物体がすでに設置してある最初の物体の隣に置かれたところは見えない。しかし，もし，乳児が物体は恒常的な形を持った個別化された存在であり，全体がひとつにまとまって運動するものである，という基本的な存在論的制約を理解しているならば，スクリーンによって隠されていて

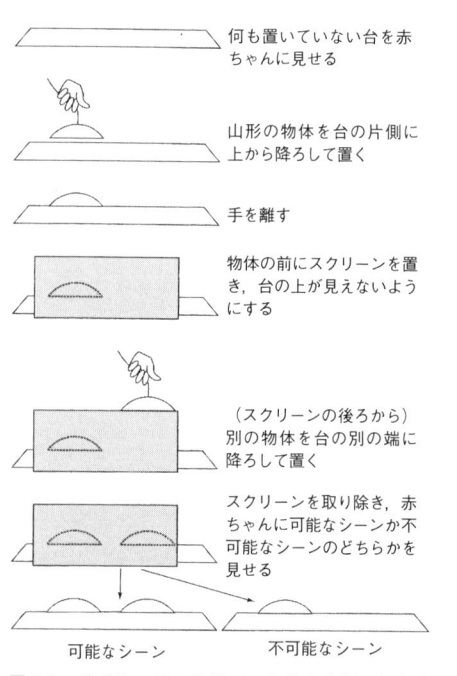

図2-3a 生後8ヵ月の乳児が，物体と物質の存在論的区別を理解していることを示唆する実験。物体の場合の数の追跡（Carey, 1997より改変）

も，スクリーンの後ろには2個の物体が存在すると推論するはずである。したがって，スクリーンが取り払われた時，台の上に1個の物体しか見えない場合には，異常に気がつき，正常な場合と比べそのシーンを長く注視するはずである。生後8ヵ月の乳児は仮説どおり，たしかに，異常なシーン（台の上に物体が1個しかない）の方を正常なシーン（台の上に物体が2個ある）よりも長い間注視した。

興味深いことに，物体の代わりに砂，つまり個別化されない物質を使ったときには乳児は異なる反応を示すことがわかっている。この砂を使った試行の場合も基本的な操作は物体を使った試行と同じである。ただひとつの違いは，砂の場合にはひとまとめにして紐でつるすことができないので，その代わりに容器の中に入れたものを上から台の上に徐々にこぼしていって，台の上に砂の山を作るのである（図2-3b）。物体を使った試行の時と同様，台の一方の端に砂の山を作り，スクリーンを降ろす。スクリーンの向こうから，台の別の端にもう一度砂をこぼしていく。この手続きにより，スクリーンにさえぎられて見えないが，物体の時と同様，2個の砂の山ができているはずである。しかしながら，この試行では，山形の物体を使った試行の時と異なり，乳児はスクリーンが取り払われて1個の砂の山しかなくても驚かなかった。つまり正常なシーン（山が2個）と比べ注視時間が変わらなかったのである。

この結果は何を意味しているのであろうか？　物体の場合には，乳児は，最初に降ろされた物体とスクリーンが置かれた後で降ろされた物体は別の個体である，したがって2番目に降ろされた物体は自分の見えないところで最初のものと融合して1個になってしまう

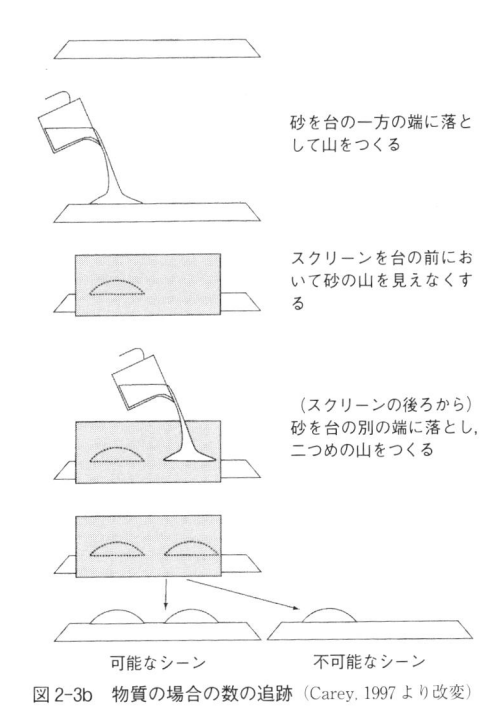

砂を台の一方の端に落として山をつくる

スクリーンを台の前において砂の山を見えなくする

（スクリーンの後ろから）砂を台の別の端に落とし，二つめの山をつくる

可能なシーン　　不可能なシーン

図2-3b　物質の場合の数の追跡（Carey, 1997より改変）

ことはないということを理解していたようである。しかしながら、乳児は砂に
ついては異なる直感を持っているようである。砂は個体ではなく、したがって
砂の山を数えても意味がないという直感を持っていたため、砂が違う場所にこ
ぼされていたとしても砂の山が2個できなくてはならない、という期待は持
たなかったのではないだろうか。また、砂は物体と違い、はっきりとした境界を
持たない、形の恒常性のない存在ということを知っているので、スクリーンの
後ろで、自分の視野にないうちに最初に作られた山と2回目のものが一緒にな
ってしまったと思ったのかもしれない。

　この物体と物質の性質の違いは人間の概念の体系の中でもっとも基本的な区
分のひとつであり、この理解がないと、ことばの学習が不可能になる。という
のは物体の名前と物質の名前では、先ほどの「コップ」と「水」の例で示した
ように、ことばの指示対象を決定する基準が根元的に異なるからである。この
ことについては第3章で詳しく述べる。

✚ 3.4. 動物と動物以外のモノの概念的区別はできるのか
3.4.1. 運動の背後にある因果関係

　乳児が非常に早くから理解しているといわれる概念知識の中に、動物と人工
物や石などの非生物の区別、感情を持つもの（sentient beings）、持たないもの
（non-sentient beings）の区別がある。

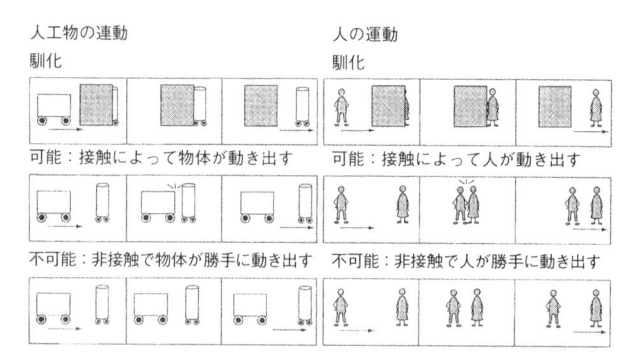

図2-4　生後6ヵ月の乳児が人工物と人では異なる運動法則が適用されることを理解していることを
　　　示した実験（Woodward, et al., 1993 より改変）

たとえば，生後間もない乳児が，人間などの生き物と非生物の物体では，物理法則の因果関係が異なることを理解していることが報告されている。ある実験では生後6ヵ月の乳児に2個の事物の運動を見せた[8]。そのうち，ひとつのシーンでは，円柱のような2つの人工物の運動，もうひとつのシーンは，2人の人間の運動である。どちらのシーンも，まず，第1の事物が第2の事物に向かって動いていく（図2-4）。次に，ある時には第1の事物が第2の事物に接触し，それから第2の事物が動き出す。別の時には第1の事物の運動が第2の事物にたどり着く前に停止し，2つの事物は接触せずに，第2の事物が運動を始めるのである。動作主が人間の場合，乳児はどちらも正常な出来事として受けとめる。しかし，事物が円柱の場合には，二つめの円柱がひとつめの円柱の運動の力によらず，自律的に運動を始めたことに驚き，そのシーンを正常なシーンより，長い間見つめていたのである。この結果は，生後6カ月の乳児でも動作主が人間の場合には自律的な運動が可能なのに比べ，非生物の場合は，他からの力が加えられることによってのみ運動が開始されることを理解していることを示すものである。

3.4.2. 意図の理解

また，乳児は，人工物と人との違いを運動などの物理的な現象の違いとしてのみ捉えているわけではない。赤ちゃんは，人間は意思と意図を持った社会性のある存在と捉え，その点で人工物と異なる，という理解を非常に早い時期から持っている。たとえば赤ちゃんにボールがいくつかある障害物をポンポンと跳みながら越して行くシーンを何回も見せ，馴化させる。その後，障害物を取り除く。すると赤ちゃんは，ボールがさっきとはまったく異なる軌跡をとり，まっすぐに動いていくことを期待する。つまり，人工物は意図を持たないので障害物がなければわざわざ無駄に遠回りした軌跡をとるようなことはないことを知っている。しかし，ボールが意図を持つ生物のようなエージェントだと思うと，障害物がなくてもさっきと同じ軌跡をとって進む，と思うのである。このように，人は意図を持って行動する，人工物とはまったく違う存在である，という理解が，後のより複雑な他者の社会行動を子どもが理解していく上での素地になるのである[9]。

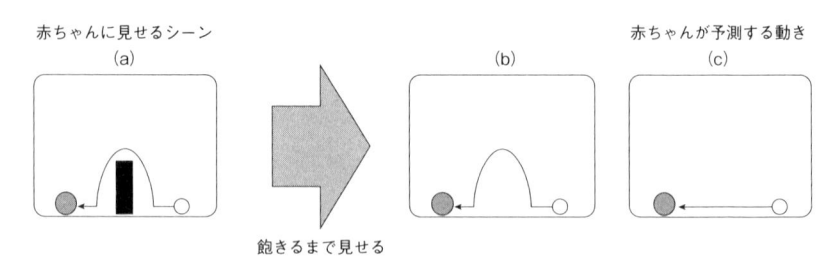

図 2-5 人工物は意志を持たない（Gergely & Csibra, 2003 より改変）
ボールが障害物を跳び越えるシーンを飽きるまで見せる。その後，(b) と (c) のシーンを見せると「人工物は意志を持たない」ということがわかっているので (c) のシーンの動きを予測する。

4. まとめ

　本章では学習は学習者がすでに持っている知識に大きく影響を受ける，という前章の結論を受けて，知識が非常に乏しいと考えられる乳児において学習はどうして可能なのかという問題を取り上げた。

　ここ 20 年ばかりの間に乳児の知識と認知能力に関する研究は飛躍的に進み，ことばを話すずっと以前に，乳児はすでにある特定領域（物体の物理的性質，個別性の概念に関する物体と物質の存在論的違いの認識，他者の意図など）について非常に豊かな知識を持っていること，またそれらの知識を用いてかなり複雑な推論をすることができることが明らかになってきた。これらの知識は人間の概念体系の根幹を成す知識であり，これらの知識を足がかりにして乳幼児は非常に効率よく概念を学習していくのである。

　しかし，これらの知識が"生まれた時から備わっている"生得的な知識なのか，あるいは短期間の経験により乳児期初期までに学習された知識なのか，という「知識の起源」については未だ認知科学者の間で激しい論争が続いているところである。この問題は，認知科学の非常に重要な問題の一つであるが，それ自身，本を 1 冊費やしても語りきれないほど膨大な研究が蓄積され，注意深い議論が必要とされることなので，本書では扱わない。読者はぜひ参考文献を読み，この問題について考えてほしい[10]。

　本章で述べてきたように，赤ちゃんは，自分を取り巻く世界について，すでに豊かな知識を持つ。この知識は単なる断片的な「事実」の理解ではなく，赤

ちゃんの中である種の整合性を持った説明の枠組みとなっている。その意味で，この知識は素朴な「理論」と呼んでもよいものだ。しかし，だからといって，赤ちゃんが大人と同等の知識を持っているわけではないし，大人と同じような思考をできるわけでもない。子どもの思考は，乳児期以降，幼児期，児童期と長い道のりを経て，ゆっくりと，そして非常に大きな構造の変化を伴って発達していく（これについては第5章で取り上げる）。実はこの「知識の起源」についてもっとも活発に議論されているのは言語獲得についてである。言語は人間の知性の象徴といえるものであり，抽象的，論理的な思考を支える道具でもある。また，言語の発達は，この章で取り上げた概念領域の発達と類似したところもあるが，非常に異なるところもあり，人間の学習の性質を考える上で興味深く，重要だ。そこで，次章では言語獲得の問題を取り上げる。

【注】

（1） ピアジェの考え方の概論としてはピアジェ，波多野完治訳，2000；ピアジェ，滝沢武久訳，1999；ピアジェ，波多野完治・滝沢武久訳，1998 などを参照されたい。
（2） Piaget, 1936, 1953.
（3） Spelke, 1985, 1990, 1991.
（4） Spelke, 1991.
（5） Wynn, 1992.
（6） 存在論の定義については今井，1997; Chi, 1992 を参照のこと。
（7） Huntley-Fenner, Carey & Solimando, 2002; Carey,1997（邦訳あり）
（8） Spelke, Phillips & Woodward, 1995.
（9） Gergely et al., 1995; Csibra et al., 1999.
（10） Elman et al., 1996.

ことばの学習
―― 子どもはことばを学習する天才 ――

　私達大人は膨大な数のことば（単語）を知っており，それらの単語の意味を知っている。心の中に辞書を持ち，その辞書を用いて言語を操ることができるのだ。人が心の中に持っている辞書を心的辞書，あるいはメンタルレキシコンという。赤ちゃんが**メンタルレキシコン**を持って生まれてくるとは考えにくい。つまり赤ちゃんは学習によって自分でメンタルレキシコンを作り上げていくのだ。ではいったいどうやって大人が持つ膨大な数の単語のそれぞれの意味を子どもは学習しているのだろうか？

　子どもは短期間の間に非常に速い速度でことばを覚え，語彙を増やしていく。ことばを話し始める2歳前後から6歳の間に，平均して1日に6語，多い時期には10語も新しいことばを覚えることがある。子どもは大人が特に一つひとつのことばの意味（定義）を教えなくても，日常生活の中で自然にことばを覚えてしまう。これは大人が外国語を学ぶのとはまったく異なる。

　単語の意味を理解させるためには，大人がことばを一つひとつ子どもに丁寧に繰り返し教え込むことが必要だと考えている人は少なくないだろう。ペットの犬に「お手」や「おすわり」を教える時には，何度も繰り返して教える。そして，犬が要求された動作をした時にごほうびをあげることによって，ペットは「お手」や「おすわり」ができるようになる。子どものことばの学習もそれと同じなのだろうか。大人のまねをし，ことばを正しく使えばほめられ，誤ったことばの使い方をしたら大人にわかってもらえなかったり直されたりする，という経験を繰り返すことによって，子どもはことばを学習していくのだろうか。

　結論を先に言ってしまえば，子どもはことばを覚えていく時には，単に大人のまねをしているのではない。また，大人がことばの意味を教えてくれるまで黙って待っているわけでもない。言語を学ぶために子どもが乳幼児期にしているのは，きわめて複雑で洗練された学習なのである。研究者たちは，子どもの言語獲得プロセスと同じことができるコンピュータプログラムを作ろうと努力を続けてきたが，これまでのところあまりうまくいっているとは

いえない。現在の英知を結集しても，子どもがあたりまえに行っている言語獲得全体の中のほんの一部の現象をごく限られた規模で再現できる段階にとどまっている（機械・コンピュータがどのような学習をしているのかについては，次の4章で詳しく触れる）。

1. スピーチからのことばの切り出し

　私達成人は言語を成り立たせる基本の要素は「単語」であることを知っている。大人が外国語を学習する時，単語の意味を知り，覚えていくことから始めるだろう。ほとんどの場合，「単語」はすでに切り出されて与えられており，「単語」そのものを自分で見つけるということを学習者はしない。しかしことばを学習するために子どもがまずしなければならないことは言語音声を一つひとつの意味の単位，つまり単語に切り分けることである。たとえば「○○チャンオナカスイタノミルクノムオムツハドウカナ」というような発話を聴いた時，「オナ」「カスイ」「タノミル」「クノ」……のように切るのではなく，「オナカ」「スイタノ」「ミルク」のように切り分けることができないと単語の意味の学習がそもそもできない。しかし区切りのない音の流れを正しく単語に分節していくことは決して簡単なことではない。みなさんがラジオの短波放送でまったく知らない外国語の放送を聞いた時のことを想像してほしい。意味がわからないというのはさておいて，それ以前に，そもそもどんどん流れていく音声のどこからどこまでをひとまとまりの単語と考えればいいのかを判断すること自体が容易なことではないことがわかるだろう。

　いったい赤ちゃんはいつごろからどのようにして連続して切れ目のない大人の話す音声の入力（これを「言語インプット」と呼ぶ）の中から単語を切り出していく方法を学習するのだろうか[1]。

1.1. 単語の切り出しの前に：音素の識別

　文章は単語からなる。そして，単語は複数の音素から成り立つ。したがって，

そもそも単語を切り出すためには，赤ちゃんは単語を構成する音素を認識できなければならない。赤ちゃんはどのようにして母語で使われる音素を学び，ある音素を別の音素と区別することができるのだろうか。

実は赤ちゃんは母語に特有の音素を「学ぶ」必要はない。生まれた時には赤ちゃんは自分の母語になるはずの言語はもちろん，それ以外のすべての言語で使われるすべての音素の違いを識別できる能力を持っているのである（ある言語体系において区別することに意味のある音素の違いのことを「対比」と呼ぶ）。そしてある時期になると母語では使われない音素の対比を区別することはできなくなる。

このことを最初に示した研究を紹介しよう。ヒンディー語においては，日本人の私たちの耳には両方［ta］に近い音としてしか聞こえない非常に微妙な違いの音素がある。西アフリカのセイリッシュ語にもまた［k'i］と［q'i］という微妙な対比が存在する。ジャネット・ワーカーたちは，英語を母語とする赤ちゃんを生後6-8ヵ月，8-10ヵ月，10-12ヵ月の3グループに分け，赤ちゃんがこのヒンディー語とセイリッシュ語の対比，それに加えて英語の［ba］と［da］の対比を識別できる能力があるかどうかをテストした[2]。一番月齢が低い6-8ヵ月児はこの三つの対比すべてを識別することができた。しかし8-10ヵ月児では英語にある［ba］-［da］の対比はできるが，残り2つの対比は識別できない子どもがずいぶんいた。10-12ヵ月の赤ちゃんは英語にない2つの対比の識別はほとんどまったくできなくなっていた。他方，ヒンディー語，セイリッシュ語を母語とする赤ちゃんは生後12ヵ月でもそれぞれ，自分の母語にある対比は完全に識別できた。

日本語を母語とする読者のみなさんにとって，聞き取りにくい英語のある特定の音はないだろうか。特に日本人には英語の"r"と"l"の聞き分けが難しいといわれている。これは，日本語を使う限りにおいてはこの二つを聞き分ける・使い分けることに意味がないからである。しかし，英語を母語とする赤ちゃんは生後2-3ヵ月ですでにこの二つの音素を区別できる[3]。日本語にない［ra］-［la］の対比と，日本語に存在する［wa］-［ya］の対比を日本人の6-8ヵ月児と10-12ヵ月児が識別できるかをテストした研究がある[4]。先行研究の結果と一致して，日本語を母語とする赤ちゃんは6-8ヵ月では両方の音素の対比を識別できたが，生後10-12ヵ月の赤ちゃんは［ra］-［la］ペアの識

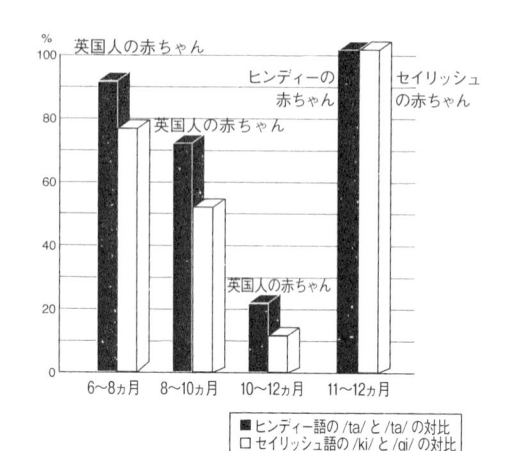

図3-1 英国人の乳児が母語にない音素の対比を弁別する能力を1歳の誕生日ころまでに徐々に失っていくことを示した実験の結果．(Werker & Tees, 1984 より改変)

別はできなかった。この6-8ヵ月から10-12ヵ月の間に何が起っているのだろうか。

おそらくは，どの言語を母語としている赤ちゃんであっても，6-8ヵ月までは，音素を音の物理的な類似性にしたがって区別しているのだろう[5]。その後数ヵ月の間に，それぞれの母語に特有の音素の区別の仕方（クラス分けの仕方）を身につけたために，その母語では必要のない識別能力を失うようになったと考えられる。

1.2. 赤ちゃんはいつから単語の切り出しができるようになるか

では赤ちゃんは，いつ，どのように単語を切り出せるようになるのだろうか[6]。英語を母語とする赤ちゃんの研究によれば赤ちゃんが連続的な音声言語から単語を切り出せるようになるのは生後6ヵ月から7.5ヵ月の間である。これは以下のような実験でわかる[7]。生後6ヵ月から7.5ヵ月の赤ちゃんに単シラブル（母音が一つしか含まれていない）の単語四つをペアにして提示する（feet/bikeとcup/dog）。半分の赤ちゃんが feet/bike ペアを30秒間繰り返し聴き，残りの半分が cup/dog のペアを聴いた。テストでは赤ちゃんは四つのパッセージを聴く。このうち二つのパッセージはさっき聴いた単語を含み，残り二つは含まない。パッセージは普通の大人が話す速さで，自然な区切りのない読み方で読まれ，録音されている。もし赤ちゃんがパッセージを単語に分節しながら聞いているとしたらさっき聞いた単語が埋め込まれているのがわかるはずである。それに対してもし単語の切り出しを行っていなければ，さっき聞いた単語が埋め込まれている場合と埋め込まれていない場合では，反応に何ら変わりがないはずである。

6.5ヵ月児の場合は，先ほど聞かされた単語が埋め込まれているパッセージと含まれていないパッセージを聴く時間には差がなかった。それに対し，7.5ヵ月児は前もって聞いていた単語が含まれたパッセージを，含まれないパッセージより長く聴いたのである。このことから，英語母語の7.5カ月児は，単独ではすでに聞いたことがある単語がパッセージに埋め込まれていた場合，単語ごとに区切られていない自然な言語発話の中からでも，その単語を見つけ出すことができていることを示している。

　なお，上記実験では，乳児の単語の聞き分けは**選好振り向き法**（head-turn preference paradigm）という手法で測定されている。選好振り向き法は乳児が特定の刺激を聴いている時間を測定するために，その刺激が流れてくるスピーカーにつけられた明かりの点滅を乳児が見ている時間で測るという手法である。

✤ 1.3. 赤ちゃんは何を手がかりに 単語の切り出しを行っているのか

　赤ちゃんは複数の手がかりを使って流暢な（単語ごとに区切られていない）言語インプットから単語の切り出しを行っているようである。どのような手がかりを使っているかに関してもっとも研究が進んでいるのは英語を母語とする赤ちゃんの場合なので，以下では英語を話す赤ちゃんについての話をしたい。残念ながら日本語を話す赤ちゃんの研究は英語に比べだいぶ遅れをとっており，あまりよくわかっていない。しかし，現在この問題について精力的に研究を進めているグループがあるのでしばらくすると日本語を母語とする赤ちゃんのこともずいぶんわかってくるだろう。

1.3.1. 母語の音声特徴の分析

　まず，赤ちゃんは生後1年までの間にかなり母語の音声特徴の分析を行っているようだ。音声の特徴として赤ちゃんがもっとも早くに気づき，手がかりにするのは韻律（プロソディ）だ。プロソディというのは声の上がり下がりや話す時のリズムである。英語の場合，言語音声の韻律（プロソディ）の特徴としてアクセントが非常に重要であるが，英語の単語全体としてみれば，二つ以上のシラブルを持つ単語ではアクセントが最初にくる単語（たとえば "kingdom" や "Hamlet"）の方が，後にくる単語（たとえば "guitar" や "device"）よりもずっと多

い。赤ちゃんはこの特徴を単語の切り出しの手がかりとしているらしい。生後7ヵ月半ほどで，赤ちゃんは，知っている単語（あるいはあらたに教えられた単語）が流暢に読まれる文章の中に埋め込まれてもその単語を見つけることができると述べたが，7.5ヵ月児でも最初に聞かされる単語が"guitar"のようにアクセントが後にくる2シラブルの単語である場合にはパッセージ（文章）の中で単語を見つけることができなかった。生後10ヵ月を過ぎるとアクセントの位置にかかわらず，パッセージに埋め込まれた単語を同定することができるようになる[8]。

赤ちゃんが単語の境界を決めるのに使う手がかりは韻律の情報だけではない。生後9ヵ月の赤ちゃんは，英語では特定の子音が単語の語の中にある場合と最後にある場合では異なって発音されることをすでに知っており，これを単語の区切りを決定するための手がかりとして使っていると思われる。たとえば"nitrate"の中ほどの [t] と"night"の終わりの [t] では微妙に音が異なる。先ほどの実験と同じ方法を用いて，"nitrate"と"night rate"を最初に聴いて，その後それぞれの語を埋め込んだパッセージを聴かせた実験を行ったところ，9ヵ月になると，赤ちゃんは，この二つの語を区別できていることを示したのである[9]。

このように赤ちゃんは1歳の誕生日を迎える前に，母語の特徴を分析抽出し，そこから得た情報を用いて，流れるように耳から入ってくる連続的な言語パッセージを単語に切り分けるようになるのである。

1.3.2. 母語の統計的特徴の分析

もうひとつ赤ちゃんが使う重要な手がかりがある。これは特定の言語に固有の特性ではなく，赤ちゃんが普遍的に備えている計算（情報処理）能力をもとにしたものである。

たとえば，ある音素と別の音素がいつも続いて発声されることがある。生後8ヵ月の赤ちゃんは，短い言語インプットを聞くだけで，その音素のつながり方に気づいて，それを単語の切り出しの手がかりにしているらしい[10]。

これらの結果から，赤ちゃんは遅くても生後9ヵ月までには母語における韻律パターンの特長と母語における音素の特徴，耳に入ってくる言語音中の音素の並び方の確率という少なくとも三つの手がかりを同時に使って単語の切り出

しをしていることが示唆される。なぜ，複数の手がかりを同時に使うのだろうか。これはどの手がかりも確率的なものにすぎず，例外があるため，ひとつだけの手がかりに頼っていたら切り出しができない単語が多く出てしまうためではないかと考えられている[11]。ことばの意味を理解することができるずっと以前に，赤ちゃんは耳に入って来る言語（インプット）の中の統計分布を計算する能力を持ち，さらに自分の母語に対して緻密な分析を行っている。これらの能力を駆使することによって赤ちゃんは1歳の誕生日以前に大人の切れ目のない連続的な言語音の中ではじめて聞く語の境界を決めたり，すでに知っている単語を見つけ出したりすることができるようになっているのである。つまり，母語とする言語に短期間さらされただけで，その言語の音の分布の特徴を自分で探し出してきて，それに基づいてどこにも切れ目がない言語の音の連なりに切れ目を入れ，単語を切り出していくのである。

2. 単語の意味の推論と学習

では，次に単語の理解と学習についてみてみよう。単語は意味の単位である。子どもは音声インプットから単語を切り分ける作業に熟達すると，今度は単語を意味に対応づける作業を始める。いつ頃からこの作業を始めるのだろうか。生後8ヵ月の赤ちゃんは音声の弁別や切り出しにまだ専念していて，意味には注意を向けていない。生後14-15ヵ月では音声の分析と意味づけを両方行っているが，この両方の作業を同時にすることにはまだ習熟していないようである[12]。それが生後18ヵ月頃になると両方の作業をうまく同時に行うことができるようになる[13]。この頃子どもの語彙数は爆発的に増え始める。これを**語彙爆発の現象**という。2歳の誕生日頃になると，平均すると毎日6-8語くらいの物凄いペースで新しいことばを覚えていく。まさに「爆発」にふさわしい状況である。

今度は子どもが新しいことばに意味を対応づけていくプロセスについて述べよう。

✚ 2.1. 単語の意味を子どもにわかるように教えることは可能か

　前にも述べたように，普通の人は大人が一つひとつのことばを丁寧に繰り返し教え込むことによってはじめて子どもは単語の意味が理解できると考えがちである。たしかに，大人が子どもに単語の意味を教えようとすることはあるだろう。ではどのようにして「ことばの意味」を大人は子どもには教えているのだろうか？　大人が外国語を学習する場合には辞書を用いることができる。たとえば"rabbit"という英語の単語を英和辞典で調べると「ウサギ」という訳が載っている。日本人の大人は「ウサギ」が何を指示するのか，どのような知覚的特徴やあるいは行動特性や性質を持っているのか，などをもちろん知っているのでただちに"rabbit"の意味を「知る」ことができる。

　しかし，ウサギを見たことがない乳幼児に「ウサギ」という語をはじめて教える場合，果たしてどのようにしたら「ウサギ」の意味を子どもがわかるように教えることができるだろうか？　ちなみに，ある国語辞典で「ウサギ」という項目を引くと「小形の哺乳動物。目が赤くて耳が長い。」とある。しかし，この定義を子どもに教えても，子どもはそもそも「哺乳動物」が何を意味するのかわからないだろう。また，「目が赤くて耳が長い」という情報は，すでに「ウサギ」が何かを知っている人ならば納得できる知覚特性かもしれないが，この情報だけを知ったとしても動物の中から「ウサギ」を指し示せるようにはならないだろう。他にもたくさん動物はいるし，その中には上記の特徴に合致した動物もいるだろう。また，ウサギにもたくさんの種類があるのである。

　いやいや，大人はこんなふうにはことばを子どもに教えない，対象を指差して，「あれがウサギだよ」と教えているのだ，と読者は言うかもしれない。しかし，大人は世の中に存在するすべてのウサギをいちいち指差すことは不可能である。通常はただひとつか二つの事例を示すだけである。しかし，ひとつ，あるいは少数の限られた事例に対する漠然とした指差しだけに基づいて，そこで発話されたことばの意味を推論することは，論理的には不可能なことである。以下の例を考えてほしい。

✚ 2.2. ひとつの事例からの推論の困難

　ある大人がにんじんを食べているウサギを指しながら子どもに「ほら，ウサ

ギョ」と言ったとしよう。この時,
- 「ウサギ」という語が指すのはその動物そのものであって,にんじんは含まれないこと。
- その動物の耳のところだけを指すのではないこと,あるいはその動物の色を指すのではないこと。
- その動物の「柔らかさ」を指すのではないこと。

を指差しだけからどうしてわかるだろうか [14] ? 仮に指示対象が指差された動物全体であることがうまくわかったとしても,たとえば「ウサギ」という語は自分の視点や状況に独立だということ——つまり,前から見ても後ろから見ても上から見ても下から見てもこの語はこの動物に適用できるし,この動物が飛び跳ねていても,檻に入っていても,にんじんを食べていても,眠っていても「ウサギ」という語は適用できるということ——はたったひとつの事例の「指差し」だけから知ることはできない。

仮にこのことが理解できたとしてもさらに残る問題がある。ひとつの事例に対する指差しでは発話されたことばが指差された対象にのみ限定されるのか(つまり「ウサギ」という固有名を持つ個体なのか),他の対象にも適用できるのか(他の類似した個体にも「ウサギ」という名は適用できるのか)を知ることはできないし,仮に他の対象に適用できるとしたら他のどの対象に適用でき,どの対象には適用できないのかもわからないのである。

✚ 3. 子どもはどのようにして単語の意味の推論をしているのか ✚

では子どもはどのようにはじめて聞くことばの意味の推論をしているのだろうか? 論理的に考えれば,ひとつの事例からその事例の意味することを推論することは非常に困難であるはずだ。それにもかかわらず,実際には,子どもは指示対象のたったひとつの事例を示されるだけでことばを学んでいるようである。しかも多くの場合,その推論は正しいのである。つまり,子どもはこと

ばの意味にあてはまるいくつかの事例のうちのひとつの事例を示されると，無限に作ることのできる仮説をいちいち吟味したりせず，ほとんどの場合，即時にことばに意味を付与し，そのことばが指す他の事例をほぼ正しく推論してしまうのである。このプロセスを**即時マッピング**という。

　子どもがことばを覚えるのはペットが生活習慣や芸を覚えるのと本質的に同じ（つまり第1章で述べた行動主義の学習法則に則って学習している）と考える人は，大人が子どもに一つひとつの単語の意味を辛抱強く教え，子どもが正しくそのことばを覚えれば，ほめられたり，欲しいものが手に入るなどの報酬によって学習が促進され，誤って用いれば大人に欲しいものがわかってもらえない，あるいは誤りを訂正されるので，それが罰となる，と考えるだろう。しかし，実際には大人は子どものことばの誤りを訂正することはめったにない。そもそも親は子どもが誤った発話をしても，子どもの意図を汲み取るのが非常にうまく，たいていの場合子どもの誤りを訂正などせずに子どもの言っていることに応答したり，欲しいものを与えたりするということがほとんどなのである。

✣ 3.1. 相手の意図を読みとる能力があれば
　　　ことばの意味は推論できるのか

　子どもがある状況の中で発せられた未知のことばの意味を推論するためにまずしなければならないことは，その状況に存在する様々な事物の中からそのことばが何を指すか（指示対象）を同定することである。子どもはどのようにこの推論を行っているのであろうか？

　相手の意図を状況から読みとる能力に優れているのは大人だけでない。子どもも非常に幼い時から他者の意図を理解する優れた能力があることが最近の研究で示されている[15]。対話をする状況では，子どもは話者の意図に驚くほど敏感であり，発話に伴う「指差し」や「話者の視線」などの，言語には表されない手がかりを有効に活用して，単語を対応づけるべき対象はどれであるかを特定することができることがわかっている。ある実験[16]では，生後18カ月の子どもが新しいおもちゃで夢中になって遊んでいる時に，実験者が，別の方を向いて"Oh, that's a fendle!（あら，あれはフェンドル）"と言った。その後，子どもに"fendle"は何かと尋ねる。すると子どもはことばを聞いた時に自分が

見ていたおもちゃではなく，ことばを発した実験者が見ていた方にあった事物が"fendle"であると答えることができた。また，別の実験[17]では，2歳児に，"Let's find the toma.(「トマをさがそう」)"と言った実験者が，その直後にバケツの中をのぞきこみ（しかも，この時子どもにはバケツの中身が見えない），がっかりした顔で頭を振ってみせた。その顔の表情とジェスチャーから2歳児には，そのバケツの中身は"toma"でないということがわかった。それどころか，その実験者が，続けて第2のバケツ，第3のバケツをのぞいていき，3番目のバケツのところではじめて嬉しそうな顔をするのを見れば，あとで，バケツの中身を並べられてどれが"toma"かを問われ，その3番目のバケツから出てきたおもちゃを"toma"だと答えることもできたのである。このように，ことばを話し始めたばかりの2歳の子どもでも，話者の視線，表情，ジェスチャーなどはことばが何を指すのかを探すのに有用な手がかりであることを知り，それを利用しているのである。

　しかし，これで問題が解決したわけではない。視線や表情などは指示対象がどこにあるのかについての手がかりにはなる。しかし，発せられたことばが対象全体なのか，対象の部分なのか，色なのか，材質なのかという先に述べた問題は，これらの社会的手がかりだけを利用しても解決できない。さらに特記しなければならないのは，ことばが発せられた状況下でその指示対象を見つけるということができたとしても，当該のことばの意味を推論する上で，やっと問題の半分をクリアしたにすぎないということである。コミュニケーションを成り立たせるために，話者の意図を汲むことができ，それによって未知のことばの指示対象を同定するということは，それ自身たいしたことで，たとえばロボットにこれができたらすごいことだろう（実際，共同注意を手がかりにして課題に関連のある物体を環境中から同定することを学習するロボットの開発を研究者たちは試みている[18]）。しかし，ことばを学習するということは単にことばを特定の対象に対応づけただけですむことではない。そのことばがその状況で見なかった他のどの対象に対して使うことができ，どの対象には使うことができないかの判断，つまり般用を正しく行うことができなければ，ことばを「本当に学習した」とはいえないのである。

✥ 3.2. 先行知識に導かれる子どもの単語の意味学習

では子どもはどのようにはじめて聞くことばの意味の推論をしているのだろうか？

すでに、赤ちゃんが切れ目のない流暢な音声インプットを単語に切り分けることができるようになるまでに、母語のリズムや抑揚などの韻律パターンや音韻の特徴を分析し、その結果を手がかりに用いていると述べた。単語と意味を結びつける時にも、同様のこと——つまり、自分の持っている語彙の中から単語とその指示対象の間にどのようなパターンがあるかを見つけ、それを手がかりにあらたな語の意味を推論する——があると考えられている。

遅くても2歳までに、子どもはことばがどのような原則で指示対象に対応づけられ、どのような原則で般用されやすいか、を無意識のうちに分析している。その分析結果を手がかりに、ある状況で今まで聞いたことがない新しいあることばを聞いたら、そのことばはどのような意味を持ち得るか、意味の複数の可能性の中でどれがもっとも妥当か、という計算を瞬間的に行い、それに基づいて新しく聞く単語の意味を推論しているのである。第1章で「知識とは何か」を述べたところで知識には、個々の事柄についての知識だけではなく、「メタ知識」がある、と述べた。ここでは、「ウサギ」や「リンゴ」という個々の語がどういう意味なのか、ということではなく、一般的にいって、「ことば」はどのような規則性で対象に結びつけることができ、どのように一般化されるのか、という「ことば」についての抽象的なレベルでの知識である。子どもは自分でこの「メタ知識」を作り出し、それを使ってはじめて聞く無数の語の意味を自分で推論することによってことばの意味を学習しているのである。

言い換えると、単語の意味の学習も、これまで述べてきた他の学習同様、子どもがその時点で持っている知識に導かれているのである。では子どもは実際には「ことば一般」についてどのような知識を持ち、どのように新奇なことばの意味の推論を行っているのだろうか。以下に具体例を出して示そう。

3.3. 知らない事物に新奇なラベルがつけられた場合，子どもはどのようにラベルの意味を推論するのか

3.3.1. 類似性に基づく判断

今井が共同研究者と行った実験では，日本人の2歳と4歳の子ども達にこの年齢の子が見たことがないはずの動物のぬいぐるみまたは人工物を見せ，それに「ネケ」というような名前をつけた[19]。日本語は英語と異なり特定の個体に限定される名前である固有名詞とカテゴリーを指示する普通名詞が文法的に区別されない（英語の場合は，普通名詞ならば"a cat"，固有名詞ならばaがつかない名前となる）。それにもかかわらず，提示したぬいぐるみ，あるいは人工物に対して，「これはネケよ」というふうに未知のことばである「ネケ」を使ってみると，2歳児も4歳児も，動物が命名対象でも人工物が命名対象でも，「ネケ」を直接実験者が命名した刺激に限定せず，他の類似の対象に自発的に般用した。つまり子どもは新奇な事物につけられた名前は固有名詞ではなく，普通名詞であると解釈していることがわかる。

しかしここで「類似の事物」が何かということが問題になる。いちがいに類似性といっても，

(1) 知覚レベルにおける類似性（色や形，大きさなど）
(2) 全体的類似性（さまざまな知覚レベルの類似性を統合したもの）
(3) 日常的な連合連想関係による類似性（例：「犬」と「犬」が好きな骨）
(4) 抽象的な構造の類似性など（例：太陽系と原子核の構造）

など，様々な基準での類似性が存在する。これらの類似性を私達は文脈，状況によって使い分けているのである[20]。

子どももカテゴリー分類において複数の種類の類似性を用いるが，その中で

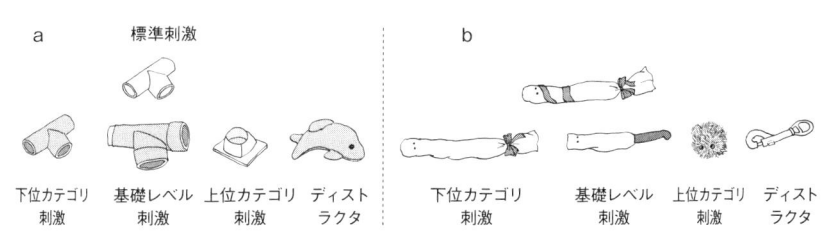

図3-2 名前を知らない事物に対して新しいラベルが付与されたときの2歳児のラベルの意味解釈を調べた実験の刺激．a: 人工物条件；b: 動物条件（Imai & Haryu, 2001をもとに作成）

も，子どもは連合関係による類似性に基づいたカテゴリーを作ることを非常に好むことが知られている[21]。たとえば，子どもにバナナの絵を見せ，さらにバナナと同じ上位カテゴリーに属するイチゴと，バナナから連想されやすいサルの絵を見せて「これ（バナナ）と同じなのはどっち？」と尋ねると多くの子どもはサルの方を選ぶ傾向がある。しかし，いつでも連合関係の方が優先するわけではない。子どもは事物の名前（カテゴリー名）を他の事物に使う際に基準にしなければならないのは連合関係に基づく類似性ではないことを発達初期から知っているようである。つまり子どもはひとつの語（名詞）を「イヌと骨とイヌ小屋」「サルとサルの好きなもの」のようなひとまとまりのカテゴリーとして使ってはいけないということを知っているのである[22]。

3.3.2. 形状類似性バイアス

では，子どもはどのような類似性を語（名詞）に意味をつける時の基準にするのであろうか？　先ほどの実験では標準刺激に対し，次の4種類のテストが用意された（図3-2）。

（1）下位カテゴリー刺激：標準刺激とほぼ同一のもので，命名対象が動物のぬいぐるみの場合には洋服や帽子，髪の毛の色などで区別ができるようにし，人工物の場合には形状，大きさ，素材が同じで色のみで区別されるように作られた。
（2）基礎レベル刺激：標準刺激に対して形状は非常に類似しているが，標準刺激とサイズ，色や全体の模様，素材が異なるように作られた。
（3）上位カテゴリー刺激：動物の場合には，形を含めた見た目が標準刺激と大きく異なるモンスターのぬいぐるみ，人工物の場合には標準刺激と機能的には同じ上位カテゴリーに属するが形状が大きく異なるように構成されたものが使われた。
（4）ディストラクタ（妨害刺激）：見た目も異なるし，概念的にも非常にかけはなれたものが用意された。

標準刺激に対して与えられた名前を2歳児は普通名詞として解釈し，自発的に他の対象に一般化して使ったが，その使い方は非常に一貫していた。子どもはその語を，もともとの命名対象と形だけでなく他の次元でも非常に類似した

下位カテゴリー刺激に般用したが,それだけでなく残す形は類似しているが,サイズや色,模様,素材など他の知覚次元では異なるカテゴリー刺激にも拡張して用いた。

つまり幼児は,未知のことばの般用の範囲を推論する際,類似性が鍵となることを知っているのである。さらに,類似性といっても目につく類似性なら何でもよいというわけでなく,非常に選択的に形状の類似性に着目していた。つまり幼児は未知の事物に対して新奇な語が使われるのを聞くと,そのことばを特定の個体を指す固有名詞ではなくカテゴリーを指示する普通名詞であると判断し,形の類似性に注目して形が似た他の事物にそのことばを適用していることが示された。これを**形状類似バイアス**と呼んでいる[23]。

✤ 3.4. 名前を知っている事物に新奇なラベルがつけられた時
3.4.1. 相互排他性バイアス

幼児がこれまでに見たことのないモノに対して未知のラベルがつけられた場合には,幼児はそれを固有名詞ではなく普通名詞として解釈し,形の類似した他の対象にそのラベルを拡張する。その結果として基礎レベルのカテゴリーに相応するカテゴリーにラベルが対応づけられる,と述べた。この形状類似性バイアスを利用した方略は子どもが遭遇するすべてのことばがまだ名前を持たない未知の対象である場合にはうまくいく。しかし,実際にはすでに名前を知っている対象,あるいは子どもが「知っていると思っている」対象に対して,知っている名前とは別の名前がつけられることもしばしばある。たとえば自分が「イヌ」と呼んでいた動物が「チワワ」と呼ばれたり,あるいは「ヒツジ」と呼ばれたりしたら,子どもは「チワワ」や「ヒツジ」をどのように解釈するのだろう。

ことばは心の中の辞書(レキシコン)の中で独立に存在するのではなく,他のことばと関係している。ことばを学習するためには,ある一つのことばの意味を推論するだけでは不十分で,レキシコンの中に存在する他のことばとの関係がどうなっているのかを理解できなければならない。幼児が未知の語を聞いた時,その語が指し示すものは,すでに名前を知っているものとは異なるものであると解釈する傾向がある。これは,一般に,同じものが同時に二つの異なる

カテゴリーに属することはないというカテゴリーの相互排他的な性質を利用するものであるので，これを**相互排他性バイアス**[24]と呼ぶ。たとえば「コヨーテ」という語をはじめて聞いた時，「コヨーテ」は「イヌ」とは別のモノを指す，と思うわけである。

しかし，レキシコンの中ですべてのことばが相互排他的な基礎レベルカテゴリー名となっているわけではない。二つのことばの関係には次のようないろいろなパターンがあり得る。

・ある概念カテゴリーの階層構造において同レベルで相互排他的な場合（たとえば，あるものが「イヌ」であると同時に「ネコ」であることはない）。
・ひとつがもうひとつよりも階層の上位にあり，一方が他方を包含する場合（たとえば「イヌ」と「チワワ」）。
・二つのカテゴリーがメンバーの一部のみを共有する場合（たとえば「ペット」と「は虫類」）。
・ひとつのことばはカテゴリーを指示し，もうひとつはその特定のメンバーの固有の名前である場合（「イヌ」と「ポチ」）。

このような問題に直面して，子どもはどのようにしてあらたに遭遇した未知のことばを解釈し，すでにレキシコンの中に存在する他のことばと関係づけるのだろうか？

3.4.2. 普通名詞か固有名詞かの決定

あらたに学んだことばはカテゴリー名であると考え，それと形の似ている他の対象にもその名前をつけるという形状類似バイアスが子どものことばの学習に重要な役割を果たしている限り，子どもは固有名詞を学ぶのに苦労することになるはずである。これは日本語を母国語とする子どもには特に深刻な問題となる。というのは英語では固有名詞は普通名詞と文法上ではっきりと区別されているので，文法から与えられる手がかりに注目すれば固有名詞の学習は比較的容易である。しかし，日本語ではこの文法上の手がかりがない。日本語を母語とする子どもはどのように未知の語が普通名詞なのか固有名詞なのかを決定しているのだろうか。

それを明らかにするために，先に紹介した未知の動物あるいは人工物に未知語を導入した実験と同じやり方で，今度は2歳児にとってなじみがある動物あ

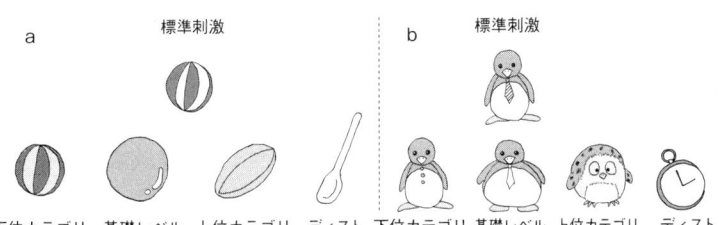

図3-3 名前をすでに知っている事物に対して新しいラベルが付与された時の2歳児のラベルの意味解釈を調べた実験の刺激. a: 人工物条件；b: 動物条件 (Imai & Haryu, 2001をもとに作成)

るいは人工物に未知の名前を導入し，子どもが未知のことばをどのように解釈し，他の物に利用するようになるかを検討した。

前の実験と同様，標準刺激に対して下位カテゴリー刺激，基礎レベル刺激，上位カテゴリー刺激，ディストラクタ（妨害刺激）の4種類のテストが用意された。そして動物条件ではクマ，ペンギン，サルのぬいぐるみ，人工物条件の場合は緑色のゴムボール，水色のプラスチックの取っ手のないコップ，銀色の金属スプーンを命名対象とした（図3-3）。手続きも前の実験と同様で「これはヘクよ」というように標準刺激にラベルをつけた後，命名された物体をいったん隠し，四つのテスト刺激とともに子どもの前において「ヘクをとって」と言う。この時子どもが何を手にとるかが問題となる。

先に示したのは，子どもがまだ名前を知らない未知物に命名する実験だった。その時，子どもはラベルをつけられたのが動物の場合でも人工物の場合でも，標準刺激，下位レベル刺激，基礎レベル刺激の三つを選び，ラベルを基礎レベルカテゴリー名として解釈した。それでは，子どもがすでに命名された物体の基礎レベル名を知っている場合はどうなるだろうか。

今度は，ラベルづけの対象が動物でも人工物でも子どもは新しいラベルを既知のラベル（たとえば「ボール」）の同義語と解釈することはないことがわかった。しかし，おもしろいことに，動物の場合と人工物の場合で解釈の仕方は異なっていた。

なじみのある動物に新しいラベルがつけられた場合には子どもは標準刺激だけを選び，他のテスト刺激はいずれも「ヘクではない」と言った。それに対して人工物の場合では標準刺激に加えて下位カテゴリー刺激を選んだ。つまり，

3. 子どもはどのようにして単語の意味の推論をしているのか

すでに基礎レベルカテゴリー名を知っている動物に対する新しいラベルは命名された対象の固有名であると解釈し，人工物の場合は下位カテゴリー名であると解釈したのである。ただし，興味ぶかいことに動物の場合でも「ネケペンギン」や「ヘククマ」のように複合語として未知語が提示されるとそれを下位カテゴリー名として解釈した。

3.4.3. 新しい語の学習が知っていた語の意味を修復する

しかし先に述べたように新しいことばを既存のことばの下位カテゴリーに関係づけるという解釈は，二つのことばの関係として存在し得る複数の可能な解釈のひとつにすぎない。実際，子どもはすでに名前をよく知っている事物に新奇なラベルがつけられたからといって，いつでも，すでに知っている基礎レベルの名前と階層関係にある別のカテゴリーに対応させるわけでないこともわかっている[25]。針生と今井は別の実験で，ボール，スプーンなどなじみのある人工物に新しいラベルを付与した。ただしこの実験では子どもを2グループに分け，一方のグループの子ども（典型形状群）には，既存のカテゴリーの成員として典型的な形をした事物（丸いボール）に新奇ラベルをつけ，別のグループの子ども（非典型形状群）には非典型的な形をした事物（たまご型のボール）にラベルをつけた。両グループの子どもとも，新奇ラベルを導入する前には，ラベルづけされた事物を「ボール」と呼んでいた。新奇ラベルを導入した後，子どもに新奇ラベルの般用に関するテストを行い，同時に旧ラベル（「ボール」）の拡張範囲についても再度テストした。

その結果，二つのグループの子どもは新奇ラベルと旧ラベルの関係に対して非常に異なった解釈をした。典型的な形の事物に新奇ラベルがつけられるのを聞いた子どもたちは，新奇ラベルを下位カテゴリーの名前として解釈し，旧カテゴリーの名前（「ボール」）の範囲も，新奇なことばの導入以前と変わらなかった。それに対して，非典型形状群の子どもたちの場合は，新奇ラベルを下位カテゴリー刺激にのみ拡張した点では典型形状群の子どもと同じだが，旧ラベルの般用の仕方が新奇ラベル導入前と比べ変化していた。新奇ラベル導入以前にはこの子どもたちはラベルづけされた事物を，「ボール」と呼んでいたが，新奇ラベル導入後ははっきりとそれらは「ボールではなく，ヘク（新奇ラベル）」と言ったのである。つまり，新奇ラベルによって，子どもたちは今まで旧ラベ

ルのカテゴリー成員とみなしていた事物を旧ラベルの外延から排除し，旧ラベルで指示されるカテゴリーと同じレベルの（つまり相互排他的な）新カテゴリーを形成し，それに新ラベルをマッピングしたのである。

これらの結果から，幼児は遅くとも2-3歳までにレキシコンの中にはどのようなことばの関係があるのかを理解し，複数の手がかりを組み合わせることによって，あらたに聞くことばに意味を与え，レキシコンの中にすでに存在する他のことばと関係づけ，ある時にはすでに存在することばの意味を修正するということまでやってのけているということが示されたのである。

3.4.4. レキシコン全体を再編成していく

子どもはひとつの新しい単語を学習するとそれに伴い，ひとつの既存の単語の意味を修正するだけではない。実際に子どもは，時間をかけてゆっくりと，レキシコンの特定の意味領域全体を再編していくという過程を経て，大人のレキシコンに近づいていくのである。実際，著者自身の研究では，多数の互いに関係する類似の意味を持つ動詞群（たとえば日本語でいうと「壊す」「割る」「裂く」などの状態変化動詞）では，子どもは1歳前後から動詞を使い始めるものの，それらの語を広く一般化しすぎてしまう傾向にあるため，同じ意味領域の他の動詞の意味を正確に習得できるまで，大人のように適切に使えないことがわかった。大人の持つ語意に近づいていくために，子どもは新しい語が語彙に加えられるたびに新しい語とすでに知っている関連する語を比べ，既知の語の意味との対比で新しいことばの語を推論するとともに，必要があれば既知の語の意味を修正する。語を増やすだけではなく語と語の関係，特に意味の境界の調整をして，意味領域全体の再編成を続けていく。このプロセスも，子どもがメンタルレキシコンを構築し，大人のように膨大な数の単語について，文脈，状況に応じて的確に使い分けることができるような精緻な意味を学習していく上で非常に重要なのである[26]。

4. まとめ：幼児におけることばの学習の特質

この章では乳幼児がどのように意味づけの単位として連続的なスピーチから単語を切り出しているのか，また，切り出した単語の意味をどのように推論し，

レキシコンを作り上げていくのかについて述べた。紹介してきた乳幼児のことばの学習の仕組みは人間の学習のメカニズム全般を考える上で非常に示唆に富む。

　まず注目していただきたいのは，単語の切り出し，意味の推論のいずれにおいても既存の知識に基づいたトップダウン的な情報の処理が基本になっているという点である。子どもはことばを学習する場面において，とりあえず入手した情報をそのまま使って，というような場当たり的な推論は行っていない。今この状況下で，自分が使える情報・手がかりの中でどこに注目すべきなのかについてあらかじめ知っており，それに注目して処理を行っている。つまり，子どもの学習はバイアスによって方向づけられ，導かれて進むのである。ランダムに試行錯誤をしながら，適切な情報を見つけ出すとすれば，膨大な量の情報の探索が必要になるが，そのようにしているわけではない。そして方向づけられた学習の過程で得た複数の手がかりを適切に重みづけることによって，瞬時に最適解を計算しているのである。このような，トップダウンの「メタ知識」に導かれた学習メカニズムは第1章で紹介した行動主義の理論ではとうてい説明できない。また，次章（第4章）で話すように，この学習メカニズムは人間とコンピュータの「思考」の違い，「学習」の仕方の違いのもっとも大きな点となっているのである。

　人間の子どもは，生まれた時から身の回りに存在している大人の自然な発話を聞いているだけで自分の母語における音声の特徴やレキシコンの構造の特徴を自然に分析して抽出することができる。それは意識的に行っているのではなく，インプットがあれば，自動的にその分析学習装置が働いてしまう。そして，そこで何らかの規則性が見つかると，それがその後の学習における制約として機能し，それを手がかりにしたトップダウンの学習が行われるのである。

　しかし，子どもがことばを学習していく過程で特筆すべきなのは，知識に導かれたトップダウンの素早く行われる学習だけではない。むしろ，子どもが大人のレキシコンに近づいていく過程そのものにあるのだ。ことばとその対象の一事例だけからことばの意味を推論してしまうことの利点は，急速にある程度の規模の語彙を作ることができることだ。同じことは単語の切り出しの時にもされていたことを思い出してほしい。何をするのにも，最初は荒っぽくても素

早く一定量の知識を蓄積することは，とても大事なことなのである。

しかし，人の学習の特徴は，そこにとどまらないことだ。即時マッピングでは，荒っぽい，暫定的なことばの意味しか得られない。だが，それらを時間をかけて何度も再編成し，修正して過程を経ることにより，知識が深まり，熟達化が進むのだ。この熟達化の過程については本書を通じて何度も述べることになるし，第7章でこのトピックについて取り上げる。

●●コラム：チンパンジーのことばの学習が人間のことばの学習について教えてくれること●●

この章の冒頭に人間の幼児がことばを覚えることはペットの犬が「お手」や「おすわり」を覚えることと同じなのだろうか，という問いを投げかけ，人間の幼児のことばの学習は単なる刺激と反応の連合では説明できないと述べた。では犬でなくてもっともヒトに近い種であるチンパンジーでは，「ことばの学習」はどうなっているのだろうか？

京都大学霊長類研究所では「アイ」をはじめ，何頭かのチンパンジーに言語を学習させるというプロジェクトを行った。

チンパンジーは声帯の構造がヒトはもちろん，オウムや九官鳥とも異なっているので，ヒトと同じような声を出すことができない。そこで，アイプロジェクトでは，ことばや概念を視覚的な記号で表現し，コンピュータのキー入力を使ってチンパンジーが理解していることを示してもらった。このプロジェクトにより，今までヒトにしかないと考えられていた様々な認知能力がチンパンジーにも備わっていることが明らかになった。たとえば数の概念は人間固有のものであると考えられていたが，アイは数を表す記号（つまり数字）を学習し，数字の大小の系列を理解することができた。また，チンパンジーは人間と同等，あるいはそれ以上の数字の短期記憶スパンを持つことも明らかにされた。

アイはこのプロジェクトで，多くの「ことば」を学習した。「くつ」「りんご」「バナナ」のようなモノの名前，特定の人の名前，色の名前をかなりの数覚えることができたし，「AがBに近づく」「AがBから離れる」などの，モノや人の間の関係を表す記号，つまり人間の言語でいえば動詞にあたるものまで学習することができた。

アイはこのような様々な種類の「ことば」を200以上学習した。しかしまた，アイの学習した「ことば」がヒトの「ことば」と本質的に異なることを示唆する行動も観察されている。

アイは「黄色」「茶色」「青」「赤」など基本的な色の名前に相当する記号を学習した。その後，それに関する「復習」はいっさいしなかったが，2年後に同じテストをすると，2年前に学習したことを覚えており，それぞれの色に対応する記号を選ぶことができた。ただし非常に興味深いことに，それと逆の操作，つまり記号を見せてそれに対応する色を選ぶ，というテストをするとまったくできなかった[27]。

これは何を意味するのだろうか？　これをヒトに置き換えると，実物のバナナを見せられた子どもが「これは何？」と聞かれると「バナナ」と答えられるが，「バナナを取ってきて」と言われてもバナナを他の対象の中から選び出せない，ということに相当する。

　このことは人間の言語学習の基盤について非常に重要なことを教えてくれる。私達人間は一つひとつのことばがある音素列で表され，それが特定の対象（その対象が具体的な事物であれ，抽象的な概念であれ，属性であれ，関係や行為であれ）の「名前」であるという強い直感を持っている。その直感に支えられ，ある対象に連合して新しい音素列を聞いた時，その音素列はその対象の名前であると想定し，対象と音素列の間に対称的な関係が成立していることを疑わない。つまり，○○が対象 X を表すシンボルであると教えられたら，X は○○というシンボルに対応するという逆方向の関係もまた成り立つということを教えてもらう必要はない。

　同様にある対象がある属性を持つことを学習すると，人はそこでも対象と属性の間に対称的な関係が成立することをごく自然に想定する。さらにこの関係はラベルと属性の関係へ発展可能である。あるラベル X が対象 Y を指示することを子どもが学習する。また対象 Y が属性 Z を持つことを学習する。すると子どもは対象が目の前に存在しなくても自然にラベル X と属性 Z の関係，またその逆に属性 Z とラベル X の間の関係も成り立つと想定する。

　このことが何をもたらすか考えてみよう。人間の子どもはある対象にある属性 Z があるという事実を教えられるだけで，目の前にある特定の対象だけでなく，その属性がラベル X で指示される他の対象にも共有されていると推論ができるのである。これは**属性のラベルへの帰納的投影**[28] と呼ばれている。この帰納推論によって，人は特定の対象と属性の結びつきをいちいちひとつずつ学ぶことなしに，はじめて見た対象がどのような属性を持っているかについて推論をすることが可能になり，概念の学習が飛躍的に進むのである。

　しかしこの対称性を想定するバイアスはあたりまえのものではなく，むしろヒトという種に特有のものらしい。アイは対象から記号という一方向の対応づけを完璧に学習し，記憶しても，人間にとってあたりまえの対称性の推論，つまり同じ記号が同じ対象に対応するという理解は獲得することがなかった。人の言語における記号と対象の関係の対称性についての直感的理解はヒトにおいては重度な知的障害を有した個人においても存在することが確認されているが，ハト，サル，チンパンジーなどヒト以外の種では非常に難しい推論であり，特殊な場合を除いて成立しないものであることが多々の研究で報告されている[29]。もしかしたらこの対象と記号の関係における対称性を自明とする直感が人間の言語の基盤となる認知能力のひとつであるのかもしれない。

【注】

（ 1 ） 赤ちゃんが言語の音をどのように分析し，どのように単語に分節しているのかという問題の解説書としては Mehler & Dupoux, 1994（邦訳あり）; Jusczyk, 1997 を読むことをお勧めする。
（ 2 ） Werker & Tees, 1984.
（ 3 ） Tsushima, Takizawa, Sasaki, Shiraki, Nishi, Kohno, Menyuk & Best, 1994; Jusczyk, 1997 より引用。
（ 4 ） Eimas, 1975.
（ 5 ） Werker & Lalonde, 1988.
（ 6 ） これについては Jusczyk, 1999 によくまとまった，わかりやすい議論がされている（短くて読みやすい）。
（ 7 ） Jusczyk & Aslin, 1995.
（ 8 ） Jusczyk, Houston & Newsome, 1999.
（ 9 ） Jusczyk, Hohne & Bauman, 1999.
（10） Saffran, Newport & Aslin, 1996.
（11） Jusczyk, 1999.
（12） Stager & Werker, 1997.
（13） Fernald, et al., 1998.
（14） Quine, 1960.（邦訳あり）
（15） この，子どもが他者の意図や考えていることをどの程度，あるいはどのように理解しているのかという問題は「心の理論」と一般的にいわれる研究領域である。「心の理論」の主要な参考文献として Astington, 1993 （邦訳あり）; Baron-Cohen, 1995（邦訳あり）; 子安増生「心の理論」岩波書店　2000; Gopnik & Meltzoff, 1997; Leslie, 1994.
（16） Baldwin, 1991.
（17） Tomasello & Akhtar, 1995.
（18） たとえば Scasselati, 2002.
（19） Imai & Haryu, 2001.
（20） Medin et al., 1993; また，類似性について関心がある読者は大西・鈴木，2001 を参照してほしい。
（21） Markman, 1989.
（22） 今井，1997; 2001; Imai, Gentner & Uchida, 1994; Markman & Hutchinson, 1984.
（23） 形状類似バイアスの証拠を示した他の論文として Landau, Smith & Jones, 1988；Imai, Gentner & Uchida, 1994 などがある。
（24） 相互排他性バイアスについては Markman, 1989, Markman & Wachtel, 1988; 針生，1991 などを参照してほしい。
（25） Haryu & Imai, 2002.
（26） Saji, Imai, Saalbach et al., 2011
（27） Yamamoto & Asano, 1995.
（28） Gelman, 1988; Markman, 1989.
（29） 友永 , 1990, 2002.

Chapter 4

機械の学習と人間の学習
—— 人間の知性をコンピュータの知から考える ——

> 　読者の皆さんの中には人間にできないことが一瞬にしてできてしまうコンピュータはすごい，人間よりも頭が良い（？！）と思っている人もいるのではないだろうか。たしかにコンピュータは人間にできないことができる。しかし，いくら人間のまねをしようとしてもコンピュータに（少なくとも現時点では）できないこと，苦手なこともたくさんある。そのもっとも顕著な例が「学習すること」である。
> 　人の学びを認知メカニズムの観点から振り返ってみようというのが本書のねらいである。その本書に機械の学び・具体的にはコンピュータの学びについての第1章を含め，コンピュータの知と人間の知を対比することで人間の知，人間の学習の特徴について改めて考えてみたい。

1. コンピュータと人間の知能

1.1. コンピュータが生まれた時

　コンピュータというとどのようなものを思い浮かべるだろうか。ノートパソコンやデスクトップパソコンを考える人，電卓やスマートフォン，タブレット型PCのような携帯型のものを考える人，テレビゲームを思い浮かべる人もいるだろう。しかし，この世に誕生したはじめてのコンピュータは，皆さんが想像もできないような巨大なものだったのである。

　史上最初のコンピュータはどれかということについては諸説があるが，ここでは1940年代に，実用的に使われた最初のコンピュータであるENIAC（Electronic Numerical Integrator and Computer: 電子式数値積分機）について説明したい。ENIACは，今のパソコンとはまったく違って，大きな部屋全体を占めるような巨大な機械だった。ENIACは18,000本もの真空管を使い，ビルのワンフロアを占めるほどの大きさで，その重量は30トンを超えていた。計算結果を表

示するための装置は45メートルもあり，140KWもの膨大な電力を消費し，そのために専用の発電装置が併設されていた．

　ENIAC開発の目的は，第二次世界大戦におけるアメリカ軍の弾道計算を高速に行うことであり，当時実用化されていた最先端の機械式リレー計算機と比べ100倍以上の高速計算を実現した．とはいっても，今のパソコンと比較してみれば，メモリ容量もはるかに小さく，計算速度もきわめて遅かった．とはいえ，ENIACの誕生は重要な出来事であり，ENIACの誕生を契機に，それまでの計算機の歴史は飛躍的に進歩し，以後新しい技術が次々と花開くことになる．

　コンピュータがそれまでの機械式の計算機やそろばんなどの計算補助具と異なるのは，内部の情報を0と1のデジタルの形で処理したこと，そして，プログラムと呼ばれるコンピュータの情報処理手順をあらかじめコンピュータの内部に蓄積した上で，それを一つひとつ処理するというプログラム内蔵方式が使われたところにある．このプログラム内蔵方式は，イギリスの数学者アラン・チューリング（Alan Turing）が提案したものであり，それをフォン・ノイマン（John von Neumann）が実際に利用可能な形で設計したのである．今広く使われているコンピュータはすべてこのコンピュータの設計思想に基づくものであり，それゆえ，今のコンピュータは「ノイマン型」と呼ばれている．

●コラム：ブッシュのMEMEX●●

　コンピュータは単に巨大な「計算機」としてのみ使われたわけではない．1945年の時点ですでに，バネバー・ブッシュ（Bush, V.）という科学者が，コンピュータを人の知的な能力を強化するために使うことを提案している[1]．ブッシュは，科学者の立場でアメリカ軍に協力し，対日軍事作戦の立案にも重要な役割を果たした人である．彼は，コンピュータが軍事用途だけに使われるものではなく，膨大な量の情報を保存する図書館のようなものになっていくであろうことを予想した．また，その膨大な情報を利用するためには，単純な検索ではうまくいかない．情報を一つひとつの単位で考え，その情報と関連する情報を結びつける情報のリンクという概念を提案した．ここで提案されたシステムは，MEMEXと呼ばれ，現在のインターネットとWWW（ワールドワイドウェブ）の先駆けとなるものであると考えられている．

2. 人工知能：コンピュータ上に知能を実現する試み

　コンピュータが発明されるとほぼ同時に，人間の知能をコンピュータで実現しようという考えが生まれた。これが，**人工知能**（Artificial Intelligence: AI）の研究である。

　機械に人間のまねをさせたいというのはコンピュータに始まるものではない。それは，昔からの人類共通の願望であった。ギリシャ神話には美の女神アフロディーテがキプロスの王ピグマリオンが彫った彫刻に生命を吹き込んだというエピソードがある。また，江戸時代中期に隆盛を極めた日本のからくり人形や同時期にヨーロッパを中心に流行したオートマタ（自動人形）は，お茶を運んだり，楽器を演奏したりするなど，人の動作を可能な限り正確に再現することを目指したものである。

　私達の先祖は，ピグマリオンの話を聞いては「生命とは何か」を考え，からくり人形を見ては「人と機械の違いは何か」に思いをはせたことだろう。これらの疑問は，コンピュータの分野においては，「機械（コンピュータ）は知能を持つか」という問いとして改めて提出されることになる。

　機械が知能を持ったといえるかどうかを判定する基準として広く知られているのは，チューリングが1950年に提案した**チューリングテスト**である[2]。これは，コンピュータが本当に人と同じ知能を持つかどうかの判定をするためのテストである。ここでは，二つの部屋があり，その片方に判定者がいて，もう片方の部屋にいる相手と文字で対話ができるようになっている。この相手となるのは，コンピュータか人間のいずれかであるが，判定者にはどちらが相手をしているかは知らされていない。判定者は様々な話題（詩について，音楽について，感情についてなど）を選んで議論をし，自分が対話している相手はいったい人なのかコンピュータなのかを見極めることができるかがテストである。これをある程度続けても正しい判定ができない時（すなわち，コンピュータが本物の人のふりをすることができた時），コンピュータは人並みの知能を持ったといってよいというものである。

　このチューリングテストに合格できるシステムを作ることを目標として，人工知能の研究はスタートしたといってよいだろう。（ちなみに，チューリング自身は，

コンピュータは2000年頃には，このテストを通過できるようになる，すなわち，コンピュータは2000年には人並みの知性を持つと予測したが，残念ながらその予言は実現しなかった）。

人工知能という名称は，1956年夏，アメリカのダートマス大学で開催された会議で正式な名称として認知されるようになった。この会議は人工知能の生まれた会議として，のちに「ダートマス会議」と呼ばれた。ダートマス会議にはミンスキー（M. Minsky）マッカーシー（M. MacCarthy）やニューウェル（A. Newell），サイモン（H. Simon），など，その後の人工知能研究の中核となった著名な研究者が集まり，コンピュータで知的な能力を実現するにはどうすればよいかを議論した。このダートマス会議でその後の人工知能の研究は方向づけられたといわれる。初期の人工知能の研究としては，チェスやバックギャモンのようなゲームの研究，幾何学の証明問題や問題解決のためのプランを立てる課題などが取り上げられたのである。

当時，人工知能研究の第一人者だったミンスキーは，1968年の論文の中で，人工知能で解決すべき問題として，探索，パターン認識，学習，問題解決，プランニングの五つをあげている[3]。この五つの研究テーマは，それ以後現在に至るまで人工知能研究の主要なテーマとなっている。

✚ 2.1．問題解決の一般的な手法：GPS

これらの研究テーマに関連して，ニューウェルやサイモンが中心として取り組んだのは，人間の問題解決過程の解明であった。人工知能の当時の研究者らは，人間の知能の優れた点として，「問題に依存しない一般的な解決能力」があると考えたのである。そこで，人が持つその問題解決能力を解明し，それをコンピュータで実現することこそが人工知能研究の中心的なテーマであると考えられた。

この取り組みの成果のひとつがニューウェルらの一般問題解決器（General Problem Solver: GPS）である[4]。GPSは，人間が複雑な問題を解く時に用いているさまざまな手法をモデル化したもので，「猿とバナナの問題」や「宣教師と人食い人種の問題」，「ハノイの塔」といった人工知能の有名な問題を解くことができ，その後のプランニング研究（人や機械，ロボットなどが自分の行動の計画・プランをどのように立てるかに関する研究）の基礎となったばかりではなく，機械に

知能を持たせる手段の一つとして注目された。

別掲のコラムにもあるように，与えられた問題を細かく分割してそれぞれの問題を解決するという一般問題解決器という考え方はきわめて強力なもので，私たちの日常場面においてもよく使われると同時に，コンピュータの考え方にも親和性が高く，プログラムとしても実現しやすいものであった。

しかし，人が問題を解く時には，必ずしもこのように明確に問題場面が定義できるとは限らない。たとえば，目標の状態のイメージがはっきりと持てない場合（景気が悪い中で，この会社の株価はどうなるのだろうか）もあれば，目標の状態と現在の状態を縮めるために試行錯誤を行うことによって結果的にうまくいく場合（何度も失敗のあげく試しに使った素材がたまたまうまく機能した）もある。さらには，なぜこのような手段がうまくいくのかわからないが，直感に従って行動して成功する場合（将棋の対局における妙手）などもあるだろう。

このようにGPSという手法により，人の多くの問題解決場面が記述できるようになった反面，一般問題解決器では記述できないような人間に特有の問題解決の仕方に興味が集まってきた。では，コンピュータではモデル化したり実現したりすることができない問題解決の仕方とはどのようなものなのだろうか。それを明らかにすることは，人間の知識のあり方，思考の仕方を明らかにすることに繋がるのではないだろうか。同時にまた，人間特有の問題解決の仕方が

コラム：一般問題解決器（GPS）と人工知能の問題の例

GPSといっても，そういう機械が存在するわけではない。GPSは人が何らかの問題を解決する時の手順を一般的な形でアルゴリズム化しようとしたものである。GPSの考え方は，与えられた問題を解くためにはそれを小さな問題にまず分割して，それぞれの問題を解決することを繰り返すというものである[5]。

GPSは手段－目標分析型のアルゴリズムともいわれ，現在の状態と目標の状態との違いを検出しそれを縮めるような行動を繰り返すことで問題を解決する。

具体的には，ある目標が与えられると，以下の1～4の手順を繰り返す。
1. 手段の発見：目標を達成するためにはどんな手段を使えばいいかを見出す。
2. 前提条件の発見：上記手段を使うための前提となる状態が何かを見出す。
3. 下位目標の設定：2の前提を満たす状態を実現することを下位目標に設定する。
4. 下位目標を実現するために1に戻る。

明らかになれば，現在のコンピュータには実現ができないことが実現できるようになるためのブレークスルーがあるのではないだろうか。

人工知能の例題として有名な**「猿とバナナの問題」**を例にとって説明しよう。

この問題は「もう少しで手が届く高さにバナナが吊るされている。部屋の中には猿が乗れるような箱がおいてある。猿はバナナを食べるにはどうしたらいいか」という問題である。

正解の一例は，猿が箱のところに歩いてゆき，箱を押してバナナが吊るされている下に移動させ，箱の上に乗り，最後に手を伸ばしてバナナをもぎ取るという一連の手順を順番に実行することである。

GPSを使って猿とバナナの問題を解くとすれば，次のようになる。

はじめに目標を達成する手段として「バナナを手でもぎ取る」という手段を発見する。その際，その手段を使うには「バナナに手が届く位置」にいることが必要である。

そこで，次に「バナナに手が届く位置に移動する」ことを下位目標にする。

あらたな目標として「バナナに手が届く位置に移動する」が与えられ，それを達成する手段として「箱の上に乗る」ことを発見する。

そのためには「箱をバナナの吊るされている下に移動する」ことが次の目標として設定される。

「箱をバナナの吊るされている下に移動する」手段として「箱を押して，移動させる」ことを発見できれば，最初に与えられた目標である「猿はバナナを食べるにはどうしたらいいか」の解決手段として猿が箱のところに歩いてゆき，箱を押してバナナの吊るされている下に移動させ，箱の上に乗り，最後に手を伸ばしてバナナをもぎ取るという手順を発見できたことになる。

3. コンピュータと人はどこが違うか

3.1. コンピュータの発展

ENIACはもともと軍事目的のために開発されたが，当初から事務用の商用コンピュータとしてUNIVAC（UNIVersal Automatic Computer）が開発されたのは1951年のことだった。

UNIVACの第一号機はアメリカ政府の国勢調査部門に納入され絶大な威力を発揮した。この部門では国勢調査を行った結果得られる膨大な量のデータを処理しており，そのためにコンピュータが使われた。その後もIBMや日本の大手電機メーカが開発した大型汎用機やスーパーコンピュータは銀行や鉄道のオンラインシステムや気象や宇宙のシミュレーションなどの分野で様々な仕事をしている。

　1980年代からはマイクロコンピュータを利用し，家庭用の小型コンピュータ・システムにしたパーソナル・コンピュータ（パソコン）が爆発的に普及し，文書作成，表計算ソフトによる事務処理，ゲームソフトの利用などの分野で，個人用コンピュータとして私たちの生活になくてはならないものになっているのである。

3.2. コンピュータは人間なみになったか

　コンピュータが誕生し，ダートマス会議で人工知能ということばがはじめて使われた当時，コンピュータはいずれ人間と同じように考え，行動するようになり，人間の仕事の大半を代行してくれるようになるであろうと多くの人は信じていたといってよい。一般の市民のみならず人工知能研究者たちもそう考えていた。

　しかし，ハードウェアが日々めざましい進歩を遂げ，ENIACをはるかに凌ぐ性能のコンピュータが家庭にまで普及してきた現在になっても，コンピュータは未だに，人間の代わりをするどころか，人間が行う真の意味での知的なことは，ほとんど何もできないという事が明らかになってきた。

　1952年に手塚治虫は「鉄腕アトム」という知的なロボットが活躍する漫画を発表した。その中の設定ではアトム誕生は，2003年4月7日とされていた。すなわち，1953年当時は，2003年頃には人間と同じ大きさで，人間と自由に会話し，考えることができる，いわゆる「知能」を持った機械が実用化されると考えていたことになる。しかし，それからすでに何年も経った現在に至っても現実のアトムを作ることはできていない。ようやく最近になって，等身大で二足歩行可能なロボットが誕生したが，会話や思考といったソフトウェアの面では，人間とはまったくほど遠いといわざるを得ない。

コンピュータが発明されて70年以上経つ。社会や家庭のほとんどの分野にコンピュータは進出し，現代生活になくてはならないものになっている。ハードウェアはその高速化，小型化，低価格化の面でめざましい進歩を遂げており，ハードウェアの進化に伴って，気象シミュレーションのような大規模な数値計算分野や膨大な電子化文章の検索といったアプリケーションで様々な成果を上げている。しかし，その一方で，コンピュータの歴史と同じだけの歴史を持つ人工知能の成果をみてみると，そこには十分満足が得られるものが必ずしもたくさんあるというわけにはいかないようである。

　人間が一生かかってもできないことをコンピュータなら短時間でできる分野がある。一方，コンピュータがどうしても人間のまねをできない分野もたくさんある。以下ではコンピュータが得意で人間がとてもまねできないこと，その逆で人間がしていることでコンピュータがどうしても人間のまねをできないことの事例をそれぞれ紹介することによって，コンピュータの知性の特性，人間の知性の特性を浮きぼりにしてみよう。

✚ 3.3. コンピュータが得意で人間が苦手なこと

3.3.1. 数値計算

　円周率の計算や大きな桁数の素数の発見，気象や宇宙のシミュレーションなどの数値計算の分野ではコンピュータは絶大な威力を発揮する。円周率の計算を例にすればわかりやすいだろう。

　紀元前2000年頃に古代バビロニアで発見されたといわれる円周率はギリシャのアルキメデスや江戸時代の数学者である和算関流の開祖の関孝和，物理学者ニュートンなど世界中の研究者によって様々な手法を使って計算されてきた。19世紀のイギリスの数学者ウィリアム・シャンクスは一生を円周率の計算に捧げ，707桁（小数点以下。以下同様）までを求め発表した後に死亡した。しかし，後にコンピュータを使ってシャンクスの結果を検算したところ，528桁目に誤りが発見され，彼が一生を費やして積み上げた結果は，コンピュータによってわずか数十秒で誤りであることが示されてしまったのである[6]。

　その後ENIACによって1949年に円周率が70時間で2037桁まで計算されたのを手始めとして，ハードウェアの進歩とあらたな計算アルゴリズムの発見

によって，円周率の記録は年々更新されている。2011年現在，日米の二人の研究者が共同して48テラバイトのハードディスクを搭載したコンピュータを使い，約1年間かけて計算することで10兆桁の記録を達成した[7]。ENIACから60年経て計算された円周率の桁数は50億倍にも伸びたのである。

3.3.2. 膨大なデータに潜む統計的規則性の抽出

コンピュータの優れた特徴として高速の検索能力があげられる。与えられたことばの意味を辞書から見つけ出すことや，数百万人からなる住所録データベースを検索し，ある人の生年月日を探し出すなどは簡単である。そのような能力を利用した事例として文学作品の未発表作の発見事例を紹介しよう。

ある作家の未発表作の発見はその作家の他の多くの作品と文体やイディオムの使用頻度などを比較することで行うので，電子化ファイルを使ったコンピュータによる分析処理が有効な手段になると考えられている。そのような研究の一助として，世界各国で著作権の保護期間が切れた文学作品を電子化する試みが行われており，中でも，イギリスのオックスフォード大学出版局ではシェークスピアの全作品を電子ファイルに納めて研究者に提供している。

シェークスピアのように数多くの作品を残した作家の場合，死後400年を経ようという現在でも生前の未発表作品が確認されることがある。シェークスピアの遺産管理団体であるアーデンの研究者が1998年に行った研究によると，よく使う単語の頻度や，受動態・能動態など特定の文型の傾向などをコンピュータで分析したところ，それまで作者不詳とされていた16世紀末の戯曲「エドワード三世」がシェークスピアの残した39作目の戯曲に間違いないとの結論を得ることができたのである[8]。

また，シェークスピアとジョン・フレッチャーが二人で書いたとされる「二人の貴公子」という作品があるが，これは従来の研究ではジョン・フレッチャーが大部分を書いたとされ，それゆえ多くのシェークスピア全集には採用されていなかった。しかし，コンピュータによる分析の結果，「二人の貴公子」はジョン・フレッチャーが約1,500行，シェークスピアが約1,000行書いたと考えられるということが明らかになり，これもシェークスピアの作品として取り扱うことが妥当であると考えられるようになったのである。

このように，シェークスピアの全作品のような大規模なデータベースから単

語の使用頻度などといった作者独特の特徴を求め，未発表作品を分析するような研究ではコンピュータの利用が大いに役立つ。シェークスピアの場合には，彼が書いたとわかっている作品の中で，このような語を彼はよく使うとか，このような文型をよく使う，というシェークスピア作品に特有のパターンが過去の研究からわかっているので，真贋がわからない作品に関して，そのような語彙や文型が現れる頻度を計算させるのである。人間では限られた時間に読めるテキストの量には限りがあるが，テキストが電子化してありさえすれば人間では何年かかっても読めない量のテキストをコンピュータは一気に検索し，全体の語数や文の数から特定の語や文型が現れる割合（頻度）をまたたくまに計算できる。そしてその頻度と彼が確実に書いたとわかっている作品における出現頻度を比較することによって真贋の判定をするわけである。

✜ 3.4. コンピュータが苦手なこと，できないこと

　前にも述べたように，ある分野ではコンピュータは人が一生かかってもできないような計算や分析を短時間でできてしまう。その一方，人が（赤ちゃんでも）いともたやすくできるのにコンピュータにはできないこともたくさんある。以下に例をあげよう。

3.4.1. 文字を認識できるが理解できない

　これまでに紹介した人工知能研究の多くは，知的な側面を中心としたものだった。しかし，初期の人工知能研究がテーマにした人間の記憶や推論のメカニズムの探求といったいわゆる「頭」の面からだけでなく，目や耳，舌，鼻，皮膚などの感覚器官によって得られる視覚や聴覚，味覚，嗅覚，触覚といった五感といわれる知覚情報処理をコンピュータで実現しようという「体」の面からの研究も盛んに行われている。

　その中でも，特に人間の視覚の代わりをする画像認識システムや聴覚の代わりをする音声認識システムは多くの分野で実用化が進んでいる。

　目の役割の一つとしての文字の読みとりについていえば，その歴史は古い。1928 年にオーストラリアで印刷数字を機械で読みとる光学式文字読取装置（OCR: Optical Character Reader）が発明され，1929 年にはアメリカで数字だけでなくアルファベットの認識が可能な装置が開発されている。日本においても 1960 年

頃から研究が始まり，郵便番号制度の導入により OCR の精度は向上し，現在では世界有数の技術を有している．

郵便番号の OCR は 1 秒間に数百枚の葉書や手紙をほとんど間違えることなく自動的に分類し，入学試験でお馴染みのマークシート方式の答案も数万人もの受験者の成績順位を一晩にして一覧表にして印刷してしまう．現代生活において計算機による文字認識システムはなくてはならないものである．しかし，OCR は人間の視覚システムと比較して優れているというわけではない．いったい何が足りないのだろうか．

ほとんどのコンピュータは，**認識することはできるが理解することができない**のである．認識ということばは英語の recognition の訳であるが，recognition は re-cognition から派生した語であり，本来の意味を考慮して翻訳すれば「再認」がふさわしい．再認とは辞書によれば，「以前に経験したことを再び知覚したとき，同一のものであると認めること」と定義されており，目や耳で見たり聞いたりした情報を理解することという本来の意味での「認識」とはへだたりがある．

日本語の文字をコンピュータが認識するという例を考えてみよう．日本語の文字を認識するためには，与えられた文章画像から文字だけを切り出し，あらかじめ登録された漢字，平仮名，数字などの標準的なパターン（辞書と呼ばれる事が多い）から一番近いものを見つけ出し，答えとすることが必要になる．ここで行われている「文字認識」処理は，「認識」とは言っているが，あらかじめ作成した大規模な標準文字パターンの辞書の中を高速に検索し，与えられた文章中の文字に一番近いものを見つけるだけで，実は「文字再認」ということばの方がよりふさわしいのである．郵便番号認識装置は，前もって決められた場所に枠が印刷されており，その枠の中に数字だけが書かれているという仮定のもとで，0～9 までの 10 文字の数字だけを「再認」することで実用化されたのである．

3.4.2. 理解するシステムとは

では，本来の意味における認識するシステム，つまり理解するシステムとはどういうものだろう．

現在の技術では英語のサインのような複雑な手書き文字や日本語や中国語の

自由に書かれた手書きの漢字を文字認識システムで正確に読みとる事は難しい。それは，そもそも画像を個々の文字に相当する領域に切り分ける事が容易ではないからである。英語のサインは偽造防止の観点から筆者独特の崩し方をする場合が多く，中国語のように簡体字や繁体字など同一言語で複数の表記が混在している文章など，一般用的な切り出しルールが存在しない場合が多い。

　仮に，手書きの文字を一文字一文字自在に切り出す技術が確立されたとしても，認識したい言語固有の特徴を利用しないと最終的な結果を得る事はできない場合がある。文字を読む順番にしても英語やフランス語のように左から右に書く言語やアラビア語のように右から書く言語，日本語や韓国語のように上から下へ書く言語など様々な言語が存在し，与えられた画像だけの単純な情報から文章を読みとるのは現在のコンピュータでも難しいのである。最近の電子辞書やスマートフォンで使われている手書き文字認識は入力された文字列を画像のパターンとして扱っているだけで，個々の文字ごとに切り出して認識してはいない。

　それでは人間はどうしてくずし字やくせ字が理解できるのか？　それは人間の場合には単に文字のパターンを「再認」しているのではなく，背景知識を使ってトップダウンに，ここはこういう文脈だからこういうことばが来なくてはならないはずだ，だからここの文字はこの文字でなければならないはずだ，というような予測を行っているからなのである。

　近年，インターネットの普及で大量の文章データが蓄積され，コンピュータを使った解析により文章中の単語の並び順の不自然さを利用することにより正確な文字認識を行うシステムが提案され始めているがまだ実用化には遠い。人間のようにトップダウンに「ここに来る文字は文脈から考えてこの文字でなければならないはずだ」というような予測をコンピュータに行わせること，つまり「理解」をさせることは難しい課題なのである。

　認識と理解の問題は文字知覚の分野に限らない。もっと難しいのは3次元の物体の認識である。文字の場合と同じく，コンピュータは一度「見た」ものと「同じ」ものは同定できる。しかしどのように「同じ」と判定するかは人間とは違う。人間の場合には一度見た物体を今度は違う角度から見ようと，ひっくり返ったものを見ようと，光の当たり具合が違おうと，「同じ」だとわかる[9]。

コンピュータにとってはそもそもこれが難しい。記憶した時の環境と違う環境（明るさ，光の当たり具合，物体を見る視点など）で提示されると同一の物体でも通常はわからない。わかるためには特別な仕掛けが必要で，どのようにしてその仕掛けを作るかということこそが，コンピュータの視覚研究における重要な研究テーマになっている。

　人間はまた，まったく同一のものでなくても，同じカテゴリーに属する物体なら「同じ」だとごく自然に思う。第3章で紹介した実験では，2歳の子どもは，ひとつの物体を見せられ，その物体の名前を教えられると，その名前を自発的に類似した他の物体へも般用した。その際，色や大きさなどの知覚属性の違いは考慮せず，形状のみに注目してラベルの拡張の範囲を決め，いわゆる「基礎レベル」のカテゴリーをラベルに対応させた。さらに，すでにラベルを知っているなじみのある物体にあらたな名前がつけられた時は，子どもは命名された対象が動物ならそのあらたな名前をその個体固有の名前として解釈し，人工物ならすでに知っている名前の下位カテゴリーの名前として解釈した。

　つまり，人間にとって異なる事物をまとめて「同じもの」とみなしてカテゴリーを作ること，それをラベルに対応させることはまったく自然なことであり，しかもそのカテゴリーはひとつのレベルでのみ区切られていくものではなく，階層構造を持った精緻なネットワークとなっているのである。また，そのネットワークのどこの概念にことばを対応づけるかという問題も，人間はひとつあるいはいくつかの正の事例（事物とラベルの正しい組み合わせ）を与えられるだけでただちに解決してしまう。

　少なくとも現状ではこのようなことができるコンピュータは存在しない。今まで試みられた概念学習をする人工知能システムのほとんどは，最初から人に与えられた（つまり分離されない生の画像情報を人が加工して人の概念に沿うように分離してしまった）属性集合をインプットとして与えている。つまり，もっとも難しい問題は人間が解いてしまって，その残りの問題をコンピュータにさせているのである。その上でカテゴリーの正の事例（つまりカテゴリーに属する事物の集合）と負の事例（カテゴリーに属さない事物の集合）をたくさん与え，そこからすでに設定されたカテゴリーに対して事例を振り分けていく規則を抽出するのが，ここでいう「学習」である。この点で人間の子どものように事例の集合からバイ

アスを作り出し，たったひとつの事例からカテゴリーの外延を推論してしまう人の学習とはほど遠い[10]。

　もちろん，生の画像データのみをインプットとしてコンピュータに事物のカテゴリー化とカテゴリーのラベルの学習をさせようという試みも最近なされている[11]。これはたいへん画期的な試みであり，鉄腕アトムの実現への大きな一歩といえよう。しかし，このシステムでも非常に限られた領域の限られた数の語の学習に成功したにとどまっている。たとえば，ひとつの事例とそのラベルの対応づけを何度も何度も教えた後，システム（ロボット）は限られた数の選択肢の中から「正しい」事物を選ぶことができるようになる。しかしここで「正しい」のは学習の時に使われたのと同一の事物である。ロボットが人間のようにまったく同一の事物を超えて，人間の作るカテゴリーと同じカテゴリーを形成し，カテゴリーに属する直接ラベルとの対応づけを教えられていない他の事物に対して，第3章で述べた実験の2歳児のようにラベルの般用ができるのかどうかはわからない。ましてや，すでにラベルと対応づけられている事物にあらたにラベルがつけられた時に，ラベルを既存のカテゴリーの上位，あるいは下位に対応づけるのか，その事物を既存のカテゴリーから排除して既存のカテゴリーと同じレベルの別のカテゴリーに対応づけるのか，などを判断することの学習は現状のコンピュータではまったく手が出せないだろう。

3.4.3. あいまいで「てきとう」な推論は苦手

　もうひとつのコンピュータの特徴は「てきとう」な推論をしないことである。初期の人工知能では知識を真か偽のいずれかをとる二値論理的なものと考え，人間の行う判断や推論などの思考過程を述語論理における推論で説明できると考えた。人工知能の応用分野の一つであり，病気の診断やプラント制御などの分野で実用化されたエキスパートシステムは専門家の知識をルールとしてデータベースに蓄え，蓄えられた知識をもとに論理的な推論を行い，問題解決を図ろうというものである。

　世界初の実用エキスパートシステムといわれる DENDRAL は構造が未知の化学物質の分子式と質量スペクトルをもとにその物質の化学構造を推定することができる[12]。開発者のファイゲンバウム（E. A. Feigenbaum）によると DENDRAL の能力は当時の大学院生と同程度であるとされ，実際に物質構造の解明

に役に立った。

　日本においても1982年から10年の歳月を費やした第五世代コンピュータプロジェクト（ICOT）では述語論理型言語のための並列推論コンピュータを開発し，過去の事件に関する法令や判例のデータベースをもとに，裁判の対象となっている事件に関する法的な推論を行う法的推論システム（new HELIC-II）などを実用化した。

　しかし，一方で，日常のさまざまな場面で人間は，推論の結果がいかに論理的に正しくても，その結果に従わないという例も数多く観察される。状況に応じた柔軟な人間の推論能力は実世界の複雑な問題解決において驚くべき力を発揮するが，勘やひらめきによる野球の名監督の采配や，カリスマ経営者の直感的な意思決定などを論理的に説明し，ルールとして明確に記述する事は難しい（熟達者の持つ「直観」についての考察は第7章で取り上げたのでそちらを参照してほしい）。

　1997年5月，IBMが作ったディープブルーというコンピュータがチェスの世界チャンピオンのゲリー・カスパロフに勝ったことは大きな話題になった。しかし，ディープブルーは人間の熟達したプレーヤーと同じような「思考」プロセスでチェスをしているわけではない[13]。ディープブルーはCPU32台を並列に並べたスーパーコンピュータをベースにし，巨大なデータベースを持つことにより，1秒間に数億ものチェスの局面を読むことができる巨大なコンピュータである。そしてメモリと時間の許す限り，それぞれの場面で指すことの可能なすべての手を力任せに読み進めるという探索方法をとっている。カスパロフとの試合においてディープブルーは，毎回平均14手先まで読むことができたが，チェスの平均分岐数（ある局面におけるルールに従って指せる手の総数）は約35なので，なんと35の14乗の可能性を探索したことなる。

　人間のプロのチェスプレーヤーや将棋，囲碁の棋士はたしかに初心者と比較にならないほど膨大なデータベースを脳内に持っているし，短時間見ただけで局面の駒の並びを正確に覚えることができる（詳しくは第7章を読んでほしい）。しかし彼等は決してディープブルーのような力まかせの探索は行っていない。第7章の付録の対談で登場する将棋のトッププロの島8段は，ひとつの局面で指し手の候補手が5手以上思い浮かぶようならプロをやめたほうがよい，とあるテレビ番組で言っていた。つまり膨大なデータベースを持ちながらもひとつ

3．コンピュータと人はどこが違うか　77

ひとつの局面でプロが「思いつく」のはその中のほんの数手であり，その限られた数の手の中で最上の手の決定をしているのである．熟達者の熟達者たるゆえんはデータベースの中から力まかせの探索をしなくても短時間に探索が絞り込まれ，解が出てくる「直感」なのであろう．

最近の研究で，将棋の羽生名人の脳活動を計測したところ，アマチュア棋士に比べ頭頂部の後方にある大脳の「楔前部」や大脳基底核にある「尾状核」などの特定部位が活動していることがわかり，脳科学の観点から一流棋士の直感の仕組みに迫ろうとする研究が始まっている（これについては第7章のコラムでもう少し詳しく取り上げたので，参照してほしい）．

もうひとつ，第3章のコラムで話したことを思い出してほしい．人間の赤ちゃん（もちろん私達大人もであるが）はことばを学習する時シンボルとしての「ことば」とことばが指示する対象の間に対称的な関係が存在することを疑わない，と述べた．実はこの対象性に対するバイアスは論理推論の場合には誤りである．論理推論において，「AならばB」と「BならばA」は等価ではない．だから，「AならばB」が真であることを教えられた時，「BならばA」も同様に真であると想定するのは誤りである．しかし，人は論理推論においてしばしばこのような誤りを犯す．たとえば「コカインなどのハードドラッグの常習者はマリファナから始める場合が多い」ということを聞くと，多くの人は「マリファナの常習者はハードドラッグの常習者である」という推論をしがちである．しかし逆は必ずしも正しくはない．必要条件と十分条件の混同も対称性推論バイアスによるものだろう．人は何かの資格を得るために○○が必要条件である，と言われると，それさえできればその資格が得られると思ってしまう．たとえば，K大学で博士号を取得するためにはレフェリーつきの学術論文誌に論文が2本採択されなければならない，と聞くと，それさえできれば博士号が取得できると思ってしまいがちである．しかし，実際には博士号取得のためにはその他にもいろいろな条件があり，それらをすべて満たさなければ博士号はとれないのである．

論理に頼ってではなく，過去の経験などや直観，感覚に基づいて問題解決をする仕方を**ヒューリスティクス**という．あの時このやり方でうまくいったから今度もうまくいくはずだ，として，なぜうまくいったかは考えず，前のとおり

のことをすることなどがその例である。人間の非論理的，ヒューリスティクス（第5章にて説明）に頼る推論の端的な事例としてよく心理学であげられるのは「ウエイソン課題」における人の行動である[14]。「ウエイソン課題」というのは前提が正しいかどうかを検証する論理推論である。以下の問題を考えてほしい。

> **■ウエイソンの4枚カード問題**
> 　下の4枚のカードは両面に文字の書いてあるカードです。カードの片面にはアルファベット1文字，もう片面には数字1文字が書いてあります。これらのカードでは次のルールが守られていなければなりません。
> 　ルール：片面の文字がDであるカードの反対側には3が書かれている。
> 　このルールが守られているかどうかを確かめるためには以下の4枚のカードの中のどれをひっくり返してみなければならないでしょうか。
>
> D　K　3　7

　読者の皆さんには正解がおわかりになっただろうか？　正解はDのカードと7のカードである。Dのカードの裏が3であればルールどおりであるが，3以外の数字ならルールは守られていないことになる。これは誰でもわかる。しかし，7のカードを裏返すことを思いつかなかった方は多いのではないだろうか？　実際，大学生にこの課題をやらせると正答率は非常に低く，1割程度しかできないという結果が報告されている。多くの大学生は「Dのみ」あるいは「Dと3」と答える傾向がある。しかし，Dならば裏は3でなければならないが，その逆，3の表はDである必要はないのである。一方，裏が7の場合に表がDであったらルールが破られていることになる。だから7を裏返さなければならないのである。

　多くの人が7ではなく，3を裏返す，と答えたのは先ほど述べた対称性のバイアスと関係しているかもしれない。Dならば3でなければならないが，その

3．コンピュータと人はどこが違うか

逆の3ならばDである必要はない。しかし，人はここでも，対称性のバイアスによる論理的な誤りを犯しがちなのである。

今度は以下の問題を考えてほしい。

> **■ウエイソンの4枚カードの変形問題**
>
> 下の4枚のカードには4人の人物に関する情報が書かれています。カードの片面にはその人の年齢，もう片面にはその人が何を飲んでいるかが書いてあります。これらの人々に関して，次のルールがあります。
>
> ルール：もしある人の飲んでいるのがビールであればその人は20歳以上でなければならない。
>
> ルールが守られているかどうかを確かめるためには以下の4枚のカードの中のどれをひっくり返してみなければならないでしょうか。
>
> ［ビール］［コーラ］［22歳］［16歳］

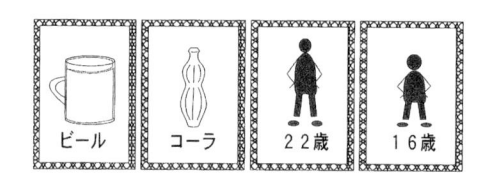

正解はもちろんビールのカードと16歳のカードである。さっきの問題では正答率は1割程度だったのに今度は8割もの大学生が正答した[15]。皆さんは気づいただろうか。この問題は先ほどの問題とまったく同じ構造をしているのである。

この現象から，人は形式的な論理推論を日常的にしているわけではなく，状況について持つスキーマに頼って，「てきとうな」推論をしていることがわかる。「てきとうな」というと，「いいかげんな」というネガティヴな意味に受けとられがちである。しかし，ここでは「論理的ではなく，直感的に頼った」という意味で使っていると理解してほしい。これも「ヒューリスティックな」思考のよい例である。

コンピュータはこの種の「てきとうな」推論はしないし，できない。論理構造が同じ問題に関して，問題が扱う領域についての**スキーマ**に依存するという

こともしない。これはある意味でコンピュータの強みである。人間のような論理の間違いを犯さないからである。人間はほとんどすべての領域の推論や学習においてスキーマ（素朴理論）に強く制約されている，とこれまで何度も強調してきた。しかし，スキーマが誤っている時，用いてはいけない時にも適用してしまって，時に上のような論理的な誤りを犯すことがあるし，学習が誤ったスキーマのために阻害されることもある（このことについては次章の第5章で詳しく述べる）。

しかし，全体としてみればスキーマを使うことで人間は柔軟で効率よい推論や学習をしているし，探索の可能性をしらみつぶしに検討するのではなく，最適な解法を直感的に思いつき，それ以外は考えない，ということが可能なのである。コンピュータはヒューリスティックな思考をしないので，論理計算はたいへん得意である。反面，人間のような，あいまい性を許す柔軟な思考や直感的な判断はまねしようと思ってもできないのである。

そもそもコンピュータはスキーマを使うことがとても苦手である。コンピュータが問題を解決するのには膨大な背景知識が必要である。しかし，その背景知識をどのように使うかを決定すること自体が難しい。これは人工知能では有名な問題で，**フレーム問題**という。ここで，「フレーム」と人工知能の分野で呼ばれているものは，先に説明した「スキーマ」とほぼ同じものである。このフレーム問題は，人工知能の研究者の当初から指摘され，未だ解決されておらず，今後もまったく解決するめどがたっていない，いわば人工知能の抱える「永遠かつ究極の問題」なのである。そしてなぜ人間にとってはこれが問題にならないのか，ということ自体が，人間の知性，人間の学習の特性を考える上で非常に示唆に富む問題といえる。次節はその観点から読んでほしい。

4．フレーム問題

ダートマス会議の発起人の一人であったJ. マッカーシーは著書の中で人工知能研究の最大の難題といってもいいフレーム問題について記し，人間とコンピュータの最大の違いがフレーム問題にあることを指摘した[16]。

フレーム問題とは，簡単にいうと世の中に存在するありとあらゆる情報の中

から，目前の仕事に関係のあることとないことを区別するのは本質的に解決できない難問なのだということをわかりやすく示すための問題である。

　具体的な例で説明しよう。哲学者のD.デネットはフレーム問題の難しさを次のような話で説明している[17]。

　ロボット1号の話：ある部屋に時限爆弾が仕掛けられているのがわかったので，知的なはずのロボット1号に時限爆弾の仕掛けられている部屋に行って，大切な荷物を持ってくるように命令をした。人工知能搭載のロボット1号は部屋の場所を認識し，ドアを開け，目的の荷物を発見し台車に乗せ，見事持ち出すことに成功したのだった。しかし，持ち出した荷物の上に時限爆弾が仕掛けてあったのだ。ロボット1号は爆弾がその荷物の上に仕掛けられていることまでは頭が回らず，部屋の外へ出た瞬間に爆発しまった。ロボット1号は荷物を部屋の外に持ち出すには，台車に乗せてドアの外へ押せばよいことはわかっていたはずだが，荷物の上に載った時限爆弾まで一緒に持ち出してしまうことがわからなかったのだ。

　ロボット2号の話：そこで，ロボットの研究者は「自分の行動によって環境に起こる影響を認識する機能」をつけ加えたロボット2号を開発した。ロボット2号なら荷物と爆弾を一緒に持ち出せば部屋の外で爆発が起こることがわかるようになるだろう，と考えたからである。ロボット2号は荷物を持ち出すために部屋の中に入り，目的の荷物を発見し，荷物を台車にのせ部屋の外へ押し出した時に起こるであろうことを順番に考え始めた。

・台車を押しても天井は落ちてこない→・台車を押しても部屋の色は変わらない→・台車を押しても部屋の電気は消えない……

　ロボット2号がこのように考えているうちに時間がきて時限爆弾は爆発してしまった。ロボット2号は台車を押すことによって環境に影響を与えるか・与えないかがわからないので，起こりうるかもしれないすべての可能性を確認していたため，時間切れになってしまったというわけである。

　ロボット3号の話：ロボット1号，2号の失敗でこりた研究者は「自分の行動によって環境に起こる影響が，無事荷物を持ち出すことに関係するかしないかを見極める機能」をつけ加えたロボット3号を開発した。ロボット3号なら荷物を持ち出すのに関係ないことを考えないで済むので爆弾が爆発する前に荷

物を持ち出せると考えたからである。しかし，ロボット3号は荷物を持ってくるように命令を与えられるとその場を一歩も動くことなく，しばらくして部屋の中では時限爆弾が爆発してしまった。

ロボット3号は関係のないことを見つけて無視する能力を身につけていたが，世の中には関係のないことが無数にあり，それらをいちいち無視するだけでも膨大な時間が必要なことに気がつかなかったというわけである。

先に，「フレーム問題とは，簡単に言うと世の中に存在するありとあらゆる情報の中から，目前の仕事に関係のあることとないことを区別するのは本質的に解決できない難問なのだ」と述べた。そして，上記の例で示すように，ロボット1号から3号まで，フレーム問題を解決できなかった。フレーム問題は人間にとっても処理できない問題なのだろうか？

いやそんなことはない。なぜなら，私たち人間は，そんなことには悩まないからである。関係ないことを無視することは人間なら赤ちゃんでもできる簡単なことで，ロボット3号とは異なり，考え込んで動けなくなることはない。フレーム問題に悩みはしないのだ。第3章で，乳幼児の言語の学習の話をしたが，人間の子どもは学習の当初から環境中にある統計的規則性を抽出し，バイアスを形成しているが，バイアスの適用自体も非常に早期から制御されており，使うべき時にだけバイアスを適用できる，と述べた。つまり人間とコンピュータの決定的な違いは知識の量というよりむしろ，知識の構造化の仕方，それにともなう知識のアクセスの仕方，知識の使い方にあるのである。

実際，知識が多ければ頭がよく，どんな問題も解決できる，というわけではない。アメリカのダグラス・レナートという人工知能研究者は，人間の概念体系すべてとそれに付随する百科事典的な知識をすべてコンピュータに背景知識として入れてしまおうとする壮大なプロジェクトを試みた[18]。しかし多くの研究者と巨額の研究費をつぎ込んだこのプロジェクトも結局はかばかしい成果をあげることができなかった。つまり，いくら知識をコンピュータに入れても，膨大な知識の中から課題に関係する知識（ひとつではなく関連するものはすべて，ただし，不要なものは含まないように）をいかに選び出すか，そしていかに選び出した複数の知識リソースをうまく結びつけて，課題について最適な仕方で計算をするか，というところをアルゴリズムとして実装できなければ，人間のように

あいまいで時にいい加減ではあるが，賢く，柔軟な「思考」をするコンピュータはできないのだ。

逆にいうと，人間のこのような柔軟かつ自己生成的な学習過程が具体的にどのような内部メカニズムによって生み出されてくるかということを解明することが，人間のような柔軟な思考と言語学習機能を備えた人工知能システムを構築するためにもっとも必要なことだろう。残念ながら現状では，知識の創発のモデル化を試みた研究でも，非常に限られた領域であるひとつのバイアスの出現などを扱っているにすぎず，本章で述べたような，知識と複数のバイアスが互いに絡み合い，相互に互いを引っ張り上げるようにして成長していく学習プロセスの内部メカニズムについてはまったく明らかにされていない（これを**ブートストラップの過程**という。第5章にてより詳しく説明する）。しかし，人間の学習の特徴は第7章で述べるように，学習が進み熟達するにつれて，単なる要素のたし算ではなく，要素を柔軟に組み合わせることにより1たす1たす1が3ではなく10にも20にもなるところにある。鉄腕アトムを作るには，まず，人間のこの学習メカニズムの詳細を明らかにしていかなければならないだろう。

✚ 5．まとめ：コンピュータの知と人間の知はどこが違うのか ✚

✚ 5.1．トップダウンの情報処理をする人間

本章の狙いは，人間の知性をコンピュータの知性と比較することによってその違いを浮き彫りすることにあった。コンピュータは現代の社会で人間が知的活動を営む上でなくてはならないものである。コンピュータの強みはなんといっても人間ではまったく不可能な膨大な量のデータを処理できること，そしてその処理計算が高速なだけでなく，正確であることである。

人間が一時に処理できる情報処理の量には限りがある。これは短期記憶で一時に保持できる情報量と作業記憶でその情報を処理できる作業能力に大きな制限があるからである（短期記憶，作業記憶という概念になじみのない読者は第7章の158ページのコラムを読んでほしい）。それに対してコンピュータの処理速度は年々速くなる一方であるし，短期記憶にあたるバッファに一度に蓄えられる容量も大きくなる一方である。

コンピュータがこの調子で進化していけば，近いうちに人間を超えるコンピュータができるのだろうか。それがそんな簡単な問題ではない。というのはいくら大量のデータが処理できても，いくら高速の処理ができても，現在のコンピュータでは「何を探したらよいか」が自分ではわからないし，それを自分でわかるように学習することもできないからである。

　第3章で，人間の乳児がどのように連続的な音声インプットから単語を切り出しているか，という話をした。赤ちゃんは，遅くとも生後7，8ヵ月ですでにインプットの中の統計分布の規則性の抽出ができ，その能力を使って，母語の言語の音声的な特徴（母語において優勢な韻律のパターンや音素の共起関係など）を抽出している。そしてその抽出した統計的規則性を使って，切れ目のないスピーチのインプットを意味の単位である単語に分割している。一見，この赤ちゃんのしていることとシェークスピアの作品の真贋判断のためにコンピュータがしていること，つまりテキストの中から統計的な規則性を抽出する，というのは似た話のように聞こえるかもしれない。しかし人間の乳児の場合には外からの明示的な指定がないのに自分で注目すべきものを見つけ出して規則性を抽出できるのに対して，コンピュータは「これを探しなさい」と指定しなければ何も見つけられない，というところが決定的に違う。そもそも，赤ちゃんが一度に情報処理できる処理能力や計算のスピードなどはコンピュータとは比較にもならない。

　コンピュータと赤ちゃんの違いは，人間の知性の特性とコンピュータの知性の特性の，よりマクロなレベルでの違いについて光を当ててくれる。キーワードは**知識**と**学習**である。人間の認知の特徴は何といっても情報処理がトップダウンであることだ。人間は乳児期からすでにたとえ既存の知識の量がどんなに少なかろうと，その知識を使って，情報の探索や計算を制約している。つまり，その知識をいつ，どのように使うのかも同時にわかっているのである[19]。そして問題解決によって知識が変容される。これが学習である。そしてさらに学習の結果得られた知識，変容された知識がその後の問題解決を制約するのである。

✚ 5.2. 詳細な指示が必要なコンピュータ

　それに対してコンピュータは知識（たとえば「何を探すのか」）を明示的に書き込まなければ何も始めることができない。さらに「フレーム問題」で述べたように，たとえ知識を山ほど書き込んだ辞書を与えても，その辞書をどのように使うのか，つまり今直面している問題解決に辞書に書かれている知識のどの部分が必要なのか，その知識をどのように使ったらよいのかも同時に明示的に指示しなければ知識を使うことができない。したがって，たとえプログラマーがあらかじめ「この背景知識を使ってこのアルゴリズムで計算をしなさい」と指定してコンピュータが問題解決をすることができても，人間と違って，その問題を解決することによって獲得されたあらたな知識を別の場面で使うことができない。あらたな知識の使い方もまたプログラマーが指定しなければならないのである。

　1960年代に始まった人工知能研究は当初はコンピュータで人間と同等の推論能力や学習能力を実現することが研究の中心であった。しかし，それから50年たった現在でも，コンピュータの活躍の場はもっぱら学習がいらない大量のデータ処理が必要とされる分野が主である。この力技で計算を行う分野ではめざましい成果を上げている一方，ひとたび「知識」の柔軟な使用が要求される分野になると，抽象的な思考はもとより，人が「機械作業」と考える分野でさえ，コンピュータは人に取って代わることができない。

　印刷を例にとってみよう。組版や製版といった仕事は従来は完全に手作業で作業員の専門的スキルに大きく依存していた。このような仕事にコンピュータによる組版ソフトが導入され活版印刷からオフセット印刷へシフトすることで印刷業界では労働環境が一変し，仕事のコンピュータ化が実現すると期待された。しかし，実際には完全なコンピュータ化は達成されるに至っていない。コンピュータによる組版ソフトを使うことによって，素人でもある程度の印刷業務ができるようになっただけで，組版の専門家に取って代わることはできなかったのである。なぜか。熟達者のスキルをアルゴリズムで書き下す事ができないからである。コンピュータのプログラムにするにはアルゴリズムで書き下す必要があるが，熟達者でさえ言葉で説明できない暗黙の複雑なアルゴリズムをプログラム化できないのである。これは，エキスパートシステムの限界ともい

われている問題で，未だに解決できていない。この問題のため，一時は人工知能の当初の夢であった人間の知能をコンピュータで実現するという目標は下火になり，コンピュータのハードの性能自体をどんどん拡張し，コンピュータが得意な分野，つまり高速で大量のデータ処理の方向に力が注がれていった。本章で紹介したチェスのディープブルーはそのよい例である。

しかし，ここ数年，コンピュータに人間と同じような学習機能を備えることの重要性が再度指摘されるようになった。その大きな流れはペットロボットを始めとするヒューマノイドロボットの分野で起こりつつある。

✣ 5.3. 学習能力を持つロボットを目指して

ヒューマノイドロボットは人間と同じような姿形をし，同じように動き回るロボットの総称で原子力発電所のメンテナンスや夜間のビルの監視など危険な場所や長時間労働といった職場で人間の代わりをすることを目的に開発された。しかし最近では，人間のパートナーとして共に生活することを目的としたロボットの研究が進んでいる。

ではなぜ，ヒューマノイドロボットに人間が行っているのと同じメカニズムによる学習機能が必要になるのだろうか？　ヒューマノイドロボット以前の工場や宇宙で働くロボットはそれぞれの場面で要求される機能に従い，姿形も人間型である必要はない。しかし，ヒューマノイドロボットは従来人間が作業していた空間で仕事をしたり，人間と共存して生活する事を目標の第一に開発されている。人間と同じ空間で生活するという前提から，人間に近いサイズで補助なしに二足歩行し，バッテリーを内蔵したいわゆる自律行動可能なハードウェアを作ることが研究の初期段階での大きな目標であった。

これまでのところ，その目標に関しては，1990年代前半にホンダが開発した世界初の二足歩行ロボットや音楽に合わせて踊るSONYのSDR-3Xなどが相次いで発表され世間の注目を集めている。その他にもダンスやけん玉などにおける人の運動を見せるだけで，模倣によりその運動で要求される関節の制御の仕方を学習し，実際にその運動を行うことができるシステムも作られている[20]。

このように，ヒューマノイドロボットの運動制御の学習など，知覚・運動学習においては着実に成果を上げている。しかし，言語や推論など人間の高次の

認知機能における学習能力を持つヒューマノイドロボットの研究まだは始まったばかりといってよい。先ほど話したように，コンピュータ（ロボット）にとっては環境中の何が現在の課題に関連しているのかということを同定すること自体が難しい。現在注目を集めているのが人間との共同注意を使ってこの問題の解決を図ろうとする試みである。実際子どもには乳児期から相手の目線を手がかりに相手の意図を汲み取る能力があるといわれている[21]。しかし，第3章でも話したとおり，このような社会的な手がかりは環境の中から関連する対象を選び出す際などには有用な手がかりとなり得るが，言語の学習をはじめとした，抽象的な概念を含むカテゴリーの形成を必要とする学習はこれだけでは不十分である。

　現状では，言語学習能力や高次の推論能力を持った，人の代わりになるようなロボットができているとはいえない。姿形だけでなく，頭の中身も人間に近いロボット，つまり鉄腕アトムを作るために必要なことは，まず人間がどのように知識を頭の中で蓄えているのか（特にどのように知識を構造化しているのか），どのように必要な知識にアクセスしているのか，どのように自分の中に蓄えられた知識と環境中の情報を結びつけて情報処理を行っているのか，人間がどのように学習し，さらに様々な領域で熟達していくのかなどについて，まず明らかにしなければならない。その際，行動のレベル，計算論のレベル（どのようなアルゴリズムの情報処理を心の中で行っているか），脳内の神経活動のレベルでそれぞれ明らかにしなければならない。鉄腕アトムを作るためにはまず人間のことを詳細に知らなければならないのである。

【注】
（1）　Bush, 1945.
（2）　Turing, 1950.
（3）　Minsky, 1968.
（4）　Newell & Simon, 1961.
（5）　Newell & Simon, 1972.
（6）　堀場芳数，1989.
（7）　長野県飯田市松尾代田に在住の近藤茂氏の記録，2011.
（8）　東京新聞朝刊社会面　1998年9月28日。
（9）　Biederman & Bar, 1999.

(10) すでに決められたカテゴリーの外延を決める規則を抽出するのではなく,階層関係を含む概念自体を学習し,カテゴリーを作り出すという試みも始まっている。Kobayashi, Furukawa, Ozaki, Imai, 2002 を参照のこと。
(11) Iwahashi, 2001; Roy & Pentland, 2002.
(12) Joseph A. "Digitizing Life: The Introduction of Computers to Biology and Medicine." *Doctoral dissertation*, Princeton University, 2006.
(13) 松原仁,1997.
(14) Wason & Shapiro, 1971.
(15) Griggs & Cox, 1982.
(16) McCarthy & Hayes, 1969.(邦訳あり)
(17) Dennett, 1984.(邦訳あり)
(18) Lenat & Guha, 1989.
(19) ただしこれには例外がある。人間でも,持っている知識がすべて瞬時にアクセス可能な状態になっているわけではない。この章で述べたようにすぐにアクセス可能になった状態にある知識を「生きた」知識,一応長期記憶の中にあるけれども他の項目とまったく関係づけられていないので,必要なときにも「取り出せない」知識を「死んだ知識」あるいは「不活性な知識」という。このことについては第8章で詳しく述べる。
(20) ロボットの模倣による運動制御の学習の分野における最近の研究状況のレビューについては Breazeal & Scassellati, 2002 を参照のこと。
(21) Meltzoff, 1995; Baldwin, 1991.

Chapter 5

概念の学習
── 外界の認識から科学的発見まで ──

　これまでに，赤ちゃんが物体とは何か，どのような物理的性質を持つのか等の基本的概念をどのように身につけているかを明らかにするための研究について紹介をした。赤ちゃんは，これらの概念の骨格というべき基本概念をすでに持ち，この概念知識を手がかりとして概念学習をしているのである。もちろん，こうした基本的な概念を持っているだけでは十分ではない。子どもは，成長の中で，これらの知識を基礎として学習を積み重ねていくことによって，大人が持つ複雑で様々な形で応用可能な知識へと近づいていくのである。

　本章では，幼児期以降に実際に子どもがどのように乳児期から持っている骨格だけのような概念体系に知識を肉づけしていき，自分を取り巻く世界の素朴な理解（第2章で紹介した素朴理論）を科学的な理解に発展させていくのかについて述べていこう。

1. 概念の学習とことばの学習

1.1. 概念知識に基づくことばの意味の推論

　概念の学習はことばの意味の学習と深く関わっている。子どもが乳児期から持っている基本的概念の理解にレキシコンの獲得が関わっていることは確かである。たとえば前第3章で幼児は未知の事物につけられた未知の名前を，形状の類似性を手がかりとして一般化し，別の事物を名づける時に適用すると述べた。しかし，砂のように形も一定でなく個としての区切りも明確でない物質につけられたことばについては形状類似バイアスを適用せず，物質自体の同一性を基準にしてことばの般用ができるのである。乳児の段階でこういうことができるということは，物体と物質が根本的に異なる性質を持ち，同一かどうかを判断する際の基準が違うことを乳児期から理解しているということ，そして，この概念知識を手がかりのひとつとしてあらたに出会ったことばの意味の推論

を行っていることを示すよい例である[1]。

　しかし，すでに確立されている概念に対して単にラベルをつけていくのがことばの学習というわけではない。ことばの学習に先立って子どもが持っている概念知識はたいへん大雑把で，いわば血肉のない骨組みのようなものである。大人が持っているような知識体系を子どもが身につけていくまでには，その骨格に膨大な量の知識を肉づけしていかなければならない。そして，この過程においてことばの学習は非常に大きな役割を果たすのである。

✚ 1.2. 現実世界のカテゴリー

　私たちは種々雑多なものに取り囲まれて生活している。そのすべてをバラバラに認識していたとしたら私たちの頭の中は情報であふれてしまうだろう。そうならないように，私たちは世界に存在する事物の間に類似性や意味のある関係を見出して，それらをまとめる。そのようにしてまとめられたものをカテゴリーと呼び，私たちが外界を認識する時の基本的な単位となっている。しかし，第3章でも述べたように類似性や意味ある関係といっても，多種多様なものを考えることができるだろう。たとえば次のようなまとまりを考えることができる。

・くだもの：リンゴ，バナナ，オレンジ，イチゴ
・哺乳類：イヌ，ネコ，ゾウ，ウマ
・赤いもの：消防車，リンゴ，トマト，郵便ポスト
・イヌとイヌにかかわりが深いもの：イヌ，骨，イヌ小屋，首輪，フリスビー

　しかし，これらのグループの作り方がすべて同等に「意味のある」カテゴリーを形成するわけではない。私達大人にとって，「哺乳類」や「くだもの」は意味のあるカテゴリーといえるが，「赤いもの」や「イヌとイヌにかかわりが深いもの」をひとつのカテゴリーとしてまとめてもそれは連想やイメージにすぎず，分類に根拠を持つ意味あるカテゴリーとは思えないだろう。

　では意味あるカテゴリーと意味のないカテゴリーとはどのように異なるのだろうか。

　「哺乳類」や「くだもの」の場合，カテゴリーのメンバーを結びつける類似性は単なる見かけの類似性だけではない。たとえば「哺乳類」の成員はみな，

「人工物」と異なり，生殖活動により新しい命が生まれ，死に，世代交代をする。生命の維持に呼吸と栄養の摂取は不可欠である。また，「哺乳類」は，「鳥類」のメンバーと異なり，子どもは卵から生まれるのではなく，母胎から生まれる。つまり，これらのカテゴリーのメンバーは目に見えない内的な本質的属性を共有し，この本質的属性がカテゴリー成員を決定する基準となっているのである。それに対し「赤いもの」や「イヌやイヌとかかわりが深いもの」というカテゴリーは表層的なみかけの類似性や連想関係から成り立っており，カテゴリー成員の間には目に見えない属性の共有はない。そして，言語において，「イヌ」のようにひとつの語でラベルづけられているカテゴリーは前者の種類のカテゴリーであり，「赤いもの」や「イヌやイヌとかかわりが深いもの」のようなカテゴリーは慣用化された「単語」としてのラベルは持たない。

✤ 1.3. ことばを利用した意味あるカテゴリーの獲得

1.3.1. 仲間集め課題

　子どもは非常に幼い時期から事物の間に種々雑多な**類似性**や関係があることをわかっている。しかし，その類似性や関係のうち，どれが自分の属する言語コミュニティの仲間，とりわけ大人によってもっとも意味のあるものなのかは，理解できていないことが多い。ことばは，そのような状況下で，どのような種類の類似性がもっとも意味のある類似性か，どのようなカテゴリーを作っていけばよいかを子どもに教えるための強力な道具となっていると考えられている。

　「仲間集め」という課題がある。これは幼児がよくやる遊びの一つで，「似ているものや同じものを一まとめにして仲間を作ろう」というものである。幼児がどのようにこの課題を行うかを調べることによってどのように事物を分類しているかを，それも堅苦しいテストとしてではなく幼児が遊んでいるような自然な文脈の中で明らかにすることができる。この時，幼児が，イヌと骨を一緒にしたり，サルとバナナを一緒にしたりというように連想関係による分類をすることがある[2]。または，この二つは色の類似性で結びつけ，この二つは形の類似性，またこれとこれとは触感が似ているというように，部分部分では類似しているが，全体としてみるとさまざまに異なる知覚次元での類似性に注目してまったく一貫性のないカテゴリーを作る傾向がある[3]。これを鎖構造の

1. 概念の学習とことばの学習　93

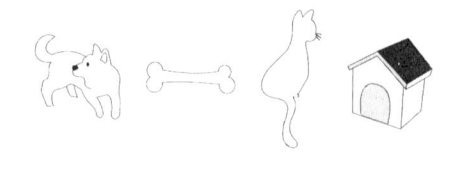

カテゴリーと呼ぶ。このようなカテゴリーを持っていても、大人の概念を獲得するためにはあまり役に立たないだろう。

しかし、意味のあるカテゴリーを幼児が作れないというわけではない。第3章で紹介したように、ラベルを般用するという課題をさせればできるからだ。この課題は、ひとつの事物を示し、それに新奇なラベルをつけた上で、そのラベルで指示することができる他の事物を探させるという課題である。この課題をやらせると、先に寄せ集めのカテゴリーしか作れなかった幼児でも、ひとつの一貫した知覚次元（物体の場合は形状、物質の場合は色と触感からわかる素材の同一性）に基づいたカテゴリーを形成することができるのである[4]。

1.3.2. 同じラベルのものは共通性を持つという「素朴理論」

もちろん、幼児が形状の類似に注目してカテゴリーを形成することができたとしても、表層的な知覚的類似性を決める一つの知覚的属性に注目できたということにすぎないといえる。しかし、それは重要なことなのだ。なぜならば、このプロセスが分類カテゴリーの**基礎レベル**の獲得に重要な役割を果たしているからである。

基礎レベルは、文化人類学の研究と関連して重要視されるようになった科学的な分類カテゴリー（taxonomic categories）のレベルのひとつである[5]。たとえば、イヌを生物の分類カテゴリーの中に位置づけると、たとえば「哺乳類／イヌ／コリー」のように分けることができるだろう。ここで、「イヌ」にあたるカテゴリーのレベルを基礎レベルと呼ぶ。私たちが日常生活する範囲で出会うものには、文化によらずこの基礎レベルの名称があり、それがもっとも頻繁に使われるとともに、子どもも最初に学ぶものとなるのである。

子どもは形状類似バイアスによって、ことばが指示するカテゴリーとして基礎レベルのカテゴリーに近似したカテゴリーを作ることができる。さらに、異なる事物に同じラベルがつけられることによって、子どもは異なる事物を「同じもの」として認識し、その事物間にある共通性を見出そうとする。その際、子どもは同じラベルがつけられたカテゴリーは単にみかけの類似性を共有する

だけでなく、目に見えない属性までも共有している本質的な類似性に支えられているというメタ認知を持っていると考えられている[6]。このメタ認知を持っているので、形状類似性に基づいて同じラベルを付与した事物同士を比較した時には、そこに、知覚属性の共通性のみならず目に見えない属性における共通性があるはずだと考えて、それを探ろうとするのである。たとえばキュウリとダイコンが両方とも「野菜」であることを知ると、両者に共通する性質を知ろうとするようになるのだ。

1.3.3. 同じラベルを共有する他の事物へ属性を一般化する

この逆もある。ある事物が目に見えないある属性Xを持つことを知ったとしよう。そうすると、その事物と同じラベルを共有する他の事物にもその属性Xがあるはずだと子どもは考える。ある動物（たとえば、ペンギン）は典型的な鳥とはずいぶん異なる姿形をしているが、この動物が「鳥」であると教えられさえすれば、幼児は、この動物が他の鳥と同じように卵からひなをかえし、親鳥が餌を見つけてきて口移しでひなに餌を与えるなど、鳥に関してすでに知っている属性をなじみのない、新奇な事物にも帰納的に一般化するのである[7]。このプロセスのおかげで、子どもは一つひとつの対象についてそれぞれ別々にその属性を学習していくのではなく、膨大な量の知識を短時間に効率よく学習することができる。

語彙が増え、カテゴリーに関する知識が増えていくにつれて、子どもはある事物につけられた未知のラベルを他の事物に適用する際に、形状の類似性は役に立つ指標ではあっても、常に最優先されるべきものではないことを知るようになる。むしろ、その逆に、内的で本質的な属性を共有しているからこそ、知覚的にも似ているということが理解できるようになる。つまり発達とともに、形状類似性は必ずしもラベルの般用に絶対に必要な本質的な基準ではなく、因果関係に支えられたより深い類似性が重要であること、形状類似性は本質的な属性が共有される科学的分類学カテゴリーの成員を探すための手がかりにすぎないことを理解

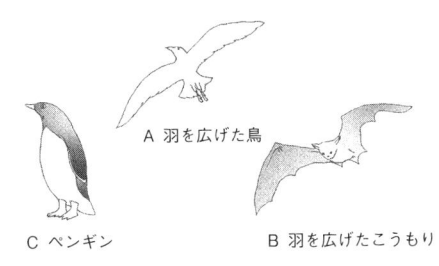

A 羽を広げた鳥
B 羽を広げたこうもり
C ペンギン

図5-1

1. 概念の学習とことばの学習

するようになるのである[8]。

✚ 1.4. 知識獲得のパラドックス

　さて、これまで、子どもがあらたなことばや概念など、膨大な量の知識を短い期間に身につけていくプロセスについて述べてきた。子どもがもともと生まれた時はことばを知らず、概念もほとんど持っていないことを考えると、これはきわめて不思議な現象である。なぜならば、一般に、知識の獲得においては背景となる知識を持っていない領域の学習は困難であることが知られているからである。私達もこれまで、背景知識を豊富に持っている人ほど学習の進展はスムーズであるはずであると述べてきた。しかし、子どもはゼロに近い知識から出発して非常に効率よく、身のまわりの世界に存在する事物のカテゴリーとその性質について学習している。

　この一見矛盾しているように見える現象はどのように説明できるのだろうか。

　このパラドックスを説明するために役に立つ考え方がある。それは、子どもが自分の知識を**ブートストラッピング**といわれるプロセスを用いて構築しているという考え方である。ブートストラッピングとは、靴に紐をかけることであり、編み上げ靴の紐を一つひとつ順々に下からかけていって上まで編み上げていくイメージから作られた用語である。

　つまり、子どもはそれぞれの時点で持っているものを最大限に利用して次の段階の知識獲得を行うのである。発達段階のある時点において子どもは限られているがある一定量の知識を持っている。また、その知識がどのように使えるかに関するルールも持っている。それらの制約のもとで、子どもはあらたな情報を入手し、知識を増やし、次の段階へと自分自身を引き上げていく。そのあらたな段階では、前の段階より知識も増えており、また制約も異なったものとなる。このように、靴の紐を下から締めていって下の方から靴がしっかりとしていくように、知識も少しずつ増え、その増えたことが次の段階の知識の獲得につながるのである。

　この**ブートストラッピングプロセス**においては、ことばの学習と概念の学習は常に相補的な関係にある。子どもは肉づけのない骨格だけの知識をとりかかりにして、ある程度ことばの学習をすると、新しいことばの意味を推論する際

の暫定的なメタ知識を作り上げる。これが語意学習バイアスである。そのメタ知識によってトップダウンの推論をして、語彙が増える。事物に対してラベルがつくと、今度はそのラベルが事物についての概念知識を深める牽引力となる。このようにして知識が増えていくと、その知識がまた、さらにそれ以降の学習を制約し、場合によってはルール自体をも改変させていくのである[9]。

2. 科学的知識の構築

　乳児は科学的な知識の基礎となる概念理解を非常に早い時期から持つということを第2章で紹介したが、それは素朴な観察に基づくものである。日常的な事象の観察から事象の因果関係を説明しようとし、素朴ながらも「理論」といってよいような説明の枠組みを、誰からも教えられずに自然に持つに至るということは、それ自体驚きで、人間の子どもの知性の高さを示すものだ。しかし同時に、子どもの持つ素朴理論は、日常経験に基づいて作られた直観的なもので、科学的方法論に基づいた科学理論ではない（しかし、後に述べるように、成人でも、科学者の持つ科学理論を必ずしも持っているわけではなく、直観的理解に基づく素朴理論のままでとどまっていることが多い）。では子どもはどのように直観的理解を乗り越えて、科学的知識を構築していくのだろうか？

2.1. 科学的思考の素地

　そもそも子どもはどの程度科学的に考える素地をもっているのだろうか？
　これまでみてきたように、子どもは赤ちゃんの時から高い推論能力を持っている。たとえばことばに関するメタ知識を作り上げるのには、耳から聴こえる言語の音のインプットの中に潜む統計的な分布を計算する能力や、事象同士が互いにどのような関係にあるのかを理解する能力が必須だ。事例から一般法則を導き出す推論能力（これを帰納推論という）も持っている。また、一般法則から個別の事例にその法則があてはまるかどうかを推論する能力（演繹推論能力）もある。時間的近接性、空間的近接性、原因と結果との一貫した関係と因果メカニズムを理解する能力もある。このように、子どもはいたって知的で、抽象的な思考もできるが、もちろん大人と同じような思考ができるわけではない。

子どもは文脈に敏感で，現実的に意味がないことに対する論理的推論は非常に苦手だ。たとえば「仮にすべての雪は黒いとしよう。トムは雪を見た。それは黒いか」と聞かれても，意味をなさない仮定に基づいて「黒い」と結論を導くことはできない。（ただ，このように論理だけで文脈と状況の知識に頼らずに推論するのが苦手で，ヒューリスティクスに頼った推論をしてしまうのは大人も同じなので，程度の差といった方がよいだろう。）

　また子どもは小さい時からシンボル操作をする能力があり，モデルを使って考えることもある程度できる。たとえば，2歳児をソファ，机，椅子などがある部屋に連れて行き，ソファのクッションの下におもちゃを隠す。その後，その部屋と同じ構成のモデルルーム（縮小した部屋）に連れて行って，小さな部屋はさっきの大きな部屋と「同じ」だからおもちゃも「同じ」場所にあるからおもちゃを探して，と頼む。子どもはその時，もともとの部屋とそのモデルルームの家具が同じ色，同じ模様で，見た目がまったく同じ縮小版だとおもちゃを探せる。しかし，部屋のつくりや家具の構成，配置がまったく同じでも，家具の模様や色がないモデル（建築家が紙でつくる建物のモデルのようなもの）だと，とたんにわからなくなってしまう。つまり，見た目が非常に類似していれば構造の同一性に気づき，実物とモデルの対応づけができるが，見た目が変わってしまうと構造の同一性を見抜けなくなってしまうのだ。

　これらを総合すると，小さい子どもは科学的な思考に必要な推論能力，論理操作能力はかなり早いうちから豊かに持っているといえる。その意味ではピアジェは小さい子どもの能力をかなり過小評価していたのである。しかし，子どもが見た目の類似性に左右されたり，推論を支える文脈が必要だったりする，という点ではピアジェは正しいともいえる。そのため小さい子どもにとって数学のような，純粋に抽象的なシンボル操作は難しいといえよう。

　先ほども述べたが，まったく文脈がないシンボルのみを使った論理操作は大人でも苦手な人が大半である。大人でも，論理的には同じ構造をもった問題に対して，問題に関係する領域の知識が豊富にあるかどうかで，問題を無事解決できる割合は大きく異なる。子どもも同じである。子どものシンボル操作，論理操作は彼らがその時にもっている知識に大きく依存している。知識が豊かにあり，それがすぐ使えるような状況だと驚くほどの抽象的な論理操作ができる

場合もあるのである。

3. 知識がマイナスに働く時：概念変化

　今まで述べてきたように，何かを学習する時には，人は必ずすでに持っている知識を利用する。知識を持っていることは，学習のためには必須であり，いつでも役に立つので，知識は持っていれば持っているほどよいと考える読者もいるかもしれない。しかし，知識は新しいことの学習を導き，可能にするというポジティブな働きのみを持っているのではない。逆に，既有の知識があらたな学習にマイナスにも働く場合がある。というのは，人が持っている知識が正しいとは限らないからである。

　第1章で述べたように，認知心理学の分野では，ある領域に関して人が持っているひとまとまりの知識を「**スキーマ**」と呼んでいる。スキーマはたくさんの断片的な知識要素が因果関係（この知識がこちらの知識の原因になっている）・包含関係（これはこちらの一部である）・順序関係（この後でこれが起こる）などの関係で結びついたものである。一度このようなスキーマを人が構築すると，そのスキーマを適用することによって人は外界の情報を効率よく処理することが可能になる。

　スキーマはきわめて堅固なものであり，私たちの知識をうまくまとめてくれているものであるが，それゆえに問題を起こすこともある。今まで経験したことのない，まったく新しいことを，既存のスキーマの範囲内のみで理解していたとしたら，新しい概念を学ぶことはできないはずだ。新しい概念の「新しい」ゆえんは，それが既存の古いスキーマの範囲を越えているからこそである。

　あらたな概念の学習では，今まで信じていた素朴理論（スキーマ）を捨てて，これまで誰も知らなかった新しいスキーマを獲得することがしばしば必要になる。以下では，科学的発見の際にも重要なものとなる，知識の獲得のメカニズムを説明しよう。

3.1. 知識の獲得の二つの形態

　知識の獲得には二つの形態がある。知識の**豊富化**と**再構造化**である[10]。豊

富化というのは，すでにある知識の構造はそのままで，知識に肉づけが行われることによって，知識をより豊富にまた洗練されたものにすることである。再構造化というのは，今までの素朴理論の枠組みを捨てて，別の枠組みの素朴理論を採用することである。つまり再構造化というのは自分が持っていた今までの知識を根幹から見直し，構造を作り替えることにあたる。この知識の再構造化は**概念変化**ともいわれる。

　私たちが一般的に「知識を獲得する」という時には，知識の豊富化のことを指している。すでに持っている知識が新しいことの学習を助け，そして学習の結果，知識はさらに豊富で洗練されたものになる。それに対して，概念の再構造化は簡単ではない。というのは再構造化するためには今まで頼りにして信じていた原理を捨て去る必要があるからである。ここで原理といっているのは「何々の法則」のような科学的に立証された原理ばかりではなく，素朴理論なども含まれる。次節ではどのような素朴理論に概念変化が必要なのかを述べよう。

✚ 3.2. 子どもの持つ誤った素朴理論

3.2.1. 数についての誤概念

　人が持つ素朴理論は科学的原理と矛盾する場合が少なからずある。第 2 章で生後 5 ヵ月の赤ちゃんが 1 + 1 = 2 や 2 − 1 = 1 などのたし算，ひき算をすることができることを述べた。しかし，これは乳児が大人と同じように数を理解していることを示しているわけではない。乳児が持っている数の概念は，個別性のある物体の一つひとつの存在を記憶の中で表象し，その物体が今どこにあるはずであるかという一覧表の形になったもの（「物体ファイルのリスト」）ではないかと考えられている[11]。つまり，小さい子どもにとって数は，1 個，2 個，というように数え上げられる自然数に他ならない。これは大人が持つ数の概念，すなわち，数は無限に続く連続体であり，1 と 2 の間は無限に分割され得る，というものとは大きく異なる。子どもが数について素朴に持つ「数とは数え上げられる自然数のこと」という理解は，むしろ，正しい数の概念を理解しようとした時に障害となる。小学校の算数でわり算でつまずく子どもが多くいる。わり算の概念を理解するためには「数＝自然数」という素朴な信念を一度捨て

去る必要があるが，それはなかなか難しい。そのことがわり算におけるつまずきの原因のひとつなのではないかと考えられている。

3.2.2. 物性についての誤概念

　子どもはまた，物性の概念領域でも概念変化を経る必要がある。子どもは当初「重さ」と「密度」の概念を混同している。重さはモノの大きさによって変わるものであり，大きくなれば重さは増え，小さくなれば重さは減る。一方，密度はモノの内的な性質で，大きさにかかわらず一定であるということを理解していないのである。また，子どもは「目に見えるものだけ，あるいは手で重さを感じられるものだけが重さを持つ」と考え，物質が均質で連続性を持ったものであるという認識を持っていない。したがって，砂糖が水にとけてしまうと重さは消えてしまうと考えたり，ある物をどんどん小さく分割してできた小さいかけらには重さがないと考えがちなのである(12)。

　図5-2は発泡スチロールの塊を大きいかけら，中くらいのかけら，小さいかけら，どんどん限りなく小さくしていった時のそれぞれの場合に，重さがなくなってしまうかどうかという質問にイエスと答えた子どもの割合を示すものである。4歳，6歳，10歳，12歳の5つの年齢グループの子どもと大人（大学生）が調べられた。4歳と6歳の子どものほぼ全員が，かけらをどんどん限りなく小さくしていったら重さも体積もなくなってしまうと考えていた。10歳の子どもでさえ約80％の子どもが重さがなくなってしまうと答え，12歳でもほぼ半数の子どもが同様の回答をした。

　モノの浮き沈みについても同様である。小学校中学年，子どもによっては高学年になっても，水に浮くものは体積が大きいもので，小さいものは浮かない，と考える。同じ種類のモノ（たとえばニンジン）でもスライスしたものならば浮くけれ

図5-2　いろいろな大きさの発砲スチロールのかけらに対して「重さがない」と答えた子どもの割合（Carey, 1992より改変）

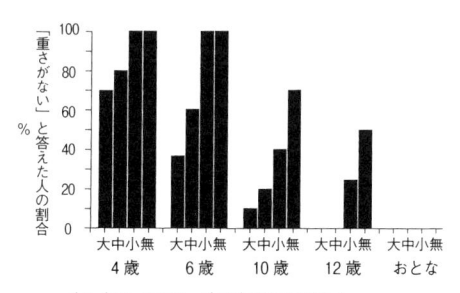

大：大きいかけら　中：中くらいのかけら
小：小さいかけら　無：無限に小さくしたときのかけら

3. 知識がマイナスに働く時

ど，1本丸ごとなら沈む，というように考える。

子どもは一般的に液体の濃度の問題が苦手である。それにもこの物性についての誤解が関係している。子どもはそもそも溶けてしまった砂糖が溶ける以前の重さを保っていると思っていない。それなのに，溶けて目に見えない砂糖の重さを考慮しなければならない濃度の問題は，子どもにとって数の演算をする以前に「意味があるとは思えない」問題なのである。

3.2.3. 地球と宇宙についての誤概念

子どもは地球と宇宙の関係についても誤った素朴理論を持っている。日常生活で観察する地球は地面が平らで，太陽は朝昇り，夕方沈む。また，支えのない物体は空中にとどまっていられず，地面に落ちてしまうことも観察している。そのため，子どもは地球と宇宙との関係を「天動説」で考えている。つまり地球が球形で宇宙空間の中に浮かんでおり，太陽のまわりを自転しているという近代の「正しい」理論は，この子どもの素朴理論と矛盾するのである[13]。

✚ 3.3. 大人も誤った素朴理論を持つ

誤った素朴理論を持っているのは子どもだけではない。物体の運動について多くの人は大人でも誤った素朴理論を持っている[14]。第1章で述べたように，物体は空間上に連続的な軌跡をとって運動する，時空間上のある特定の一点には一つの物体しか存在しえない，動物は自発的な運動が可能だが，人工物は外からの力が加わらないと運動が始まらない，などの物体の運動に関して本質的な原理は乳児期においてすでに理解できている。しかし多くの人は，運動の重要な原理である慣性の法則について誤った素朴理論を持っている。

ニュートンの第1法則によれば，物体は摩擦や空気抵抗などの外からの力が加わらなければ初速を保って初速の方向へ直線的に運動し続ける。これが慣性である。しかし，大学生でさえこの法則に基づいた物体の運動の軌跡を予測できないことが多い。

クレメント（Clement）たちはアメリカの一流私立大学の工学専攻の大学生に図5-3の問題を解かせた[15]。驚いたことに全体の3/4もの学生（75%）が誤答し，選択肢Cを選んだ。つまり，理科系の大学生でも，物体の運動中は力が加わり続けているという子どもの頃から持っている素朴理論によって，コインが上

昇している間は上方向に重力よりも大きい内的力が加わり続け，その力が減衰して重力より小さくなった時コインは落下を始めると考えたわけである。ちなみに著者（今井）の担当する授業で毎年この問題を慶應大学藤沢キャンパスの学生にやってもらっている。おもしろいことにその結果は毎年ほぼクレメントたちの報告したアメリカの大学生の結果と同じで，おおよそ75％の学生が誤答する。つまり，物体の運動の法則に関する誤認識はアメリカだけでなく，日本でも，またクレメントたちの実験からほぼ30年以上たった今でも変わることなく存在しているのである。

　アメリカの別の研究者はこのコイン問題における誤認識の背後にある素朴理論をより詳細に検討するため，この問題と同じような問題をいくつか大学生に解かせ，その過程のプロトコル（自分の思考過程を逐一明示的に言語化すること）をとり詳細に分析した[16]。図5-4の振り子の問題はAの場所で振り子の糸が切れたら振り子につけられたおもりはどのような運動をするかを問うものだが，多くの大学生はAを誤って選んだ。Aを選んだ大学生の一人のプロトコルから次のように考えていたことがわかる。「振り子の運動によって力が獲得され，それがしばらくの間続いて弧の軌跡をとる。しかし，しばらくすると弧の運動を続ける力は減衰し，下方にかかる重力を獲得する。それでおもりは（2つの力が混ざるので）曲線を描いて下方向へ運動する」。このようなプロトコルにより，大学生の多くが慣性の法則を理解しておらず，運動は，物体が物体中に獲得する「力」によって持続するが，その力が時間とともに減衰すると運動は停止するか，重力によって落下すると考えていることがわかったのである。

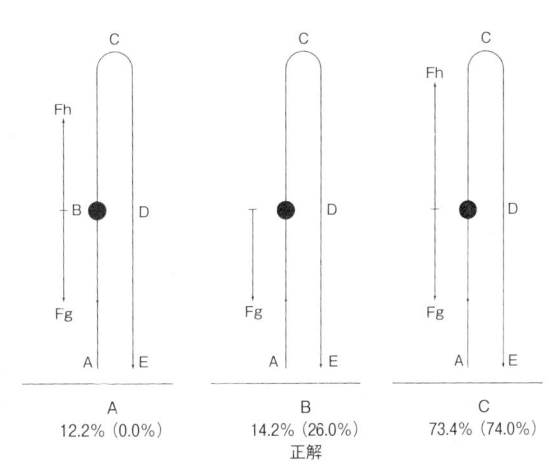

図5-3　コイン投げ問題の選択肢と正答率（左側の数字はアメリカの大学生の正答率，カッコ内は慶応大学SFCの学生の正答率）．（Clement, 1982 より）

A
12.2% (0.0%)

B
14.2% (26.0%)

C
73.4% (74.0%)
正解

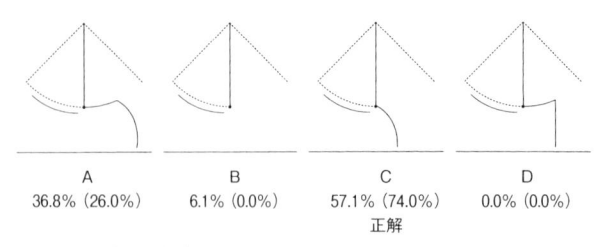

```
     A              B              C              D
36.8% (26.0%)  6.1% (0.0%)   57.1% (74.0%)   0.0% (0.0%)
                              正解
```

図 5-4　振り子問題の選択肢と正答率（左側の数字はアメリカの大学生の正答率，カッコ内は慶応大学 SFC の学生の正答率）．（McCloskey, 1983 より）

✚ 3.4. 概念変化は簡単に起こらない

　理科系大学生でもその多くが前項のコイン投げの問題で誤答したことからもわかるように，素朴理論はたいへん根強く，影響力が強い。裏返していえば，素朴理論が科学的に「正しくない」場合，その克服は容易ではない。親や学校の先生などから正しいモデルを教えられても，小さい時から自発的に培ってきた素朴理論は簡単には捨てることはできないということが，様々な研究で報告されている。先ほどのコイン投げの質問をした研究者たちは1学期間物理のコースをとった後で同じ問題を与えたが，それでも正答率は50％に満たなかった。

　子どもは地球と宇宙の概念について誤った素朴理論を持っていると述べた。しかし，子どもは大人から地球は丸い，あるいは地球は太陽の回りを回っていると聞かされる。子どもは自分の持つモデルと大人の言うことの間の矛盾にどう対処しているのだろうか。

　実は子どもは自分の持つ誤ったモデルを誤りとして捨て去るのではなく，モデルを保持したままで大人の言うことにつじつま合わせをする場合がある。小学校低学年の子どもに「地球はどんな形をしている？」と聞く。すると子どもは「丸い」と答える。今や地球が丸いことは子どもの知識の中にある。しかし，さらに詳しく聞いていくと，「丸いけど，人間はそのてっぺんのちょっと平らなところにだけ住んでいる」と言う子もいる。さらに「丸いけど，中が空洞になっていてその空洞に住んでいる」と言う子どももいる。また，「丸い」といっても球ではなくてパンケーキのように平たいと考えている子どももかなりいる。

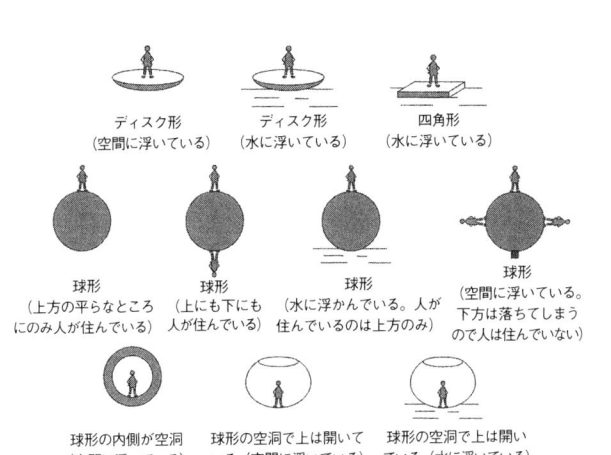

図5-5 子どもが描いた地球のモデル（Samarapungavan et al., 1996 より）

上段左から：
- ディスク形（空間に浮いている）
- ディスク形（水に浮いている）
- 四角形（水に浮いている）

中段左から：
- 球形（上方の平らなところにのみ人が住んでいる）
- 球形（上にも下にも人が住んでいる）
- 球形（水に浮かんでいる。人が住んでいるのは上方のみ）
- 球形（空間に浮いている。下方は落ちてしまうので人は住んでいない）

下段左から：
- 球形の内側が空洞（空間に浮いている）
- 球形の空洞で上は開いている（空間に浮いている）
- 球形の空洞で上は開いている（水に浮いている）

■**事例1　ジャーミー**（小学3年生）
実験者：地球はどんな形をしている？
J：丸い
実：地球の絵を描いてくれる？
J：（円を描く）
実：ずっとまっすぐまっすぐ歩き続けたらどこにたどり着く？
J：別の星
実：地球の端にたどり着かない？
J：うん，ずっと歩きつづければね
実：端から落っこちてしまうと思う？
J：たぶんね

■**事例2　テリーナ**（小学5年生）
実験者：地球はどんな形をしてるの？
T：地球は丸いけど，私たちには平らに見えるの
実：なぜ？
T：ぐるっと見渡すとまるいから
実：地球の形は本当はどうなっているの？
T：丸いの，厚いパンケーキのように

3．知識がマイナスに働く時

■**事例3　マシュー**（小学1年生）
実験者：ずっとまっすぐまっすぐ歩き続けたらどこにたどり着くと思う？
M：地球の端に行き着くと思う。
実：君は地球の端に行けると思う？
M：行けないんじゃないかな？
実：うんといっぱい食べ物をもってずっとずっと歩き続けたら？
M：たぶん行けるかも
実：そしたら地球の端から落ちてしまうと思う？
M：ううん，落ちない。地球の外側にいたら落ちるかもしれないけど，僕達は内側にいるんだから落ちることはない。

　また，地球が宇宙空間で支えなしで太陽のまわりを回転しているということも子どもの素朴理論とは大きく矛盾するので，地球は，ほんとうは水に浮かんでいると考えている子どももいる。また，子どもの60％は「地球が回転している」と言うのだが，その子どもの宇宙のモデルは地球が中心になったものである。定位置に静止している月と太陽の間に地球があって，定位置で回転しており，それによって，夜と昼ができると考えている子どもが少なからずいるのである。
　概念変化はしばしば科学史における革命的な発見になぞらえられる。「革命的な」というのは，その時代に受け入れられていた理論を根本からくつがえす新しいものであり，その理論以降の理論と以前のものはまったく相いれない説明枠組みを持つという意味で使われる。
　3.3項で紹介した大学生が運動について持つ素朴理論，つまり，物体は運動中に内的な力を獲得し，その力が続く限り運動は持続するがそれが消滅すると運動を停止するという信念はおどろくほど中世の理論家が考えた力学の理論と類似している。
　ガリレオも彼自身の中で概念変化を遂げる以前には，この考えを持っていた[17]。ガリレオは次のように書いている。「その物体はその重さよりも強い力が働いている限りは上方へ運動する。しかし，力はどんどん弱くなっていき，最後には物体の重さを克服できないほど衰退する。すると物体は落下をはじめる」。その時点ではまだ，上方向に物体を運動させる力がいくぶんか残ってい

るが，力はどんどん弱まっていき，物体の落下の速度はどんどん速くなっていく。

　このことからも人が教えられることなく日常生活の経験や観察から素朴に形成した素朴理論は文化，時間の隔たりを超えて，人が共通に持つものであることがわかる。科学的発見によってこの素朴理論が完全に否定されて何世紀も経った現在でも，人は（子どもだけでなくしばしば大学教育を受けている大人でも）素朴理論を棄却し，概念変化を遂げることは容易ではないのである。

✚ 3.5. どうしたら概念変化や科学的発見が起こるのか

　では，科学者が重大な科学的発見に至る時には，どのようなプロセスを経るのだろうか。ある認知科学者は以下の五つのステップがあると言う[18]。
(1) 現在の理論では説明できない，あるいは矛盾する現象（アノマリー）が存在する。
(2) アノマリーの数がどんどん多くなり，現在の理論が危機的状況に至る。
(3) 新しい仮説が形成される。
(4) 新しい仮説を検証するための実験がデザインされ，実験の結果に基づいて新しい理論が形成される。
(5) 新しい理論が受け入れられ，古い理論が捨てられる。

　これは重大な科学的発見ばかりでなく，個人が経験する概念変化も同様のプロセスを経る。ただ，個人の中での概念変化では自分が納得すればそれでよいのに対し，科学的発見の場合には，自分だけではなく，科学者のコミュニティ，ひいては一般人を含めた同時代のコミュニティ全般を納得させなければならない点が異なるだけである。

　この五つのステップの中でもっとも重要でもっとも困難なのは（1）と（2）である。つまり，人はすでに持っている素朴理論のために，これと矛盾するアノマリーになかなか気づかない。あるいは，そもそも気づこうとしないのである。ガリレオもまた，彼の時代に信じられていた落下運動を説明する当時の通説のアノマリーを発見することによって概念変化を遂げ，科学的発見に至った。

　当時，より重い物体は軽いものよりも速く落下すると考えられていた。この考えは，「重さ」「軽さ」の単純に質的な分析によるものであった。重い物体（た

とえば鉄の玉）と軽い物体（羽根）が同時に落とされたら，鉄の方が羽根よりも速く落下すると考えられる。これは，今でも多くの人が信じていることなのではないだろうか。しかしこのふたつの物体を非常に細い，ほとんど重さのない糸で縛っていっしょに落下させたらどうなるかをガリレオは問うた。今までの説明だと矛盾が生じることにガリレオは気がついた。つまり，一方では二つを合わせたものは，一つだけよりも重さが重くなったのだから落下速度は速くなるはずである。しかし，他方で，当時の理論ではゆっくりと落下する羽根の力で落下速度はよりゆっくりになるはずである。この矛盾は従来の説明における「より重い」「より軽い」という概念に何か問題があることを示唆するものである。この時点でガリレオは重さと速度の関係により落下運動を説明していた従来の理論の矛盾に気づき，自由落下を分析するためには重さと速度は独立と考えなければいけないという結論に達した。そして，最終的には観察される落下速度の違いは物体の重さではなく，運動の媒体の影響（たとえば，空気の抵抗）によるのだという認識に至ったのである[19]。

　同様に，子どもに概念変化を起こさせるためには，その子どもが現在持っている理論（モデル）が絶対にうまくいかないケースを子どもがわかるように示し，子どもが自発的に現状のモデルを破棄して別のモデルを考慮するような教授法が必要になる。今まで述べてきたように，自分の持つモデルにアノマリーが起こっていることに自発的に気づくことなしに，外部から「正しい」理論を提示されても，子どもはその正しい理論を無視するか，その場しのぎに自分の素朴理論のつじつま合わせをしてすませてしまいがちだからである。

4. 学習における概念変化の役割

　第3節で述べたように，学習は常に学習者がそれまでに持っている知識に導かれ，制約されて行われる。多くの場合，学習しようとする領域について豊富な知識を持っていることは新しいことの学習を楽にする。しかし，知識は諸刃の剣でもある。

　子どもは様々なことを学習するのに非常に優れた，驚くべき学習能力を持っている。第3章で母語の学習のところで述べたように，子どもは生まれながら

に備わった認知能力を足がかりに環境中にある規則性を抽出するところから学習を始める。そして学習の結果少しでも知識が得られたら，ただちにそれをそれから先の学習に使っていくことにより，学習を加速させ，さらに知識を増やしていく。知識が増えると同時に情報処理も効率化され，より複雑な情報処理が可能になるのである。他方，子どもも大人も人は，すでに持っている知識の枠組みの中で新しい情報を選択的に取り入れる。あることに対して「こういうものだ」と思い込んでしまうと，入って来る情報をそのフィルターを通して見てしまうので，自分の概念の誤りに気づきにくくなってしまうのである。

　概念変化は簡単には起こらない。特に，他人から「これが正しい理論だ」と教えられただけでは人は（子どもも大人も）幼い時から自発的に作り上げてきた素朴理論を棄却することは容易にできず，多くの場合には教えられた正しい理論を無視する，その場では丸暗記して学習した気になるが，すぐに忘れてしまう，あるいは教えられたことを自分の素朴理論につじつまを合わせた形で曲解してしまう，などということが起こりやすい。概念変化が起こるためには，学習者が，現在自分が持っている素朴理論と矛盾する現象を自ら観察し，素朴理論のアノマリーを心から納得する必要があるのである。

　分数の概念，地球と宇宙に関するコスモロジーの概念，物理における慣性の法則の理解など，学習者がつまずきやすい領域の多くは，学習者が素朴に持っている素朴理論が，正しい科学理論と根本的に異なる説明枠組みから成り立っているからであると考えられる。教育者は，学習者のつまずきが誤った素朴理論に起因している限り，単に正しい理論を教えるだけでは学習者をつまずきから解放できないことを認識する必要がある。つまずきは，学習者の中で概念変化が起こらない限り解消されない。概念変化を促進するための教育的工夫として何より重要なのは，まず，学習者がどのような素朴理論を持っているのかを見極め，学習者が自分の素朴理論のアノマリーに自ら気づくような状況を設定することなのである。

　ここでもうひとつ大事なのは，正しい科学概念を理解するために前提としては必要知識を子どもがきちんと持っていることである。密度の概念は子どもにとって（小学校高学年あるいは中学生にさえ）難しい，と述べた。密度の概念を理解するのには，そもそもモノの質量と体積についてきちんと理解していること

が必要であるし，そのためには測定の意味と意義，きちんとした測定の仕方を理解しなければならない。このことを通して子どもはモノを科学的に理解するには単に「重い」「軽い」という日常的な感覚ではなく，厳密に数量的に捉えることが必要だ，ということを学ぶだろう。この気づきがなければ，密度のような感覚では捉えられない概念を理解することができないのである。ロシアの心理学者ヴィゴツキーは子どもが今持っている知識を足がかりに次の知識段階に自分で移行することの重要性を指摘した。そのためには，子どもの現在の知識段階を見極め，そこからどの程度離れたところを目標にするか，つまり適切な目標設定が非常に大事なのである。現在の知識段階から離れすぎているターゲットを設定してしまっては，子どもは自分の力で次の段階に上っていくどころか，まったくわけがわからなくなって，混乱するばかりである。

　もうひとつ，概念変化を克服するためには自分の知識状態を客観的に見つめ，知識というものの性格を理解することが大事だ。この知識についての認識は，前にも述べた「メタ知識」の一種であるが，非常に大事なことなので，第8章で改めて取り上げ，メタ知識を育み，概念変化を促進する環境をどのように作っていけるかについてもそこで改めて考察したい。

　概念変化が必要なのは実は科学概念に限ったことではない。外国語学習にも概念変化が必要だ。その意味で，外国語の学習と母語の学習は性質が大きく異なる。科学概念の学習において，知識の豊富化と再構造化という，知識の変化の二つの側面のどちらもが重要なように，母語の学習で培った母語についてのメタ知識は，外国語の学習の基盤となるとともにそれを阻害する足かせともなる。次章，第6章では，外国語の学習を取り上げる。

5. まとめ

　この章では人が概念，特に科学概念をどのように学習しているかについて述べた。本章では数，モノの性質や運動法則，地球と宇宙の仕組みについて，子どもがどのような素朴な理解を持っているか，概念変化を受け入れる過程がどのようなものなのかについて考察した。

　認知科学の観点からは，あらたな学習は知識の変化と考えることができるが，

すでに持っている知識は学習を加速させ，より豊かにする反面，既存の知識が学習者の見方を固定させ，新しい見方で事象を捉えなおすことを困難にする場合がある。知識にはこの二側面があることを理解し，概念変化がどのように起こるのか，どのようにしたら概念変化を促進できるのかを考えることは，人の学習の仕組みを理解する上で欠かせないことなのである。

【注】

(1)　Soja, Carey & Spelke, 1991; Imai & Gentner, 1997.
(2)　Markman, 1989; Imai, Gentner & Uchida, 1994.
(3)　Bowerman, 1982; Vygotsky, 1962.
(4)　今井，1997; Imai, Gentner & Uchida, 1994; Landau, Smith & Jones, 1988; Markman, 1989; Markman & Hutchinson, 1984; Waxman, 1991.
(5)　Rosch, 1978.
(6)　Gelman, 1988; Gelman & Markman, 1986, 1987.
(7)　Gelman & Coley, 1991.
(8)　今井，1997.
(9)　ブートストラッピングプロセスの詳細については今井，1997, 2001 を参照してほしい。
(10)　Carey & Spelke, 1994; Chi, 1992.
(11)　Carey, 1997.（邦訳あり）
(12)　Smith, Carey & Wiser, 1985; Carey, 1989; Carey & Smith, 1993.
(13)　Vosniadou & Brewer; 1992 ; Vosniadou & Brewer, 1994; Samarapungavan, Vosniadou & Brewer, 1996.
(14)　McCloskey, 1983.
(15)　Clement, 1982.
(16)　McCloskey, 1983.
(17)　McCloskey, 1983.
(18)　Chi, 1992.
(19)　Nersessian, 1992.

Chapter 6

外国語の学習
── 外国語はなぜ難しいのか ──

　第3章では，子どもが自ら母語の音声構造やレキシコンの構造についての規則性を抽出し，そのルールをバイアスとして用いて非常に効率的に母語の学習をしているということを述べた。では母語の学習に比べ外国語の学習はどうなのだろう。大きくなってから外国語を学んだ経験のある読者の多くは，母語はほとんど意識的な努力なしでマスターし，自由に使いこなすことができるようになったのに，外国語を「自由に使える」レベルまでマスターすることはとても難しいと感じているのではないだろうか。外国語の学習は母語の学習とどこがどう違うのだろうか？　外国語の学習はどうして困難なのだろうか？　外国語はいつ学習し始めるべきなのだろうか？　どのように学習するべきなのだろうか？　この章ではこれらの問題に対して認知科学によってわかってきた学習のメカニズムの観点から考えていく。

1. 外国語の学習についての理論的枠組み

　外国語学習についての研究，著作は膨大だが，ほとんどが言語学や外国語教授法（外国語を教える実践方法）の観点から書かれたもので，認知心理学の観点から書かれたものはあまりない。本章では，従来の外国語学習論とはかなり異なる視点をとり，これまで本書で考察してきた，認知科学から考えた「学習のプロセスとメカニズム」の理論的枠組みの中で外国語学習を考えていく。

　これまで何度も述べてきたように本書では「学習」を「知識の変化」と考える。第5章で述べたように，「知識の変化」は大きく分けて2種類ある。「知識の豊富化」と「知識の構造変化」（概念変化）である。本章では，外国語の学習に伴う知識の変化をこの枠組みで考えてみる。もうひとつ本章の考え方が従来の外国語学習書と異なるのは，母語の学習のメカニズムと外国語学習のメカニズムがどのように違うのかを情報処理と知識表象というレベルで考える点であ

る。

　第3章で母語の学習について考察したが、ここでもっとも大事なのは、母語の学習では、子どもは言語のあらゆる側面で、保護者をはじめとする大人や年長の兄弟などから直接教えてもらうことはほとんどなく、自らの推論による学習である、という点である。子どもは自分の母語がどのような音韻の特徴を持っているか、それぞれの単語がどのような意味なのか、単語はどのような規則でつなげられ、文を作っていくのか（つまり文法）などを、誰かに直接教えられるわけではない。自分で推論し、学習し、身につけていくのだ。

　それに対し、母語が確立し、認知発達が進んだ状態での成人の外国語の学習は、いくつかの点で根本的に母語の学習の仕方とは違う。まず、外国語を学習する時、乳児と成人では、脳の成熟の度合いがまったく異なる。知識の質も量も異なる。たとえば、成人はすでに言語とはどういうものか、ということについての知識がある。たとえば、言語には単語という意味の単位があり、単語が文法という規則によって文にまとめ上げられていく、ということも知っている。乳児はその知識をも自分の力で獲得していかなければならないのだ。

　乳児の状況を成人学習者に置き換えてみれば、通訳もいない、辞書もテキストもないような環境で、現地の会話だけを頼りに、まったく自力で外国語を学習することを迫られているのに等しい。それに比べて、外国語学習者は通常、辞書、テキストがあり、教えてくれる教師がいる。乳児は連続して耳に入ってくる言語音の流れから「単語」を自分で見つけ出さなければならないが、成人学習者のテキストでは、単語はすでに切り出して与えられており、単語の意味も辞書に書いてある。このことからすると、成人は、すべてを自力で見つけ出さなければならない乳児よりもずっと有利に学習を進めていけるような気がする。しかし他方、子どもの方が大人よりも言語学習が得意、ということもよく聞く。現実的に、家族で海外に移り住んだ場合、子どもの方がすぐになまりのない発音で現地の言語を流暢に話せるようになり、親の方はいつまでもなまりがぬけず、コミュニケーションに苦労する、という話はよく聞くことだ。このギャップをどのように考えたらよいのだろうか？

　子どもの方が言語の学習が得意である、という論の根拠として「臨界期」という語を用いた説明がなされる。「臨界期」の概念は、言語の学習に限らず、

様々な分野での学習を理解するために大事な概念であるので、次節（第2節）ではまず、臨界期の概念について説明し、言語学習の臨界期説の根拠と、それをどのように解釈するべきなのかを議論する。その後、大人の外国語学習がなぜ難しいのかという問題について、脳における言語情報処理の最適化と概念変化、という二つの観点から考察する。

2. 学習の臨界期

2.1. 臨界期という考え方の背景

まず、「臨界期」という概念がどのようにして生まれたのか説明しよう。

動物によくみられることだが、生育初期に与えられたある種の経験が、後の生理的・心理的な発達に大きな効果をもたらすことがある。しかも、その効果は成長期のある時期にのみ有効で、しかもその反応は生涯にわたって変わらず、消去することができない。この効果が有効に成立しうる期間を臨界期という。もっとも有名な例は動物行動学者のコンラート・ローレンツによって論じられた**刻印付け**（Imprinting）で、アヒル、カモなどの離巣性の鳥類が孵化した直後にはじめて出会った対象の後を追いかけるという現象である。このローレンツの報告は心理学者に学習の臨界期についての興味を呼び起こし、その後、主に動物実験を中心とした様々な研究がなされるようになった。たとえばラットに豊かな環境に育つという初期経験を与えると成熟後の学習成績が向上すること、アカゲザルでも同様の初期経験の効果があることなどが報告された[1]。

2.2. 脳の発達との関係

脳細胞は約1千億個くらいと推定されており、大半のニューロンは妊娠3カ月で形成される。細胞間のつながりは、生後間もなく爆発的に増え、成人のレベルを超える。それに伴い、樹状突起やシナプスが早春の植物のようにぐんぐん伸びてシナプスが形成され、脳の体積あたりのシナプスの量が大きく増える。この時期はしばらく続くが、その後、よく使われるつながりは強まり、使われないものは消えていく。これをシナプスの「刈り込み」という。ヒト乳児の視覚野では、生後2、3カ月でシナプスのつながりが急速に増え、10カ月くらい

で最大値になり，その後刈り込みが始まる[2]。このシナプス形成と刈り込みの時期が，動物やヒト乳児の発達現象と呼応するところから臨界期は脳の発達と深い関係にあると考えられている。たとえば6ヵ月以下の乳児は顔を見分ける能力が非常に高く，大人には区別できない異なる猿の個体の顔も見分けられる。生後6ヵ月以降，猿の顔は区別できなくなる。しかし，人の顔への敏感性は失われない[3]。

このことから，自分の種（つまりヒト）の顔の認知に特化した情報処理経路がこの時期に形成されると考えるのはあながちはずれたことではないかもしれない。しかし，脳の成長と，臨界期現象の間にほんとうに直接的な因果関係があるのかどうかはまだわからない。言語の臨界期と脳の成長の関係については，なおさら注意が必要で，視覚での臨界期とおなじことが言語についてもいえる，という保障はどこにもない。

そもそもシナプスの増大や刈り込みの時期は脳の領野によって異なり，文法をはじめとした言語の機能が深く関わるとされる前頭葉では視覚野よりも開始が遅く，長くかかり，ニューロンは青年期を通して発達を続け，18歳まで成人レベルにならない。しかも，言語の臨界期と考えられる現象は，言語の様々な側面によって異なるし，そもそもほんとうにそれが「言語の臨界期」と考えてよいのかどうかにも疑問が残るからだ。

結局人の言語学習においてもこの「臨界期」があると考えるべきなのだろうか？　言語を学習し，習得するためにはある一定の年齢までに「初期経験」がなければならないのだろうか？　外国語を大人になってから学ぶのが難しいのは言語を習得するための「臨界期」を過ぎてしまったためなのだろうか？　この問題を，次項でもう少し詳しく考察しよう。

✚ 2.3. 言語学習の臨界期説

言語習得に臨界期があるという考えは，もともとエリク・レネバークという神経科学者によって提唱された。上で紹介したシナプスの形成と刈り込みの観点からの臨界期説と同様，レネバーグも脳の成熟と臨界期の間に因果関係があると考えた。彼は脳の外傷を原因とする言語機能の喪失や回復のパターンが年齢と関係していることに注目した。幼い子どもの時に脳の一部に大きな外傷を

負って言語機能が一時的に失われても，いずれ言語機能が回復することがある。しかし，思春期を過ぎてから同じ場所に外傷を負った場合，回復をしない。この臨床パターンから，思春期までは脳の半球後機能を右半球でも代替できるが，それ以降はそれが不可能になり，その時期が言語学習の臨界期であると主張した[4]。

　レネバークのこの主張以降，多くの研究者がこの仮説の検証に取り組んだ。特に有名なのは幼年時代に通常の言語環境を受けることのできなかった事例の研究である。ジニーという名の少女は親から虐待を受け，まったく人から隔離された生活を強いられた。彼女は屋根裏部屋に閉じ込められ，外に出ることを許されなかった。母親が食事を運んで行く時も，母親は彼女にいっさい話しかけることはなかった。ジニーはこのように，教育も，言語インプットもいっさい剥奪された環境で育った。彼女は13歳の時に発見され，救出されて，その後専門家によって集中的な言語教育が行われた。しかし，彼女は通常の子どもとは異なって言語を学習することができなかった。ごく限られた数の単語とその並べ方（語順）についてはなんとか覚えることができたが，子どもがなんなく獲得することができる時制や単数と複数の区別などの語尾変化を含む文法の多くの要素はとうとう獲得できなかったのである[5]。

✚ 2.4. レス　イズ　モア（Less is More）仮説
：言語学習の開始は早いほどよい

　レネバークのもともとの言語学習臨界期説では言語学習の臨界期は思春期頃とされていた。しかしより最近の認知発達研究では言語の学習は思春期を境に難しくなるのではなく，早く始めるほどよいという考えが有力視されてきている。ただし，ここでの「よい」ということばの使い方に気をつけてほしい。「よい」ということばは「教育的によい」という意味で使っているのでないことを理解してほしい（外国語の学習を早期に始めることに対する是非は後に議論する）。ここで「よい」という意味は「生まれた時から正常の言語環境にあるいわゆるネイティヴとまったく変わらない言語パフォーマンスが細部までできるようになる」という意味である。

　認知発達の著名な研究者エリッサ・ニューポートたちのグループはアメリカ

手話話者のパフォーマンスと，話者が手話を学習し始めた年齢，環境との関係を調査した[6]。手話話者の研究は「言語はいつ頃学習を始めればよいのか」という疑問にとって格好のケースを提供する。というのは耳が聴こえる子どもの言語獲得の場合では，生まれた時から，母語をネイティヴとする人たちの言語インプットを絶えず浴びるように享受する環境で，母語の学習に臨む。しかし聴力に障害がある手話話者の場合，このような環境が保障されるとは限らない。たとえば両親が健聴者である場合，手話を知らない場合がほとんどである。子どものために手話を習ったとしてもそれはネイティヴ話者とは程遠い。この場合，聴覚障害がある子どもの受ける手話言語インプットは健聴の子どものようにネイティヴ話者によるインプットを浴びるように受けるというわけにはいかないのである。このような場合，手話の学習は手話を教えるための教育機関ではじめて開始される場合が多いし，それが何歳の時であるかも子どもによって大きく異なる。それに対し，親のどちらかが手話話者である場合，手話の言語インプットは子どもが生まれた直後から与えられるだろう。

　ここで手話のことをよく知らない読者のために一応言っておきたいことがある。手話は単なるジェスチャーでもなければ，単に単語をつなげただけの意思表示手段でもない。言語を伝達する媒体が音声でなく，主に手の運動である他は通常の音声言語と何ら変わらない「言語」なのである。これはどういう意味かというと，単語を提示する「語順」は文法によって決められており，文法から外れた逸脱は許されないし，動詞や名詞は形態素を持ち，動詞や名詞を接頭辞や接尾辞によって変化させて，動詞の時制やアスペクト（開始・終結・継続・反復など，動詞が表す動作や状態の時間的な局面・様相のことを指す言語学の専門用語）を表したり，名詞の種類（単複など数に関する区別，性，可算・不可算の区別など）を表したりしているのである。手話を「話す」ということは，単語と形態素の組み合わせを，正確な左右の手の運動を体の中心線を軸にした空間の特定の場所で正確に「きめる」ことによって実現し，その一つひとつを躊躇することなく，流れるように続けていく，ということなのである。

　話をニューポート達の研究にもどそう。彼女達は聴覚に障害があるため音声の英語をほとんど理解しないASL（American Sign Language）話者を対象に研究を行った。彼女達は被験者たちをASLの学習を始めた時期によって次の三つ

のグループに分けた。
- ネイティヴ手話話者：親が聾者でASLの話者であるため家庭で生まれた時から手話のインプットがあり，かつ4歳から6歳までの間に聾学校に入学して学校でも手話でコミュニケートしていた人達
- 早期学習者：家では手話のインプットがないが4歳から6歳の間に聾学校に入学し，学校では手話で友人や先生とコミュニケートしていた人達
- 遅延学習者：12歳以降はじめて手話で友人達とコミュニケートするようになった人達

　ニューポート達はこれらの被験者達にASLの統語規則と形態素（たとえば語順，動詞における数や時制による語尾変化，名詞と動詞を区別する派生形態素など）について，理解（わかるか）と産出（話せるか）を測度としてテストを行った。産出の方はイベントのビデオを見せ，イベントをASLで言語表現するというものであった。理解課題は産出課題と対応するイベントをASLで表現したビデオを2種類提示し，どちらのビデオが対応する意味を表すのに正しいか，また文法的に正しいかを選ばせる，というものであった。

　結果は，ASLの全体的な習熟の度合いは三つのグループ間で大きく異なり，学習を始める時期が早いほど習熟度が高いことを示すものであった。ただし，これは主に語尾変化や派生形態素など，形態素を含む項目にみられ，基本的な語順に関してはどのグループでも成績がよく，グループ間の差はみられなかった。さらにニューポート達は別の研究でASL習熟度の差は純粋にASLを学習した年齢によるものであり，ASLを用いている経験の長さによるものではないことも示した。少なくとも30年間ASLを日常生活で用いている被験者21人に同様のテストを行い，ASL習熟度と経験年数との関係を調べたが，ASL経験年数は習熟度と無関係であることがわかったのである。ニューポート達はこの結果から，ネイティヴと同様の習熟度に達するには，レネバークの主張する臨界期よりもずっと早い時期にネイティヴのインプットがある環境で言語の学習を始めなければならないこと，言語学習を始める時期は早ければ早いほど習熟度はネイティヴに近くなることを結論づけている。

✚ 2.5. 外国語の文法習得の臨界期？

　外国語学習の場合も手話と同じだろうか。ニューポート達はレス・イズ・モア仮説をさらに検証するため，外国語学習の習熟度とターゲットの外国語を母語とする環境でその外国語の学習を開始した年齢の関係を調べた[7]。これまでに，外国語の学習を始めた当初の学習の進み具合や学習の効果を大人と子どもで比較した研究があったが，それによると，一般的に同じ期間（たとえば1年間）外国語を同じプログラムで学習した場合，大人や年長の子どもの方が幼児よりも学習の効果は大きいという結論が得られていた[8]。これは，第1節で述べたこと，つまり，赤ちゃんと違って大人の外国語学習者の方が，言語についての一般的な知識もあるし，母語での文法，単語についての知識，概念知識も豊富だから，学習を有利に進められるはず，という直観と一致するものだ。

　しかしこれらの先行研究は限られた期間に，ある特定の言語の側面の学習のペースや効率を測ったものであり，しかも大人と子どもに同じテストを課している。短期間の集中的な学習で大人の方が優れていたという結果が出たとしても，大人が子どもより言語学習能力が優れていたわけではなく，大人が一般的な学習方略とテストの問題を理解する能力やテストに臨む方略に長けていたためであるという可能性がある。そこでニューポート達は，長年外国語を母語とする環境で暮らし，外国語を日常的に用いている大人におけるその外国語の習熟度と，その言語をネイティヴとする環境に移住して本格的にその言語を学習し始めた年齢の関係を調べるべきだと考えたのである。

　彼女達は中国語か韓国語を母語とする，イリノイ大学の学生と教員46人を被験者にした。被験者達はアメリカに移住してから10年以上経ち，英語で日常生活を行うばかりか，英語で研究をし，講義をし，論文を書いている，教育水準の高い，そして知的能力も申し分のない人達ばかりである。この被験者達がアメリカに移住した年齢はまちまちで，3歳で移ってきた人もいれば39歳で移住した人もいた。またその他に23人の英語ネイティヴの人も統制群として実験に参加した。

　英語の習熟度の指標とされたのは英語の統語，形態素に関する12種類のルールに関する正誤判断のテストであった。被験者はこれらのルールのいずれかを含む276の短い英語の文を録音したものを聴かされ，それぞれについて文法

的に正しいか誤っているかを判断することが求められた。刺激文の半分は正しく，残りの半分は文法的な誤りを含むものであった。形態素に関するルールは
・動詞の時制
・名詞の複数
・動詞における数の一致（3人称単数現在やbe動詞のis/are, was/wereの区別）

などを含み，統語ルールの方は
・基本的な語順
・Wh-疑問文生成に関する規則（たとえば"When will Sam fix the car?"は正しく"When Sam will fix the car?"は誤り）
・Yes-No疑問文を作るための語順
・冠詞"a"，"the"の区別
・代名詞
・前置詞の移動規則（たとえば"The man climbed up the ladder carefully"から"The man climbed the ladder up carefully"のような前置詞の移動は許されないが，"Kevin called up Nancy for a date" "Kevin called Nancy up for a date"のように特定の動詞に関しては前置詞を目的語の後に移動させることができるなどの規則）
・特定の動詞の項構造に関するルール（たとえば"allow"は"The man allows his son to watch T.V."のようにto不定詞をとるが"let"の場合には"The man let his son watch T.V."のように"to 不定詞"をとらない）

などを含んでいた。

　全般的な結果はASL獲得の場合と同様，英語がネイティヴの環境で（つまり英語圏に移住して）英語を学習し始めた年齢が英語の最終的な習熟度に大きく関係するというものであった。図6-1を見てほしい。縦軸は満点が276点中のスコアを示す。ネイティヴグループと3歳から7歳までに英語圏に移住した人達はほとんど満点に近いスコアである。しかしそれ以降の年齢で移住した人達は，移住年齢が高くなればなるほどスコアが下がっていることがわかるだろう。若いうちに移住した人達はそれだけ米国での居住年数が高く，言語学習と使用の経験が長いからではないか，という疑問を抱く人もあるかと思うが，習熟のレベルは被験者の米国滞在年数とは関係ないことが統計的に示されている。おもしろいことに移住時期が15歳くらいまでは，習熟度はほとんど移住年齢によ

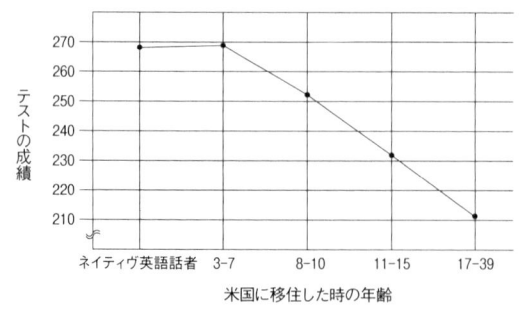

図6-1 英語を外国語とする被験者の英語文法の正誤判断のテストの成績とアメリカに移住して英語を学習し始めた年齢の関係 (Johnson & Newport, 1989 より改変)

って決まり、いわゆる個人差によるばらつきは非常に少ない。しかし、移住年齢がそれより高いグループでは移住年齢と習熟度の関係はなくなり、習熟度のばらつきはすべて個人差によるものとなることがわかった。

これらの結果は、母語の学習のみでなく、外国語の学習においてもレス・イズ・モア仮説が正しいということを示すものである。つまり言語学習は幼いうちに始めないと生まれた時からその言語をネイティヴ環境で学習する人たちとまったく同じレベルの習熟度には至らないということである。それは、言語学習一般にあてはまることで、それが第1言語でも第2、第3言語でも変わらない。ただ、この結果から7歳が言語学習の臨界期で、それ以降はあらたな言語の獲得ができない、ということではないことに注意してほしい。このデータは7歳くらいから徐々に最終的な習熟度がネイティヴの人のそれに比べて下がっていく、ということを示したもので、その年齢から先は獲得が不可能である、ということでは決してない。この点は非常に重要であり、少し先でより詳しく議論する。また7歳という年齢もそれほど意味があるものではない。ニューポート達が自ら指摘していることだが、7歳という数字はあくまで彼女たちの用いた課題ではそうなったという意味である。課題がネイティヴグループ、3-7歳移住グループではほとんど満点だったことから、この二つのグループの間に差が出なかったことはいわゆる「天井効果」(テストがやさしすぎて高得点の人の間の区別がつかないこと)によるもので、別の課題なら移住年齢による最終的な習熟度の減衰は7歳よりももっと早期に現れることは十分考えられる。次項で取り上げるように、音声の認識能力では1歳以前の赤ちゃんのうちからすでに母語と第2言語の場合で差があるという研究結果があるので、統語や形態素など、その他の言語の側面でも7歳以前からネイティヴとノン・ネイティヴの差が出てくることはおおいに可能性がある。

ニューポート達の結果でさらに重要な点があることをつけ加えておかなければならない。それは移住年齢が高いほど最終的な習熟度が減衰するという傾向はニューポート達が含めた12の統語・形態素のタイプすべてで均質に見られたわけではないということである。移住年齢によってもっとも差があったのは冠詞の使い方，動詞における数の一致や複数形化，時制に関する形態素の変化などに関するものであった。それに対して，基礎的な語順に関するルール，現在進行形を生成するルールなどに関してはどの移住年齢群もほとんど誤りがなく，したがって移住年齢によるスコアの差はなかったのである。

✣ 2.6. 母語と外国語の音声認識に関する臨界期

　これまでは主に統語・形態素といった文法の獲得という観点から言語学習の臨界期（あるいは学習の最適期）の問題について述べてきたが，今度は音声知覚・音声認識の側面からこの問題について考えよう。

　第3章でも触れたように，私達日本人の多くは英語の"r"と"l"を聞き取ることも正しく発音することも難しい。これは母語にない子音，特に母語の音素体系と競合するような子音は，生後10ヵ月頃を境に認識しなくなってしまうからである。これはまさにある意味で学習の臨界期であるといえよう。つまり音素の知覚に関しては，臨界期は1歳の誕生日前にくるといえる（ただしこの結果を聞いて，もう自分にはぜったい[r]と[l]の区別ができないとがっかりした読者のために補足しておこう。この母語にない音素の対比に対する敏感性の喪失は，絶対に回復されない永久的な喪失ではなく，成人でも訓練によって回復することがわかっている[9]。実際日本人がrとlを聞き分けられるように訓練するプログラムがある[10]。このことから敏感性の喪失は聴覚的な感覚能力そのものの喪失ではなく，母語にない音素の対比には自動的な注意が向けられなくなるためではないかと考えられている[11]。そうであれば，訓練次第で回復の可能性はある。ただし，ネイティヴ話者のようにこの二つの音の区別に無意識に自動的な注意が向けられるようになる可能性は低く，かなり意識を傾けないといけないのでそのために文や談話の意味理解がさまたげられることもあり得ることは覚えておいてほしい）。

　さらにもっと細かいレベルでの音声情報処理については，バイリンガル環境で育ってさえ，生後数ヵ月で優勢だった言語のみに最適化した方略が確立するというちょっとショッキングな研究がある。私達は流暢な言語音声を理解する

ためには，実際には切れ目のない連続的な音声インプットを意味づけのできる単位に分割しなければならない。第3章では赤ちゃんがどのような手がかりを使って単語の切り出しを行っているのかという話をしたが，これは赤ちゃんだけでなく，すべての人が言語音声の入力を情報処理し，理解するために必要なプロセスなのである。この情報処理プロセスは音声言語をコミュニケーションの手段とするすべての人間が行う非常に基本的なものであるが，実は情報処理自体の仕方はすべての言語に共通した普遍的なものではない。というのはこの作業をもっとも効率よく行うために注目しなければならない手がかりが言語によって異なるからである。

　フランス語と英語を例にとろう。私達日本人にとってみればどちらも似たようなものに思うかもしれないが，音声言語としてみた時には大きく異なるところがある。フランス語はシラブル（音節）重視の言語であるのに対して，英語はアクセント（強勢）重視の言語なのである。フランス語では一つひとつのシラブルの境界がはっきりしており，シラブルをもとに言語のリズムが作られている。これに対し，英語ではシラブルの境界はフランス語ほどはっきりせず，強勢（アクセント）によってリズムのタイミングがとられている。それに呼応して，フランス語話者はシラブルを単位として音声情報処理を行っているが，英語話者はフランス語話者のようにシラブルに強く注目することはない。アン・カトラー，ジャック・メーラー達はこれを示すための以下の実験をした[12]。

　自国語しか話せない（モノリンガルの）フランス語話者と英語話者にテープで録音した一連の単語を順次聞かせていく。被験者達はあらかじめ単語のはじめの特定のシラブルパターンの最後がきたら，できるだけすばやくコンピュータのキーを押して反応するように訓練された。シラブルパターンは子音—母音（CV）の組み合わせ（たとえば"ba-"）か，子音－母音－子音（CVC）の組み合わせ（たとえば"bal-"）のいずれかであった。ターゲットの単語の半分は英語の単語，残りはフランス語の単語であり，さらにその半分はCVシラブルで，半分はCVCシラブルで区切られる単語だった。フランス語の単語の"balance"はba-で，"balcon"はbal-で，それぞれ自然なシラブルの区切りがくる。被験者が行う試行のうち，半分は，探すことを要求されたシラブルが単語の自然なシラブルの区切りと一致し（つまりbalanceでba-を，balconでbal-を探す），半分は

一致しない（balance で bal- を，balcon で ba- を探す）ものだった。すると，フランス語話者は，英単語の場合も，フランス語単語の場合も，探すシラブルが単語のもともとのシラブルの区切りと一致した場合の方が，一致しない場合より反応がずっと速かった。しかし英語話者は，一致しても一致しなくても反応時間はほぼ同じであった（図6-2を参照）。つまり，モノリンガルのフランス語話者は，フランス語音声理解のために非常に有用なシラブルを分節の単位として音声情報処理をしているのに対し，英語はシラブルが分節の単位としてあまり信頼できる手がかりを与えないので，英語話者はフランス語話者のようにシラブルには注目しないのである。人は自分の母語の言語音声を理解するために最適な情報処理の仕方を無意識のうちに身につけ，適応しているのだ。

　さて，今までの話は前置きである。カトラー，メーラー達はさらにフランス語と英語のバイリンガルの人達がフランス語，英語の単語をどのように情報処理しているのかを調べた⁽¹³⁾。被験者達はただ両方の言語が話せる，というレベルのバイリンガルではなく，小さいころから両方の言語のネイティヴインプットを受け，その結果どちらの言語もまったくネイティヴと同じであると自分でも感じているし，実際，モノリンガルの英語，フランス語ネイティヴの人達

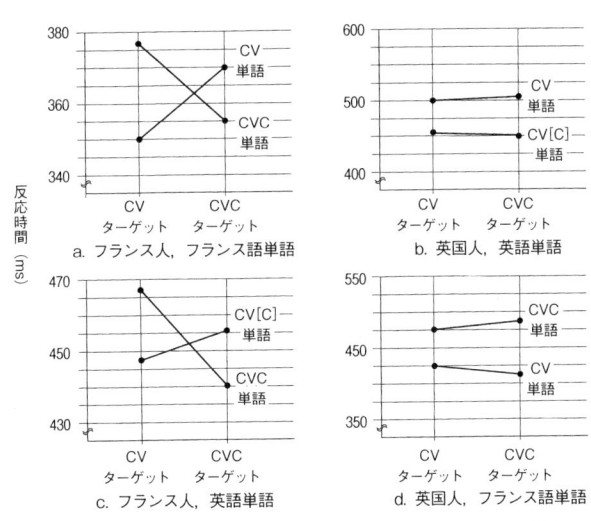

図6-2　ターゲット音素（たとえば ba-（CV）対 bal-（CVC））を検出する反応時間とターゲット語のシラブルパターン（CV で区切れる語か CVC で区切れる語か）との関係

とまったく変わらないというレベルのバイリンガルである。これらの人達に，脳の手術をするため，一方の言語機能は失われてしまうと仮定して，その場合どちらの言語を残すことを選ぶか，という質問をして二つの言語の間でどちらが優位かを推定した。約半数の被験者は英語をとり，残りの半数はフランス語を選択した。そして，これらの被験者達に，先ほど紹介した，英単語と仏単語の中から指定されたシラブルを見つけ，その終わりがきたらただちにキーを押す，という課題を課した。

そんなに完璧なバイリンガルなら，フランス語を処理する場合はモノリンガルフランス語話者と同じ方略をとってシラブルに注目し，英語を処理する場合はモノリンガル英語話者と同じようにシラブルではなくて強勢の位置に注目するのではないか，と考える人は多いと思う。それが，そうではなかったのである。フランス語が完璧に話せても命とひきかえならフランス語を捨てて英語を残すことを選んだ英語優勢の被験者たちは，仏単語の中でターゲットのシラブルを探す場合でも，ターゲットのシラブルと単語の自然な区切りが一致した場合と一致しない場合では，反応時間の差がなく，シラブルを手がかりにした情報処理をしていないこと，つまりモノリンガルの英語話者と同じパターンを示したのである。たとえ幼少時からネイティヴのバイリンガルのインプットを受け，第2言語が完璧に話せても，インプットの量や質に少しでも優劣がある場合，人は優勢な言語における音声情報処理の方略に適化してしまうのである。そしてひとたび適化してしまったらそれと競合する方略を学習することは非常に難しいのだ。

✚ 3. 外国語はなぜ大人にとって難しいのか
：乳幼児の言語学習と年をとってからの言語学習の違い ✚

ニューポート達やメーラー達，そして母語にない子音の最小対比が生後12カ月で失われることを示したワーカー達の研究の結果は言語学習に臨界期があるという考えをある意味では支持するものであるが，臨界期の説明として，レネバークが主張したような，脳の半球化の完成とともに（したがって思春期頃に）言語学習の臨界期があるという理論とは大きく矛盾する。また，視覚情報処理

の臨界期の説明としてよく指摘される（しかしまだ決定的な結論とはいえない）シナプス形成あるいは刈り込みとの関係もまったく明らかではない。したがって，言語の音声・文法の学習における臨界期と脳の発達の関係は現時点ではわからない，といってよいだろう。では少なくとも心理学的には，ニューポート達のデータはどのように説明できるのだろうか。非常に小さいころの言語学習と大きくなってからの言語学習では何が異なるのだろうか。

　ニューポートは乳幼児期の言語学習とその後，大きくなってからの言語学習では学習のメカニズムが質的に異なると指摘する。その根拠とするのが，子どもが母語をまだ完全にマスターしていない時に見せる間違いと言語学習を遅く始めた人が見せる間違いの質に大きな違いがあることである。彼女によれば，ASLを遅くなって学習し始めた人は語幹と形態素をいっしょにして「要素に分割されない全体」を作り上げ，それを誤った箇所で使ってしまうという間違いをしばしば見せる。たとえばある動詞の語幹がもっとも頻繁に過去時制で使われると動詞と過去時制を示す形態素を合わせたものを「分析・分割されない全体」として記憶し，過去時制を用いるべきでない場合にもその「全体」を適用してしまう。それに対して非常に幼いころからASLを学習し始めた子どもはそのようなタイプの誤りは見せない。年少のASL学習者が見せる誤りは語幹に複数の形態素がつかなければならない複雑な動詞句を表現する時に形態素がすっぽり落ちてしまう誤りである。これはネイティヴあるいは幼少時からASLの学習を始めた子どもは最初から語幹と形態素が分離されていて，遅延学習者のように語幹と形態素が「分析・分割されない全体」として扱われることがないことを示している。

　ニューポートは，幼少の子どもは，言語インプットを要素に分けて文の単位を作っていくプロセスが，大きくなってからの学習者と異なるのだという考えを提唱している。幼少の子どもは一度に入力を**情報処理**できる量が年長の子どもや大人に比べて限られている。したがって大人のように入力を「分割されない句全体」としてそのまま短期記憶に入れ，長期記憶に転送して貯蔵するのは，難しい。第2章で，乳児がことばの意味を学習するためにしなければならない最初の作業は連続的な音声入力を意味の単位，つまりことばに分割していくことだと述べた。しかし，これは一見したほど単純な作業ではない。というのは

一般的に定義される「ことば」というのは意味分析の最小の単位ではなく，さらに語幹と形態素に分割される場合が多いからである。(たとえば日本語の場合には活用をしない名詞の場合はひとつの名詞が単位となるが，活用をする動詞，形容詞，形容動詞の場合には語幹と形態素に分けなければいけない)。耳から音として入力された膨大な量の音声の中から，ある単位を切り出し，しかもその単位を常に一定の部分（語幹）と状況によって変化する部分（形態素）に分割し，さらに語幹と独立に形態素の変化のルールを抽出するのはたいへん複雑な情報処理プロセスを要求する。ニューポートは一般的な直観とは逆に，一度に処理できる情報量が少ない子どもの方がこの複雑な作業をする際に適し，だから幼少の子どもの方が大人よりも言語学習に秀でているというのである。「レス・イズ・モア」というのはしたがって，「年齢が小さいほどよい」という意味と「情報処理能力が少ないほどよい」という二重の意味を持つのである。

　さらにワーカー達，カトラー，メーラー達の研究をはじめとした音声情報処理に関する研究も，子どもと大人の言語獲得の違いを説明する上で非常に示唆深い。これらの研究が示すのは，人はある領域における学習をする際に，学習に最適化する**情報処理方略**を無意識のうちに，そして言語学習の場合には非常に早期に，形成するということである。たとえば音声言語を理解するために連続的な音声インプットを適切な意味分析の単位に分割することは必須なことだが，そのために乳児はまず，母語の韻律の特徴や音素，音響的特徴などの抽出から始める。その際に，たとえ，生まれた時は自然言語に存在するすべての音素を聞き分ける能力を持っていたとしても，だいたい母語の音素の分析ができた時点で母語の音素と競合する音素への注目をやめてしまう。注意を向ける必要のないものに対していつまでも注意を向け続けることは，母語の情報処理をする上で利がないからである。つまり，母語と競合する音素を弁別する能力の喪失は，母語の学習を「最適化」するために行われるのである。

✤ 3.1. 言語処理の自動化

　カトラー，メーラー達の研究結果は「学習の不可逆性」という観点から非常に興味深い。人は言語処理など日常的に行う領域のある特定の課題（たとえば音声の意味単位へ分節すること，分節した単位に文法的役割を与え，構造を生成すること，

同時に単語の意味を解釈し，さらに文全体の意味を解釈することなど）の問題解決のためにもっとも効率のよい処理方略を自ら発見して創り出し，それをルーチンとして用いてほとんど無意識に情報処理をし，言語理解をしている。この「最適な方略」というのは脳の特定の神経回路の形成と考えてよいだろう。いったんその回路が脳のある特定の場所に形成されると，その後の学習は回路ができる以前の状態には戻ることはできないし，その回路がまったく別の情報処理のために使われることもできない[14]。その結果，その課題と競合する課題（たとえば別の処理法略を要求する別の言語で音声を分節化する最適方略を形成すること）は，カトラー，メーラー達の仏英バイリンガルの場合のように，困難になる場合があるのである。

　同様のことは統語や形態素の学習についてもいえると考えられる。私達日本人の多くは長いこと英語の勉強をして，英語の統語や形態素の規則についてかなりの量の知識としては持っているけれども，いざ話をするとなるとその知識が活かされず，時制がめちゃくちゃになってしまったり，男性のことを言っているのに代名詞が"she"になってしまったり，複数形にし忘れてしまったり，というケースが多い。ニューポート達の研究の被験者達も，同じだったのではないだろうか。彼らは最低10年英語圏に居住する一流大学の大学院生あるいは教員で，ニューポート達の課題が問うたような基礎的な文法の知識がなかったはずはない。しかし，彼女たちの課題ではあらかじめ録音された200以上もの文が次々と提示され，それぞれについてすばやく正誤判断をしなければならなかったため，知識があるだけでは高得点を取ることができない課題だったと思われる。文法の知識が「**手続き知識化**」され（知識の手続き化については第7章を参照），「体で反応する」レベルまで自動化されていないと，やつぎばやに出される問題に正確に答えることはできなかったのであろう。

　文法について「頭で知っている」のと「体で覚えている」というのには大きな隔たりがある。リアルタイムの情報処理では，文全体，あるいは会話のやりとりとして相手が何を言っているのかを理解し，さらに相手の発言の裏にどのような意図や感情があるのかを読みとること，あるいは相手に何を伝えるべきなのかということに意識的にコントロールできる情報処理リソースのほとんどが向けられる。したがって，冠詞や数の一致，複数形や時制の形態素などの，

文やディスコースの意味（つまり伝えたい内容）に直接関わらない要素の制御には意識的な認知リソースはほとんど割くことができない。つまり，この制御は意識にのぼらずに無意識に，自動的になされなければならない。しかし，これらの作業は非母語話者にとって，母語にはない，あるいは母語の文法におけるカテゴリーと競合するカテゴリーを作り，語を分類することをしばしば要求する。たとえば英語では次のような分類が必要となる。

- "a" と "the" を正しく使い分けるためには，言及する名詞がはじめて使われているのか，すでに言及されているのか，あるいは一般的な事柄について言っているのか，特定の事物に限定的な事柄について述べるのか，という基準でそれぞれの名詞をクラス分けしなければならない。
- 可算名詞・不可算名詞の区別や複数形化は名詞が指示する事物に個別性があるのか，ないのか，さらに個別性がある場合には数が1つなのか，1つ以上なのか，という基準でクラス分けを行わなければならない。

中国語，韓国語，日本語などの数を基準にした分類を行わない言語を母語とする人たちにとって，このような抽象的な名詞のクラス分けに対して無意識の選択的注意を向け，正しい冠詞を瞬時に選んだり，複数を表す形態素を正しくつけたりという認知作業は至難の業であることは想像に難くない。

ジョンソンとニューポートの研究の結果で12の統語・形態素のルールのうち，移住年齢の高い被験者達がもっとも手こずっていたのが，冠詞や複数形，動詞における数の一致で，基礎的な語順では移住年齢の効果がなかった。これは冠詞，複数形，数の一致などはまさに語を母語にない文法クラスに分類することを瞬時に，無意識に行うことを要求するが，語順に関しては，このような自動化された選択的注意によるクラス分けの作業は要求されず，意識的に制御しやすいからであると考えられる。

つまり，テストで測られるような言語に関する（宣言的知識）だけでは言語の運用はできないのだ。言語を運用するためには，体で覚えた手続き的知識が必要である。ゴルフの教本を何百回と読んで，完璧に理想的なスイングを理屈で覚えても，実際に長い時間の練習を経なければそのスイングを実践できるようにならないことは誰もが納得することと思う。言語もそれと同じ理屈なのである。母語を学習し，手続き的知識を作り上げていく上で，情報処理の最適化が

起こる。子どもは，母語の文法に沿って単語を組み立て，あるいは必要な形態素を付与するために，瞬時に有益な情報のみを選択し，いらない情報は無視する情報処理の仕組みを作っていくのである。これは文法の学習の時に限らず，文法処理に先立って学習される音声処理の場合にも同じである。必要な情報への自動的な選択的注意，不必要な情報への注意の抑制は，言語の学習に限らず，あらゆることの領域において，熟達の過程で不可欠のことなのである。これについては，熟達の章（第7章）でも述べる。

✚ 3.2. 母語に関するメタ知識の影響

　母語に関する暗黙の知識が外国語学習に与える影響は音声認識，統語・形態素など自動化された情報処理を要求する側面にとどまらない。語彙（レキシコン）のレベルでも，人は母語の語についての意味知識，さらに語彙の構造についての暗黙裡に持っているメタ知識を無意識のうちに外国語の学習に適用してしまっていると考えられる[15]。

　たとえば日本語の動詞「着る」と英語の動詞"wear"は同じ意味だと思っている人は少なくないだろう。しかし，「着る」と"wear"の意味はそれぞれのカバーする意味範囲の一部が重なっているにすぎない。たとえば「着る」の対象は体の上半身を被う着衣に限定され，ズボン，くつしたなどは「履く」し，帽子は「かぶる」し，指輪やアクセサリーなどは単に「つける」「する」という。しかし英語ではこれらはすべて"wear"の対象であるばかりか，化粧さえ"wear"するのである。単に「着る」の方が"wear"より範囲が狭く限定的であるだけかというとそうとも限らない。たとえば「着る」は身に着ける動作と身に着けている状態を両方表すが，"wear"は身に着けている状態のみを表し，身に着ける動作はまったく別の動詞"put on"を用いなければならない。しかし，日本人大学生の多くは「着る」の対象をシャツ，ドレス，制服など「着る」の対象にのみ用い，指輪や帽子を対象にした用法には抵抗感を示した。その一方，英語ネイティヴの人がまったく間違っていると判断した「身につける動作」の意味での"wear"の使用（たとえば"Hurry up and wear your clothes quickly"などの文）は正しいと判断した。つまり，日本人大学生の多くは最低6－8年間の英語教育を受けてきたにもかかわらず，"wear"のように日常的で非常に高

頻度の動詞でさえ，その意味を正しく理解していないこと，その原因は無意識に「着る」と"wear"がまったく同じ意味であるという想定にあることが示されたのである[16]。

また，母語と外国語での語の意味の違いは，単にそれぞれの単語の意味範囲が一致しないということにとどまらない。そもそも語彙の構造そのものが大きく異なることが多いのである[17]。たとえば英語の動詞はイベントにおける行為の様態を動詞の中に組み込む傾向が強いが，日本語は様態の情報は動詞の意味の中に入ることはめったになく，必要なら副詞句によって表される。その結果，さまざまな概念領域で，その領域をどのようなカテゴリーに区切ってラベルをつけていくかということ自体が二つの言語で大きく異なるのである。たとえば人の移動を表すのに日本語では走る，歩く，ころがる，すべるなど限られた数の動詞でしか様態の区別がなく，それ以上細かい様態の情報を言語表現に組み入れようと思ったら「よたよた歩く」「ずんずん歩く」「足を引きずりながら歩く」「ぶらぶら歩く」「つま先立ちで歩く」など，副詞句で動詞を修飾するしかない。一方英語ではこれらに対し"stagger"（よろめく）"swagger"（ずんずん歩く）"limp"（足を引きずって歩く）"amble"（ぶらぶら歩く）"tiptoe"（つま先立ちで歩く）などそれぞれの様態で歩く動作について独立した動詞が存在する。音がする様子の表現も，日本語では音の種類自体を動詞自体で区別することはない。「ドアがキーと鳴った」「風がゴーという音をたてた」「かさかさと葉の音がする」などと「音がする」「鳴る」などの，非常に限られた数の動詞を主に擬音語で修飾する。それに対し，英語は音の種類そのものを意味の中に組み込んだ動詞が多数存在し，それらの動詞によって様々な音がする様子が表現される（ちなみに「ドアがキーと鳴った」は"The door squeaked"，「風がゴーという音をたてた」は"The wind roared"，「葉がかさかさと音をたてた」は"The leaves rattled"と表現され，日本語の「擬態語プラス音がする」表現がすべて一語の動詞として表される）。

ネイティヴスピーカーは母語について通常の辞書には書かれていない非常に豊かな知識を持っている。たとえば母語の語彙体系がどのような構造になっていて，どのような情報がどのように動詞や名詞，形容詞句，副詞句によって表現されるか，言い換えれば表現したいことをどのように文の構成要素に振り分けて言語表現としてパッケージ化するか，ということについて暗黙裡に知って

おり，その知識に基づいて言語を操っている(18)。この知識は第3章で話したことばの学習のバイアスの一種と考えてよく，幼少の時から存在し，実際母語の学習の際には子どもはこの知識を語意の推論の手がかりのひとつとして用いているのである(19)。しかし，第3章で述べたように，この知識は意識的に言語化できるような種類の知識ではなく，意識されず，暗黙裡に持っている知識であるため，多くの人はその知識の存在自体に気づいていない。ということは，母語の語意構造について持っている意識されない知識がスキーマとして働き，外国語の学習に影響を与えてしまう可能性がおおいにある，ということである(20)。

この点が，母語を学習しながら母語の語彙の性質や語意構造の特徴を抽出し，それを適用することによって効率的にことばの学習を行っている幼児と，外国語では通用しないにもかかわらず，身に染みついた母語についての暗黙裡の知識を無意識に適用してしまう大人との大きな違いであるといえる。

それぞれの語の意味について，その語に対応するとされる（と辞書に書いてある）母語の概念を，ターゲットの外国語の意味に再調整しなければならない。そのためには，一つの単語の意味にとどまらず，その単語が属する意味領域全体の切り分け方を理解しなければならない。つまり，その意味領域自体を再構築しなければならない。これ自体が「概念変化」のプロセスであるといえる。科学の学習において，「概念変化」は容易に起こらない，困難なプロセスである，と述べたが，外国語の学習では，ほぼすべての単語の学習においてはその難しい概念変化のプロセスを経なければならないのだ。

どのくらいむずかしいか。筆者は母語と意味領域の切り分け方の構造が大きく違う外国語を学習している学習者が，その領域に属する複数の語をどのくらいその外国語の母語話者に近く使い分けができているのかを調べた。題材は英語では"hold"という動詞で表される，「モノを手，あるいは体のどこかで支えて保持する」一連の動作を表す中国語の動詞群である(21)。英語ではすべて"hold"として区別されずに表される動作を，中国語は，どのような手の形で持つか，体のどの部位で支えるか，ということで20以上の動詞で区別する。日本語は中国語ほどは細かくないが，英語よりは細かく「持つ」「背負う」「担ぐ」「抱える」などの動詞で区別する。日本語を母語とする学習者がどの程度これらの動詞群の中でも代表的な13の動詞を使い分けられているのか調べた

ところ，3年以上中国語を学習し，1年以上中国に滞在していて日常生活には不自由しないほど中国語を話せる学習者でも，動詞の使い分けのレベルは中国語を母語とする5, 6歳の子どものレベルでとどまっていて，その後学習期間が長くても使い分けのレベルは向上しなかった。日本人学習者は，日本語で「持つ」とは区別する動作に対しては正しく中国語動詞を使うことができたが，日本語で区別しない一連の動作に対しては"na"という，「持つ」に意味が近く，もっとも汎用性が高い動詞を過剰に用いて，中国語母語話者がする使い分けをまったくしていなかったのである[22]。

4. 外国語学習はいつ始めたらよいのか，どのように学んだらよいのか

母語の学習と外国語学習の認知メカニズムについてこれまで考察してきたことに基づいて，外国語の学習はいつ始めたらよいのか，どのように学んだらよいのかということを考えてみよう。

4.1. 臨界期のデータの解釈には注意が必要

ネイティヴ話者と同じ情報処理システムを作り，言語のあらゆる側面でネイティヴ話者と同じレベルの習熟度に達するためには非常に早い時期に（音韻に関してなら1歳未満で，文法に関しても遅くても5歳くらいまでに）ネイティブと同じ環境で学習を始めなければならないという話をこれまでしてきた。現在，日本では英語教育をいつから始めたらよいのかということがしきりに話題になっているが，前節までで議論してきたことを鑑みると，学校における英語教育の導入は早ければ早いほどよいように思えるかもしれない。本当にそれでよいのだろうか？

答えは否である。カトラー達の被験者となった英仏バイリンガルは，言語パフォーマンスとしては優勢でないと自ら位置づけた言語でもネイティヴ話者との違いがわからないほどの完璧なバイリンガルだったこと，ニューポート達の被験者たち，特にもっとも成績が悪かった，思春期以降にアメリカに移住した人たちも，立派にアメリカに移住し，英語で最高度の知的活動に従事していたことを思い出してほしい。そして，今までの議論は，ネイティヴ話者とまった

く同じ，母語のために最適化するため特化した情報処理プロセスは幼少期でないとたぶん獲得することはできない．そして幼少期でさえも複数の言語においてそれぞれ最適化した情報処理システムを獲得することは難しいということが主なポイントであった．これは，大きくなると言語学習ができない，あるいは言語学習をしても意味がない，という話ではまったくないことをはっきりとさせておきたい．

　私達がこれらの研究結果を紹介することで指摘したかったのは，そもそも乳幼児期からネイティヴ環境で言語を学習した場合と成長してから第2言語を学習した場合では，学習のために適用される脳の神経回路は異なり[23]，言語情報処理の仕方も異なる，ということそのものであって，だから学習を早く始めるのがよい，という結論には直接結びつかないことを強調したい．この点に関連して，母語にない音の弁別能力についての研究の結果の教育への応用という点で，特に注意が必要である．母語にない音声の弁別能力が1歳までに失われるなら，1歳未満で外国語の学習を始めるとよい，と考えたくなる．パトリシア・クールはこの問題について実際に調査した[24]．9ヵ月の英語モノリンガルの乳児に12回研究室に来てもらい，中国語に触れさせた．あるグループの乳児には中国語母語話者が乳児と対面し遊びながら中国語で話しかけた．また，別のグループでは，実験室で直接対面の場合と同じ時間，同じ内容の，ビデオを見せた．12回のセッションの後，乳児は生後12ヵ月になっていたが，英語にはなく中国語に存在する二つの非常に音が似ている子音（たとえば 'xi' と 'shi'）についてテストをされた．すると，対面でインターラクションをしながら中国語に触れたた赤ちゃんは，英語母語の成人には聞き分けられない二つの非常に似た音を聞き分けることができたが，ビデオで中国語を聴いた赤ちゃんは弁別能力を失っていた．つまり，いくら中国語を聴かせても生身の人との直接のやりとりでなければ学習はできない，ということだ．1歳以下の赤ちゃんに外国語を教えたければ，ビデオやテレビではなく，外国語の母語話者に直接話しかけてもらう必要があるということがわかる．

　さらに考えなければならないのは，コストパフォーマンスの問題である．1歳未満で母語話者を雇って外国語を聴かせたとしても，その効果は母語にない音の聞き分け（英語でいうならrとlの区別）だけである．1歳未満の赤ちゃんは

ことばの意味はほとんど考えていない。文法の学習にとっても1歳未満の赤ちゃんが外国語に触れることがどのくらい効果があるのかはわからない。脳のシナプス形成が文法や単語の習得にどのような影響があるのかもまったくわかっていない。一方，rとlのようなミニマムペアの聞き分け，言い分けができなくても，外国語を聴いて理解し，話すことは可能だということはわかっている。ネイティヴと同じようにはできないかもしれないというだけである。ミニマムペアの聞き分け自体はできなくても，その単語全体の音，イントネーション，あるいは前後の文脈からその単語が何かわかるからである。自分の子どもに1歳未満で外国語の学習を始めさせたいという人は，まずこれらのことをきちんと理解した上で判断してほしいと思う。

✚ 4.2. 乳幼児の言語学習と大人の外国語学習は違う

臨界期に関する諸研究の結果からどのような教育的示唆が得られるかについては様々な注意が必要だが，ひとつ間違いないのは，乳幼児が言語を学習する仕方が大人の外国語学習の仕方として最適であるという考えはまったくナイーヴかつナンセンスであるということだろう。そもそも大人と子どもの言語学習メカニズムは脳の構造的なレベル，使われる部位，神経回路，情報処理経路，学習を制約する知識など，学習に関わるほとんどすべてのレベルで異なっている。子どもがすでに確立した言語がない状態で，言語というものが何であるか，言語の構成要素は何であるか，単語はどのように概念に対応するのかという知識を母語の学習とともに作り上げていき，母語の情報に特化した情報処理過程を作り上げていく，そのような学習の仕方と，すでに母語が確立してしまった成人が同じ学習メカニズムで学習できるわけがないのである。

第1章でわれわれ人間は自分の身のまわりにある無限の感覚刺激をビデオ録画機のようにすべて受容し，情報処理するわけではないと述べた。聴覚にしろ，視覚にしろ，私達はある特定の刺激に選択的に注意を向け，感覚器に受容している，つまり無意識のうちに私達の脳が選択した結果を見たり，聴いたりしているのである。言語処理は特に手続き化された暗黙の知識が「スキーマ」として働き，これによって聴覚インプットの中で当該言語にとって重要な情報に選択的に注意を向け，無意識下で文の構造を理解し，単語に意味づけをするとい

う作業をしている。その際，モノリンガルの大人が持っている手続き化された暗黙の知識とはもちろん自分の母語についての知識である。したがって，大人が外国語を学習しようとする際，外国語の言語インプットをひたすら受動的に「浴びるように」受けたとしても，母語を処理するために必要な暗黙の知識によって，母語には存在しない，あるいは母語の情報処理と競合するような情報は注意が向けられず，すべてはじき出されてしまう可能性が高い。「概念変化」について述べた時，誤った素朴理論を持った学習者は「正しい」科学理論を教えられても，自分の素朴理論を優先させるため，正しい理論を無視するか，正しい理論を自分の素朴理論に合わせるためにねじ曲げしまうことが多い，と述べた。外国語学習の場合にも同様で，学習者が母語に対して作り上げた理論が素朴理論として働き，無意識に外国語学習にも適用してしまうため，それと異なった「正しい」理論を教えられても容易には受け入れられないのである。

ではどうしたらよいのか。大人が外国語を学習する場合は子どもが母語を学習するメカニズムと大きく異なることを意識的に理解し，母語と外国語の相違点を意識することが重要なのである。外国語が母語と異なっているということを明確に意識しないから無意識のうちに母語に対して持っている知識を外国語に適用してしまうのだ。

✤ 4.3. 母語に関する素朴理論の誤った適用

第5章で，概念変化を起こすための最初のステップは，学習者が自分の持っている素朴理論では現象を説明できないことに自分で気づくことであると述べた。親や学校の先生などによって自分の素朴理論が誤っている事を指摘されたり，正しい科学理論を提示されたりしてもなかなか**概念変化**は起こらず，学習者が自分で自分自身の素朴理論がなぜ誤っているのかを納得しないと概念変化を起こすことはできない。これと同じことが外国語学習にもいえる。学習者は無意識に培ってきた母語についての素朴理論が外国語にはあてはまらないことに自ら気づかない限り，母語についての素朴理論を誤って外国語の学習をする時に適用し続ける。そしてこれは教師から単に「外国語には母語についての素朴理論をあてはめてはいけない」と言われたとしても簡単に直るものではない。学習者はそもそも自分が母語について持っている暗黙の知識が存在すること，

母語の学習や言語理解にそれを用いていることすら「知らない」のである。母語の学習が完成してしまった人に対して，外国語についての概念変化を起こすには，先にも述べたように，子どもが母語を学ぶ時のように，何も考えずひたすら外国語を浴びるだけではダメである。外国語の文章を読んだり，聞いたり，自分で書いたのをその言語を母語とする人に直してもらったりする中で，意識的に母語と外国語における潜在的な構造やパターンを分析・比較していき，母語と外国語の構造のどこが同じでどこが違うのか，特に相違点について何がどう違うのかを自分で発見し，納得するしかない。その際，教える側としては明らかに母語のパターンがうまく外国語に通用しない事例を提示することなどによって，学習者の概念変化の必要性に気づかせ，さらに学習者同士で母語と外国語の比較についてディスカッションすることを促すことが肝要だろう。

　ただ，もちろんこのような意識的な分析作業は小さい子どもには適さない。小学生に向かって日本語の構造と外国語の構造の違いを意識して，分析しなさいといってもとまどうばかりであろう。ましてやこういう知識を問うようなテストでもしようものなら外国語を大嫌いにしてしまうことは確実である。

　そもそも小学生のうちから外国語を学校の授業の中で教えなければいけない理由はあるのだろうか[25]？　たしかに，幼少の時から外国語を学習しなければネイティヴ話者と同じような情報処理をし，ネイティヴ話者と同じ習熟度を最終的に達成できない，と述べた。しかし，外国語の学習の目的は何もかもネイティヴ話者と同じになることではないはずである。そもそも，たとえ小学生から英語の授業を始めたとしても，日本のような，日常的には英語を使う機会も必然性もほとんどない環境ではたとえ毎日英語の授業をするにせよ，1日1時間程度ではニューポート達の研究における手話の早期学習者のような，ネイティヴとほとんど違いがないレベルの文法の習熟レベル，つまり知識が完全に手続き化され，意識的な注意なしに自動的に制御できるレベルに達するのは不可能である。

　たしかに外国人なまりがなく，ネイティヴ話者のようによどみなく，文法も細かいところまで間違いなく，流暢に話すことができればカッコよいかもしれないが，それよりも重要なのは外国語が「使える」こと，つまり外国語で人が話す内容，あるいは書いてあることの内容が正しく理解でき，自分の伝えたい

ことを自由に話したり，書いたりできることである。話す時に，少々の外国人なまりがあったり，三人称単数の"s"を落としてしまったり，"a"と"the"の使い方を時々間違えても，話の内容そのものが明確なら聞き手は十分理解してくれる。つまり，そもそも幼少時からネイティヴ環境にいない学習者にとっては不可能な目標，たとえば音声情報処理や文法のネイティヴと同じ情報処理ができることを外国語学習の目標にしてはいけない。自分の伝えたい内容を相手に明確に伝えることができるようになることを目標とするなら，大きくなってから外国語の学習を始めても十分身につけることができることなのである。

　ただ，だからといってそれが容易なことかというと残念ながらそうではない。外国語を，直接会話するにしろ，文章を読むにせよ，内容を十分に理解し，さらに自分の伝えたいこと，表現したいことを自由に話したり書いたりできるということは，単に挨拶ができたり，店で買い物ができたり，レストランの予約ができたりという，日常生活の中の非常に限られた場面に対応できるということとは大きな隔たりがある。たしかに外国に旅行に行ったり短期滞在する間に日常生活において最低限の用がたせればよい，ということなら決まった言い回しが理解できたり言えたりすればよいかもしれない。このレベルを目標にするなら，会話を教える学校に短期間集中的に通えば十分到達できるだろう。しかし，そのレベルでは，外国で真の意味でのコミュニケーションを図ることは難しいし，仕事にも通用しない。分野に限定されず自分の伝えたい内容を的確に表現できるレベルに至るには，かなり長い期間の意識的な努力が必要なのである。次の第7章で，どんな領域にしても熟達を遂げるには少なくとも10年間の集中したトレーニングが必要であるという**10年修行の法則**という話をするのだが，外国語の熟達も同じなのである。日本のようにモノリンガルの環境で，母国語と言語の性質が大きく異なる外国語を学習するのに，自ら意識的な分析をせず，漫然と与えられるインプットを受容するだけでは，外国語を使いこなし，自分の言いたいことを十全に表現できるレベルまで習熟することは望めない。

✚ 4.4. 言語に関する感性と興味を育む

　では長期にわたって意識を持ちながら学習を続け，外国語に習熟するために

は何が必要なのか。

　ひとつとても重要なこと。それは言語に対しての感性と興味を持つことである。言語は様々な側面を持つ。音，韻律，語を組み合わせ，文を作る時の構造（文法），単語の使い方，単語の比喩的用い方，論旨の展開の仕方，社会的な関係に依存する言語表現（男性あるいは女性特有の言い回し，親しさの度合いや社会的地位などによって変わる言語表現など）など，考えていけばきりがない。外国語を真に「使える」レベルまで習熟するということは，これらの要素一つひとつについて母語との類似性，相違点を意識的に理解することなのである。そのためには言語に対しての感性を持ち，言語のどの側面にしろ，外国語でのインプットがあった時に，こういうところは母語と同じなのだな，とか，母語ではこういう言い方はしないな，とか，母語ではこういう韻の踏み方というのはないな，など，母語と外国語の分析を折にふれて自分でしてみる，そしてそれを楽しむ，そういう意識を持つことが大事なのである。

　もちろん，このような意識的な分析を常に行わなければならないということではない。たとえば外国語での会話に従事している時に分析ばかりしていたらいっこうに話すことはできない。会話をしている時に最重要なのは，とりあえず自分の意思を相手にわかってもらうことであり，その時にあまり考えすぎると発話は難しくなる。そのような状況ではブロークンでもよい，ジェスチャーを使ってもよい，とにかく会話を成立させることに主眼が置かれるべきである。しかし，それのみを強調しすぎると，いつまでもブロークンなままでとどまってしまい，それ以上の上達はしなくなるということも覚えておいてほしい。海外の人と友達になり，交流することのみが目的ならブロークンでもよいだろう。しかし，仕事や研究で必要なレベルはブロークンではすまされない。

　著者の経験になるが，たとえば国際学術誌に英語で論文を投稿する時，英語に文法的な誤りが多かったり，文章が不自然で読みにくかったりすると，きちんと論文を読まず，論文の著者は頭が悪いと決めつけて不採択の評価を下してしまう審査者は少なくない。プロの仕事の場では，こちらが外国人だからといって辛抱強くこちらの意図を汲もうとしてくれる人ばかりではないのである。

　外国語を分析的に考える機会は作ろうと思えばいくらでもある。自分のペースで本や書類，論文などを読んでいる時，字幕つきで外国語の映画やテレビを

見ている時など，ただ内容を追うことに終始するのではなく，ああ，この言語ではこれはこういうふうに言うのか，こういうことばを使うのか，というようなことを折にふれて注意してみる。あるいは冠詞の用法について注目して，どういうときには"a"を使い，どういうときには"the"を使っているのかに気をつけながら，外国語の新聞や小説，論文などを読む。時間に追われている時にいつもこのような分析をする必要はないが，時間に余裕がある時はぜひこのような意識的な注意を払いながら外国語を読んだり書いたり聞いたりしてほしい。それが外国語の習熟にとって，とても重要なことである。

5. 母語から始める外国語

　言語に対する感性を育むにはどうしたらよいか。まず母語で感性を養うことである。われわれは母語を日常的に使っているが，母語について反芻し，意識的に考えることはあまりない。これをするためのもっとも身近な機会は国語の授業だろう。たとえば日本語特有の音韻やリズムの特徴を子どもに意識させるのには俳句，川柳や短歌というのはすばらしい素材である。自分の表現したい内容を17文字あるいは35文字の制約の中でどのように言語的に凝縮させるか。できたものを推敲し，ちょっとずつ変えていった時にどれがいちばん美しい，あるいはインパクトのあることばのリズムを生み出すか。

　どうしたらできるだけ長い文章を作れるか，などという遊びもおもしろい[26]。もともと文というのはどんどん入れ子構造で句を埋め込んで行き，理論的には無限に長い文章を作ることが可能なのである。たとえば「太郎は花子が好きになった」という文は「太郎は次郎が好きな花子を好きになった」というふうに拡張できるし，さらに「太郎は春子が好きな次郎が好きな花子を好きになった」と拡張することができる。どうしたらどんどん入れ子の数を増やして文を長くしていくことができるか，また長い入れ子文が何通りに解釈できるか，などの分析をゲーム的に取り入れることで，文とは決して単語を適当に並べることではなく，構造の規則性があるということに意識的に気づくようになり，文の構造への感性が養われる。

　ひとつのことばを取り上げ，そのことばがどのような文脈で使われるか，あ

るいはどのような文脈では使えないかを可能な限り考え，それによって，ことばの意味が辞書に書いてあるような単なる点としての定義ではなく，比喩によって動機づけられている構造をもったカテゴリーであること[27]を感じさせることもよい。

　作文によって文章に対する感性を磨くことも大事である。人に伝えたい漠然とした内容がある。その時，同じ内容を様々な構成で書いてみて，どのように論理を展開したらいちばんわかりやすいのか，どのような構成で書いたらもっとも印象が強いものになるのか，などを考えてみるような訓練をすることなどはとてもよいと思う。そして何より母語でできるだけたくさん優れた文章を読むことが重要である。

　モノリンガルの環境で外国語を学習し，習熟するために必要なのは子どもが小さい時から中途半端な形で外国語を導入することではない。むしろ，母語において言語に対する感性を小さい時から磨き，言語に興味を持たせ，さらに母語で論理的に考えを表現する仕方を身につけることこそ重要であるというのが著者たちの考えである。

　小学校で外国語（英語）を教えることには何かメリットがあるのか。あるとしたら発音と，ものおじしない態度を身につけ，外国語に対する親近感を持たせることだろう。すでに述べたように，特定の言語に最適な音声情報処理という側面では，日本のようなモノリンガルの環境ではネイティヴと同じ処理方略を身につけるのは現実的な目標ではない。しかし，英語に耳をならし，英語の音に違和感をなくす，という点では小さいころから英語教育を始めることの利はあるだろう。発音の練習についても子どもの方が大人よりも照れずに発話ができるからその点のメリットもあるだろう。英語に対して変な構えや恐怖心を持たなくすることもたしかに大事である。しかし子どもの側での言語に対する感性や興味，英語を学習しようとする内的な意欲なしに週に1，2回授業をしても，いずれ子どもは飽きてしまい，ひとことふたこと決まりきった挨拶や応答ができるレベル以上にはならないだろう。第1章で話したように，学習がほんとうに学習者の血肉となるほど「身につく」ためには学習しようとする内容が学習者にとって現実的に意味のある，内発的な動機づけに裏打ちされたものでなければならない。母語の学習はすべての子どもにとって内発的動機づけが

保証された学習である。母語が理解できること、話せることによって子どもは無限の利を得るからである。それに対して外国語の学習は日本のようなモノリンガルの環境で育つ子どもにとって、日常生活における意味を見出すのは難しいだろう。もちろん、将来のことを考えれば英語ができた方ができないよりよいに決まっている。しかし、そのことをいくら大人が子どもに言って聞かせても、英語を話せるようになることのメリットが子どもの現在の現実の世界でまったくなければ、子どもが内発的動機づけを長時間持続することは難しいだろう（学習が現実の世界での経験、活動と結びついていることがいかに重要であるかということについては第8章で述べる）。

初等教育で英語を導入する前にまず母語（**国語**）で言語の様々な側面に対する感性を高め、言語に興味を持たせるような国語教育を充実するべきである。その上で、子どもに英語を学習することへの興味、意欲をかきたてることができるような非常に質の高い先生が英語の授業をするならそれはそれでよい。しかし、絶対にしていけないのは、中途半端な形で英語を導入するために国語の時間を削ることである。繰り返して言うが、外国語に習熟することは、単に美しい発音で流暢に話ができることではない。いくら発音がきれいでも言うべき内容を持たない人、外国語で的確に言語表現ができない人は外国語の熟達者とはいえない。母語に対して感性がない人、母語できちんと言語表現ができない人、こういう人が外国語に熟達することはありえない。

6. まとめ

外国語を学ぶのはなぜ難しいのか。それはひとつには人が母語を聞いたり話したりする時に無意識に自動的に行っている情報処理の仕方が、母語の処理のために特化して最適化してしまっているからである。そのため、学習する外国語と母語の言語特性（特に音声特性と文法上の特性）が大きく異なっている場合、ある特定の時期を過ぎると外国語で要求される自動的な情報処理に対応できなくなってしまうのである。もうひとつには、母語と外国語の言語特性が大きく異なる場合、学習者が母語に対して暗黙に持っている言語に対する**メタ知識**（**スキーマ**）が外国語には適用できないばかりか、学習を阻害する場合が多い。し

かし学習者自身がそのことに気づいていないということも外国語をなかなか学習できない原因になっている。

　これらの困難を克服し、外国語の熟達者になるにはどうしたらよいのか。まず、外国語の学習に対して正しく、かつ現実的な目標を持つことである。自動的な情報処理のレベルでネイティヴ話者と同じようになることを目標とするのは認知科学的に考えると現実的ではない。一度ある課題のために最適化された脳の神経回路は別の情報処理を要求する課題の遂行は最適には行うことができないし、ある年齢を過ぎるとすでに作られた神経回路を書き換えるような神経回路を作ることは非常に困難であるからだ。

　しかし、このことはある時期を過ぎると外国語学習ができなくなるということを意味するわけではない。本章では外国語学習の目標はネイティヴ話者と同じように流暢によどみなく完ぺきに話せるようになることを目標にするべきではないということを指摘し、どのようなことに気をつけて学習するべきかについて考察した。

【注】

(1) 臨界期については榊原, 2004 や Blakemore & Frith（2005）に詳しくかつわかりやすく議論されているので参照されたい。
(2) Huttenlocher & Dabholkar, 1997.
(3) Pascalis, de Haan & Nelson, 2002.
(4) Lenneberg, 1967.
(5) Curtiss, 1977.
(6) Newport, 1990.
(7) Johnson & Newport, 1989.
(8) Snow & Hoefnagel-Hohle, 1978; Olson & Samuels, 1973; Krashen, S., 1982.
(9) Flege, 1989.
(10) 山田恒夫・足立隆弘・ATR人間情報通信研究所編, 2001.
(11) Jusczyk, 1997; Werker, 1991.
(12) Cutler, Mehler, Norris & Segui, 1983.
(13) Cutler, Mehler, Norris & Segui, 1989.
(14) Elman, Bates, Johnson, Karmiloff-Smith, Parisi & Plunkett, 1996. 邦訳　乾・今井・山下, 1999.
(15) Harley, 1989；Kellerman, 1978.
(16) 今井むつみ, 1993.
(17) Talmy, 1985.
(18) Levin, 1993；Nagy & Scott, 1990.
(19) Choi & Bowerman, 1991.

(20) 実際このことの証拠はカナダで英仏の徹底したバイリンガル教育を行っている学校の生徒の作文で，第2言語で作文をした場合，文自体は意味がよく通るし，文法的な誤りもないにもかかわらず，母語において優勢な言語表現のパッケージ化を第2言語に用いている，という興味深いデータが報告されている。Harley, B 1989 を参照のこと。
(21) Saji, Imai, Saalbach, Zhang, Shu & Okada, 2011
(22) 佐治・梶田・今井，2010.
(23) この考えを支持する証拠が，直接バイリンガルの脳の活動を測定し，画像でイメージ化する手法（いわゆる PET, fMRI と呼ばれる手法）を用いた研究から上がってきている。Kim et al., 1997, Dehaene et al., 1997 など。
(24) Kuhl, Tsao & Liu, 2003.
(25) この問題について大津由紀雄と鳥飼玖美子が大変示唆に富む議論をしている。大津由紀雄・鳥飼玖美子，2002 を参照のこと。
(26) 大津由紀雄・鳥飼玖美子，2002.
(27) Lakoff, 1987.（邦訳あり）

Chapter 7

学習を極める
── 熟達者になるには ──

　第1章でも述べたように,「学校で教わる教科の学習」だけが「学習」ではない。私たちはありとあらゆるものを学習する。歩くこと, 話すこと, 自転車に乗ること, 料理をすること, 楽器を演奏すること, 速く走ること, ボールをバットで打つこと, 編み物をすること……。

　何にせよ, 学習を始めたばかりの時は, もたもたとして正確にできず, 失敗も多く, なかなか思いどおりに事が進まない。それが, あることについて学習を重ね, 経験を積むとスピードが早くなり, 正確になり, 失敗をすることがなくなる。これが熟達である。

　熟達にもいろいろなレベルがあり, あることをいつも素早く正確にできるというレベルから, そこに創造性, 独自性が加わり, 他の誰にもできないことができるというレベルになる。これが, 一流・超一流になるということである。

　熟達者のパフォーマンスは初心者のそれと違う。では初心者と何がちがうのだろうか。そして, 熟達者の優れたパフォーマンスの背後には何があるのだろうか。

1. 熟達者とは

　まず, この章で「熟達者」ということばをどのような意味で使っているのかを明らかにしておこう。

　おおまかにいって私達は「熟達」を二つの文脈で語ることができる。ひとつには日常生活において, ある認知技能に習熟し, その結果その技能を楽に, ほとんど意識的な注意を向けず自動的にこなすことができるという意味の熟達である。たとえば私たちは幼い子どもの時から「ことば（母語）」を話すということにおいて熟達者であるといえる。もうひとつの意味での「熟達」は, 人よりも抜きん出た存在となることである。たとえば音楽をはじめとした芸術, 工芸,

スポーツ，料理，チェスや将棋，囲碁のような競技ゲーム，学術研究など多くの領域では初心者と熟達者の間には歴然とした力の差があり，誰もがこの意味での熟達者になれるとは限らないし，その道で一流になるのは容易ではない。

　インプットを享受すれば誰もが熟達する領域における学習メカニズムと，特別な訓練を長い年月積まないと熟達者になれない領域での学習メカニズムの間には共通点があり，その共通点が何かを考えるのは，学習の認知メカニズムを考える上でたいへん重要である。しかし，本章では共通の側面を語るのではなく，誰もが熟達者になれるわけではない領域で熟達することがどのように一般の学習と異なっているかを明らかにしよう。その違いをみることによって，逆に人が学ぶことについての知見を得ることができると考えられるからである。

2. 初心者と熟達者の違い

　初心者と熟達者の違いとして一見して明らかなことは，経験と知識の違いである。その経験と知識がどのように違うのかは，たとえば，音楽やスポーツ，学術など，どのような分野に熟達するのかによって異なり，一言でいうことはできない。しかしながら，様々な分野の熟達の間に共通の認知的特性があるといわれている。それは，
・目のつけどころ・ものの見え方が違う。
・必要なことを覚える記憶力が違う。
・課題を遂行する時の手続きが違う。
・課題を遂行する時の方略が違う。
などである。これからこれらの点について一つひとつみていこう。

2.1. 熟達者は目のつけ所が違う

　習熟した領域において課題を遂行するにあたって，熟達者の課題の見方が初心者の見方とは違うということがいろいろな研究からわかっている。ある研究では熟練した医師と2年目の研修医が同じ肺のレントゲン写真を見て，写真のどこに注目するべきかを判断するかを調査した。この写真には上方に比較的広範囲にわたる影があり，その下方に非常に小さな影があった。熟達者はすぐに

小さな影の方が診断に重要であることに気づきそちらに注目したが,研修医は小さな影を見落とし,上方の大きな影ばかりに注目していた[1]。

熟達者と初心者では物理の問題を解く時の問題の見方が非常に違うというおもしろい研究もある[2]。この研究者たちは,初等物理学のクラスを履修している大学生（物理学の初心者）と大学で物理学を教える研究者（物理学の熟達者）に一連の物理学の問題を分類させた。すると形成されたカテゴリーの数には両グループで差がないが,カテゴリーを作る基準は大きく質的に違っていた。

・初心者は,斜面を含む問題であるとか,滑車を含む問題であるなど,問題の表面上の特徴に基づいて分類した。
・熟達者は表面上の特徴にとらわれず,問題を解くために利用することが必要になる原理（たとえば運動量保存則,エネルギー保存則）に従って分類した。

つまり,熟達者は問題を見ると同時に,表面上の要素に関係なく問題解決に必要な原理がわかり,それを基準に問題を「見る」のである。

将棋でも初心者と熟達者で,局面の見方がまったく異なることがわかっている。アイカメラを使って将棋の熟達者の記憶とその時の視線を調べた最近の研究を紹介しよう[3]（アイカメラとは人が何を見ているか,その視線を検出する装置である）。

この研究では将棋の初級者（アマチュア8級）,中級者（アマチュア3段）,熟達者（プロ8段）に対して実際の将棋の一局面を提示し,その局面を記憶するのにかかった時間を計測するという実験を行った。実験に使った局面は,様々な戦型の局面をランダムに選択し,初手から20手,30手,40手,50手,60手進んだ局面を各2個ずつ,合計10問である。それぞれの局面はコンピュータモニター上に提示され,実験協力者は局面を記憶したと思ったら「OK」ボタンをクリックする。すると駒が配置されていない盤面が表示され,局面の再現を行う。コンピュータで局面が提示されてからOKボタンがクリックされるまでの時間が計測,記録され,また,実験協力者の視線がアイカメラで計測された。

図7-1aは初心者の,7-1bはプロの棋士の,課題をしている時の視線の動きを示したものである。初心者は盤面のありとあらゆるところに視線を動かしているのに対し,プロ棋士は盤面の一部しか見ていないこと,また,視線をとどめた点が初心者に比べて極端に少ないことがわかるだろう。初心者はどこを見

a. 初心者

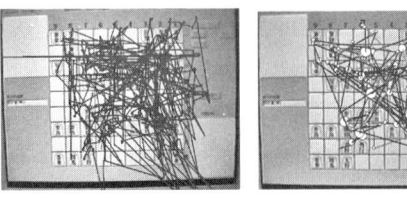

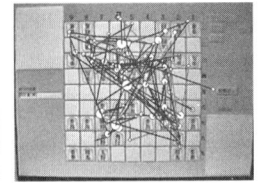

▲▼視線の軌跡　　　▲▼停留点データ

記憶に要した時間：60秒
正解率：37/40
アマチュア5級程度

b. プロ8段

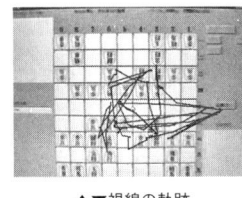

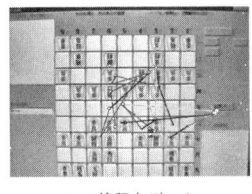

▲▼視線の軌跡　　　▲▼停留点データ

記憶に要した時間：6秒
正解率：40/40
プロS8段

図7-1　ある場面での駒の並びを記憶する課題（時間無制限）における(a)将棋初心者と(b)プロ棋士の視線の軌跡と視線が停留した場所（伊藤他，2001より）

てよいかわからないのでとにかくすべてを見て覚えようとしているのに比べ，プロ棋士は盤面の1箇所を見ればその局面がどのような構造になっているのかがわかるので，必要なところしか見ていないのである。

　熟達者と初心者が同じものを異なる見方で見ているというのはスポーツでも同じことがいえる。ある研究では野球の熟達したバッターと初心者のバッターが，投手がセットポジションに入ったとき投手のどこを見るかをアイカメラで調べた[4]。

　図7-2を見てほしい。これは初心者と熟達者が右打席の視点で右投手がセットで投球した刺激における視線の軌跡例である（左が熟達者，右が初心者）。熟達者は視線の移動速度が遅い成分が多く，視線の及ぶ範囲が狭いが，初心者は視線の移動速度が激しく変化しており，視線の及ぶ範囲も広く，一様に散らばっている。図7-2bは全体の注視時間を7段階のレベルに分け，その度数ごとに位置の分布をさせた図である。この図では，熟達者は投手の肩を中心に非常に限られたところに視線が集中しているが，初心者は頭から臀部まで上半身全体に視線がばらついており，しかも熟達者が注目する肩から肘の部分はあまり見

ていないことがわかる。投手がボールを投げる瞬間でも，初心者と熟達者では投手の異なる場所を見ていることもわかった（図7-2c）。熟達者は投手の右腕を中心に狭い範囲に視線を集中させているが，初心者は投手の体を中心に視線が

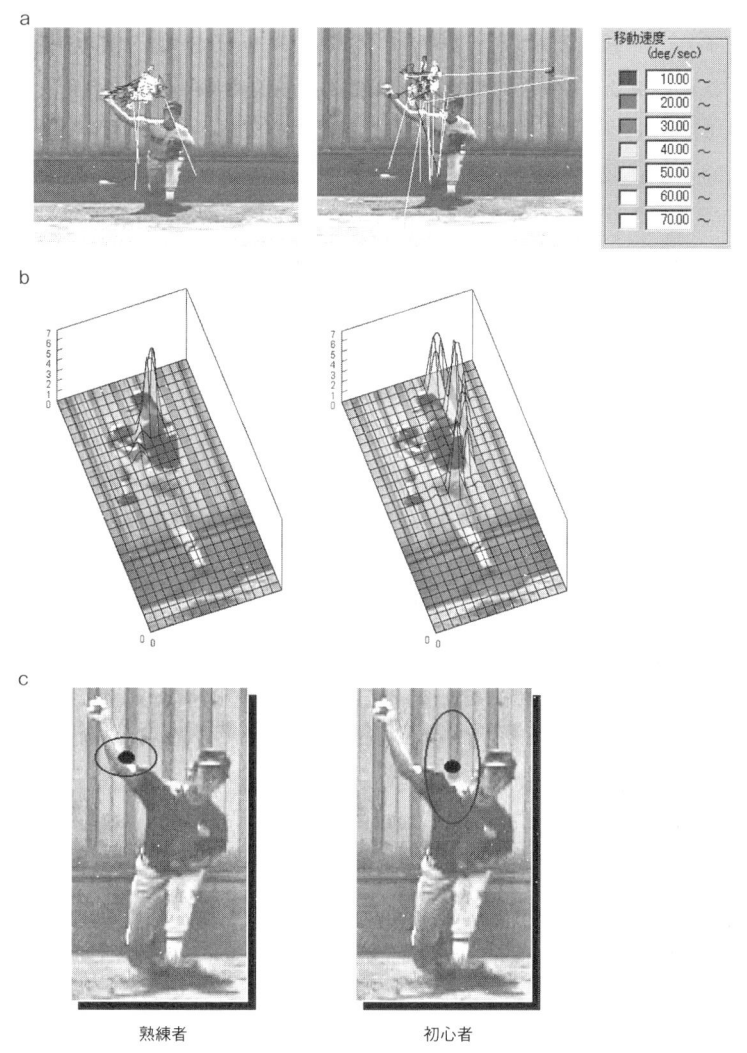

a：視線の軌跡例　b：注視位置度数分布　c：リリース時における視線位置の楕円近似

図7-2　野球の初心者と熟練者が右打席の視点で右投手がセットで投球した画像刺激を見たときの視線（Kato & Fukuda, 2002 より）

2. 初心者と熟達者の違い

広い範囲にばらついている。

　これと非常に似たことがサッカーでも報告されている。ある研究では，フリーキック，ペナルティキック，ドリブル，パス，オフサイドなど，サッカーの様々な要素を含む一連のゲーム場面をビデオに撮り，投影した[5]。実験参加者はアイカメラを装着して自分に向けられたボールに反応し，視線，注視時間，ボールに反応するまでの反応時間が測定された。その結果，以下のことがわかった。まず，熟達者と初心者では全体的な視線の固定時間はほぼ同じだったが，視線を固定する回数は熟達者の方が少なかった。つまり，野球の場合と同じく，熟達者は必要なところだけを見て，余分なところは見ていないのである。また，熟達者と初心者では視線を固定させる場所が異なっていた。熟達者はパスの受け手や空いている場所を見る。それに対して初心者は攻撃手，ゴールやボールを見ていた（図7-3）。つまり，熟達者は最初から次に何をするべきか決定するためにどこを見ればよいか最初からわかっており，それに従って見るべきところだけを見ている。それに対して初心者はどこを見ればよいかがよくわかっておらず，「次」の行動のためでなく，「今」いちばん目立つもの，つまりボールやゴールなどに注目してしまうのである。

　熟達者は初心者に比べ，格段に反応が速いが，この反応の速さの理由は，筋肉の制御という運動的側面もさることながら，無駄な場所を見て時間を無駄にせず，必要な情報を最短の時間で得ることができるためでもある。

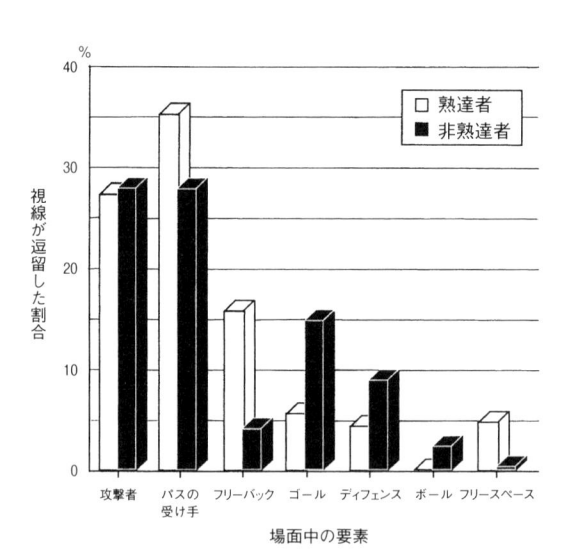

図7-3　サッカーのパス場面を見たときに熟達者と非熟達者が場面の各要素に視線を逗留させた割合（Helsen & Pauwels, 1993より改変）

✚ 2.2. 熟達者は記憶力が違う

　何かを理解する時には，その分野に関連する知識（スキーマ）の存在が重要であることを第1章で述べた。熟達者は熟達した分野について非常に深い知識を持っている。過去の経験の記憶をたくさん持っているというだけでなく，その分野において新しいことを覚えるのも非常に容易なのである。

　優れたバスケットボールの選手とそれほどでもない選手にバスケットのゲームの一場面のスライドを見せていき，記憶のテストをした研究がある。バスケットボールは対戦する二つのチームの選手の位置関係が戦略上非常に重要なゲームである。優れたバスケットの選手は非熟達者に比べ，ゲーム場面のスライドを短時間見ただけで選手のコート上の布陣を正確に記憶することができた。しかしこの優れた記憶は見せられたスライドにおける布陣が戦略上意味のある構造をもっている場合に限られ，構造のない，適当に人を配置しただけの布陣を見せられた場合は非熟達者との差はみられなかった[6]。

　バレーボールはバスケットボールと異なり，相手の選手がどこにいるのかを覚えることはさほど重要でない。バレーボールの優れた選手と初心者にゲーム中のシーンの写真を見せた場合には選手のコート上の位置関係の記憶については熟達者と初心者の違いはみられなかった。しかし，それぞれの瞬間にボールがどこにあるかを知ることはバレーボールに熟達するためにはきわめて重要である。写真を非常に短時間提示されただけで熟達者はすぐに見つけることができ，正確に記憶することができたのである[7]。

　バレエダンサーの振り付けのシークエンスの記憶についてもおもしろい研究がある。この研究では熟達者と初心者に複雑な振り付けのシークエンスを教え，再現させた。半分のシークエンスは振り付け師が作ったクラシックバレエのパターンをもとにした構造化されたシークエンスで，後の半分は適当に作ったランダムなシークエンスだった。また，研究に参加した人の半分はクラシックバレエのダンサーで半分はモダンバレエのダンサーだった。古典バレエのダンサーは，構造化されたシークエンスの時には熟達者が初心者よりも振り付けの記憶がよかったが，構造を持たないランダムなシークエンスを提示された場合には初心者と記憶成績が変わらなかった。それに対し，モダンバレエのダンサーの場合には，構造のあるシークエンスでも構造のないシークエンスでも，熟達

者は初心者より優れた記憶を見せた。これは，古典バレエでは型が重要で型から外れた動きというのはめったにないのに比べ，モダンバレエにおいては決まった型以外のシークエンスもよく使われることがあるということを反映していると思われる[8]。

チェスや将棋でも熟達者が初心者に比べ格段に優れた記憶を持つことがわかっている[9]。先ほど紹介した将棋の初心者と熟達者の研究では記憶に要する時間が，初級者は上級者の10倍以上かかっていた（図7-4）。中級者は序盤局面ではかなり短い時間で記憶できたが，中盤以降（50手以降）では長くかかるようになった。それに対し，熟達者であるプロ騎士は序盤から終盤の局面まで変わらずに非常に短い時間（10秒以内）で盤面を記憶することができた。また，再現する時も，初級者は迷いながら再現していく様子だったのに比べ，プロ棋士はまったく躊躇することなく，どんどん駒を並べることができるのである。

さらに次の実験では問題局面を3秒間のみ提示するという厳しい時間制限を設けた。実験参加者たちは初手から20手，30手，40手，50手，60手の局面が3秒間のみ提示された後，自動的に局面は消え，実験参加者たちは再現用の盤面に局面を再現しなければならない，というものだった。この厳しい条件下でもプロ棋士は序盤から終盤まで変わらずほとんど間違いなく再現するという驚異的な記憶力を見せた。中級者は序盤では成績がよかったものの，50手以降になると，成績が急に低下し，記憶が困難になった。初級者はほとんど数個の駒配置しか記憶できなかった。

この研究でも熟達者と初心者の記憶力に歴然とした差があることが示された。しかし，他の領域での熟達研究の結果と同様，この差は記憶する対象の構造に意味がある場合に限られている。盤面にランダムに駒を並べただけの，戦略上無意味な駒の配置を記憶しなければならない時には熟達

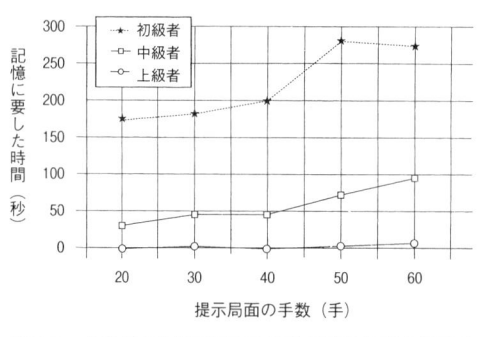

図7-4 さまざまな提示局面の手数で駒の並びを記憶する課題（時間無制限）において，将棋の初級者，中級者，上級者（プロ棋士）が記憶に要した時間（伊藤他，2001より）

者の記憶は中級者，初級者と何ら変わらなかったのである。

✚ 2.3. 熟達者は課題を遂行する時の手続きが違う

　熟達者と初心者で問題の見方や関連領域における記憶力が違うということは，両者の問題解決へのアプローチそのものの違いとなって現れる。ある研究では次のボックスの問題を物理の初心者と熟達者に解いてもらい，その時のプロトコルを分析した[10]。

　すると，物理の熟達者は問題を見た瞬間に適用すべき法則がわかり，問題解決のためにどのようなステップを踏めばよいかがわかっている，ということが明らかになった。さらに，熟達者は与えられた数値に対して適用できる公式を選ぶのだが，教科書にのっているような形で公式を思い出してから変形するのではなく，はじめから直接数値が代入できるような変形された形で公式をもってくることができる。熟達者は公式をテキストで書かれている形で丸暗記しているのではなく，どのような形にも変型できるように，いわば「体でおぼえている」のである。これを専門的にいうと**宣言知識の手続き化**という。まとめると，熟達者は問題を解く過程で「何がわかっていれば何が求められるのか」，という問題解決のスキーマを持ち，また，解決に必要な知識が完全にこなれた形で記憶され，どのような形ででも即座に使うことができるようになっているのである。

・・・・・・・・・・・・・・・・・・・・・・・・・・・・・・・・

　長さ 0.5 メートルの銃身から秒速 400 メートルで弾丸が飛び出した。弾丸は銃身内で一様に加速されたとすると銃身内での平均速度はどれだけか。また，弾丸が銃身内にあったのは何秒か。

　【初心者のプロトコル】
1　弾丸は銃口から秒速 40 メートルで出ていった。
2　V0 イコール 40，いや，秒速 400 メートルだ。
3　銃身の長さは一様に加速されている。
4　銃身内での平均速度はどれだけか？
5　銃身内での平均速度は 0 から……400 まで……
6　えーと……平均速度×そこにいた時間，
7　時間の 2 分の 1。
8　平均速度は秒速 200 メートルだ。

2．初心者と熟達者の違い

9　弾丸が一様に加速されたとすると，銃身内での平均速度はどれくらいか？
10　平均速度は秒速 200 メートルだ。
11　これであってるよね。
12　平均速度っていうのはどういう速度かというと，V0 が 0 で，
13　たすことの V，これがもう 1 つで，2 でわって……
14　何で 2 でわるんだっけ？
15　2 つの速度の平均，でいいよね？
16　つまり秒速 200 メートルだ。
17　どこかおかしいなあ。前の問題でなにか間違ったかな。平方をとるとかすべきだったかな。後でもう一度みてみよう。
18　弾丸が銃身内にあったのは何秒か？
19　わかった。時間だな。
20　s が Vt に等しいとすると，
21　t は距離を平均速度でわったものに等しいので，
22　200 メートルの，23 違った，0.5 わる 200 メートルだ。
24　こいつを考えなきゃ。
25　0.5 割る 200 は 0.025。
26　時間は 0.0025 秒だ。

【熟達者のプロトコル】
1　銃身内での平均速度はどれだけか？
2　ああ，これは明らかに 400 の半分で秒速 200 メートルだな。
3　えーと，弾丸が銃身内にあったのは何秒か？
4　もし平均速度が秒速 200 メートルだとすると，
5　銃身の長さは 0.5 メートルだから，
6　おそらく 100……1……ちょっと待てよ，
7　平均速度が 200 メートルで，
8　銃身は 0.5 メートルで，
9　ああ，そうすると……ああ……0.5 メートルで，
10　秒速 200 メートルだから，
11　400 分の 1 秒になるな。

これと同じような例は，まったく異なる分野の熟達においても，たとえば，落語の熟達においてもある。落語家も経験を積むことによって，あることに対する知識が何度も繰り返されることによってこなれた形になり，分解可能になって，変形しても，あるいは部分的にのみ求められても，即座に使うことができるようになる。落語家である橘家圓蔵師匠のエピソードから紹介しよう。ある時，圓蔵師匠が高座に出たところ，客席から「寝床」と「猫と金魚」という，師匠が得意とする二つの噺のリクエストが同時にあがった。圓蔵師匠はひとつを1節話すと次に別の方に移って1節話し，またもとの話しにもどるというふうに二つを同時に平行して話し出した。ちょっとした余興として始めたそうで，本人もおしまいまでいくとは思っていなかったそうであるが，結局どちらの噺も最後までいって，ちょうどぴったり終わったという。このような離れ業が可能だったのも，それぞれの噺が師匠の中で何度も何度も繰り返され，完全に手続き化されて体でおぼえていたからに他ならない。

✤ 2.4. 熟達者は必要な技能が自動化されている

　運転免許をとりたての頃は，運転をするだけで必死である。同乗者と話をしたり，他のことを考える余裕はなく，ひたすらハンドルを握り締めて運転するしかない。しかし，慣れてきて運転が上手くなると，話をしたり，考え事をしたりしていても自然に体が反応してカーブに合わせてハンドルを回したり，バックミラーやサイドミラーで後続車を確認したり，方向指示を出したり，必要に応じてブレーキを踏んだりという一連の作業が無意識になめらかにできるようになる。また，料理を始めたばかりの初心者は包丁を持つ手がおぼつかなく，包丁に意識を集中していても，手を切りそうになったり，厚さや長さがふぞろいになってしまったりする。料理のうまい人は包丁さばきが速くかつ正確で，しかも包丁を使いながら次の段取りのことやどう盛りつけるかなど，他のことを考える余裕がある。このことからわかるように，熟達者の卓越したパフォーマンスを支える特徴のひとつに課題を遂行するのに必要な技能（これを下位技能という）が正確で自動化されていることがあげられる。

　下位技能が自動化されるとどのような利点があるのだろうか。人間はパラレルな情報処理を行っている。しかし注意しながら処理できる計算量には限界が

ある。**作業記憶**の制約があるからだ。しかし，経験を積むことによって下位技能が自動化されるようになれば，意識的なコントロールなしに自動的にその技能を遂行することができるようになる。そのため，意識的コントロールを必要とする高度の認知的処理のために多くの情報処理スペースを割くことができるのである。

●コラム：熟達者の直観●●

　熟達者は記憶に優れ，目のつけどころがよいだけでなく，直観に優れていると述べた。物理の専門家は問題を見ただけで問題を解く道筋が直観的にわかるし，チェスや将棋の一流のプロは「次の一手」が直観的に心に浮かぶそうだ。その「直観」を支える記憶，情報処理を脳はどのように行っているのだろうか。

　その前に認知心理学にあまりなじみがない読者のために記憶について簡単に説明しておこう。記憶には，情報を長期的にため込んでおく貯蔵庫と，オンラインの情報処理に必要な情報だけを一時的に保存する貯蔵庫の2種類がある。前者を**長期記憶**，後者を**短期記憶**という。**作業記憶**とは短期記憶の概念を拡大・発展させたものである。人が会話をしたり，本や新聞を読んだり，ラジオのニュースを聞いたり，計算をしたりする時，その環境の中から情報を取り入れ，さらに処理に必要な情報が長期記憶から検索され，それを統合してオンラインの計算がなされる。たとえばニュースを聞いている時にはニュースからの言語インプットが処理されるべき情報として短期記憶に取り込まれ，さらに，長期記憶から文法の規則や単語の意味に関する情報，インプットの内容に関する一般的な知識（第1章で話した**スキーマ**である）など，言語情報処理に必要な様々な知識がアクセスされて活性化される。そしてインプット中の情報を長期記憶から持ってきた情報とつき合わせ，オンラインの処理をするところを作業記憶というのである。

　これらのオンラインの計算（情報処理）は脳の前頭連合野の広範囲の部分で（それぞれの計算にその中の別の領域がそれぞれ担う形で）行われていると考えられている。

　人が一度に作業記憶で扱える情報量には限りがある。しかし，知識が構造化され，圧縮された形で保存されていると（これを**知識のチャンク化**という），生の形よりも多くの情報を一度に扱えるようになる。また，情報処理の手続き自体が自動化され，同時に圧縮された多量の知識がアクセスでき，また処理の手続きが自動化できるようになると，前頭連合野の作業記憶で扱うことのできる意識的な高次レベルの計算（問題解決のプランニング，推論など）に費やすことができるリソースが多くなると考えられている。

　熟達に伴う脳の変化について，最近いろいろ興味深いことがわかってきた。熟達者は熟達したスキル遂行に関連する記憶が優れている，と述べたが，それに伴い，海馬という，経験を保持する部分が通常の人より大きくなることがわかった。ロンドンのタクシ

ードライバーはロンドンの複雑で入り組んだ路地をすべて覚えていなければならず，非常に難しいテストに合格しなければならない。このタクシードライバーに道順を思い起こす課題をやってもらうと普通の人よりも海馬がより強く活動する。しかもそれだけではなく，この人たちは，同じ年齢の普通の人に比べ，海馬の後側の部分が大きくなっていたことがわかった。また，海馬後方のサイズと道を思い出す記憶課題の間にも相関があったそうだ(11)。

　熟達者の特徴として直観が働くことだとも述べた。では「直観」の実態は何だろうか？この問題に光を当てる興味深い研究が日本の理化学研究所から報告された(12)。このプロジェクトでは羽生善治さんなどの将棋のトッププロとアマチュアトップレベル，愛好家レベルの人たちを対象に詰将棋の「次の最善の一手」を考える課題を行い，その際の脳活動を計測した。プロの棋士にのみ特徴的にみられたのは，大脳基底核に含まれる尾状核といわれる部位の活動と将棋の意味あるパターンを見た時の楔前部といわれる部分（大脳の内側面にある脳回のひとつで上方に屈曲した帯状回の後部によって境され，後部は頭頂後頭溝によって境されている部分）の活動がカップリングして見られた。この二つの部位の機能はまだ確固として確定されたものではないが，この論文の著者達は，この二つの部位の間のネットワークは熟達者の直観を支えるものであると解釈している。楔前部は単なる個別のケースのエピソード記憶の検索ではなく，チャンクあるいはチャンクがさらに抽象化され「再構造化」された知識の検索と関係しているのかもしれない。また，尾状核は複数の選択肢の中からベストなものを選択するために他の選択肢を抑制する機能に関係があるとされ，この二つの部位のネットワークで，過去の膨大な記憶が整理，圧縮され，取り出しやすいように再構造化された「知識の塊」が取り出され，瞬時に選択されるのかもしれない。この研究は熟達者の直観の研究としては端緒にすぎず，確定的なことはまだいえる段階ではないが，熟達者の持つチャンク化による卓越した記憶が脳にどのように蓄えられ，どのように取り出されて用いられるのかの全容が明らかになることを期待したい。

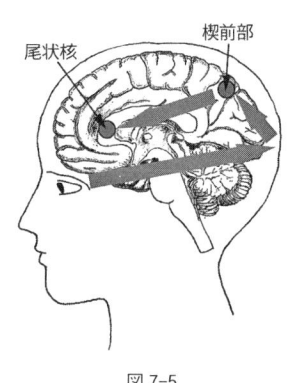

図 7-5

✚ 2.5. 結局熟達者とは何なのか

　ここまで，熟達者と初心者の違いについて述べてきた。しかし，ここで重要な点を指摘しておかなければならない。記憶，目のつけ所，下位技能，課題に対するアプローチの仕方などの個々の要素は独立したものではない。またそれらの個々の要素がすべて満たされれば熟達者になれるという十分条件ではないということである。下位技能が優れていることは熟達者になるために必須の条件である。多くの領域において学習者がまずしなければならないのは，そしてまず指導者によって指導されるのは，その領域で必要な技能の獲得であろう。実際あることを学ぶ過程の中でもっとも多大の時間が費やされるのはこの部分である。ピアノ演奏において，演奏会で取り上げられるようなベートーヴェンやショパンなどの作品を弾きこなすには，すばやい正確な指の動きやペダリングの技術など，相当の技量が要求される。スポーツにおいても，たとえばサッカーで正確にパスを通したり，シュートを打ったりする技術は選手になるためには必ず身につけなければならない。料理人になるには素材を正確に，美しく，かつ素早く切ることができる包丁さばきや，素材をおいしく焼いたり揚げたりする技術を会得することは必須である。一見アイデア次第で書けてしまうと思われがちな小説であっても，一流の作家になるまでには，文章を書くための基本的な技術を身につけるための習練が必要である。さもなければ人が理解しやすく，かつ含蓄に富む文章は書けない。

　しかし，そのような下位技術を身につけ，それが自動化されればそれだけで一流になれるわけではない。もちろんそれらの下位技術を身につけることはそれ自体たいへんなことで，集中した練習を何年も積まなければならないし，だれでも要求される技術レベルに到達できるとは限らない。しかし，それでもなお，下位技術が優れているというだけでは，せいぜいアマチュアの熟達者にしかなれない。ショパンのバラードを「自在に弾くことができる」ことは一般人にとってみれば至難の技であるが，困難なパッセージを間違えずに弾けるからといって，それだけでは人を感動させるような卓越した演奏にはならないのである。

　勝負ごとでも同じである。強いチェスプレーヤーになるためには過去の対戦の記録に関する記憶が必要だが，記憶が優れているだけではプロの超一流のチ

ェスプレーヤーや将棋の棋士になることはできない。膨大なデータベースを持ちながらも一つひとつの局面でチェスや将棋の超一流の熟達者が「思いつく」のはその中のほんの数手であり，熟達者の熟達者たるゆえんはデータベースの中から力まかせの探索をしなくても直感的に短時間に探索を絞り込むことができるところにあるのだ。

　ではその「直感」の背後には何があるのか。前節で熟達者は知識が完全にこなれた形で記憶されているため，変形が要求されても，一部だけを要求されてもその知識を適切に応用しながら適用することができると述べた。つまり，熟達者の知識は単に知識量が多いだけでなく，知識が因果関係の枠組みに則ってきちんと整理されているのである。あることに関する知識と関連する知識がネットワークのように互いに関連づけられ，同時にそれぞれの知識が全体としての姿を保ちつつ，部分に分解可能になっていて，全体ではなく部分だけを用いたり，他のことに関する知識として応用したりすることが可能になっている。この形態は学習の初期にはみられず，学習が習熟するにつれて表象の再記述化が起こってはじめて可能になるのである[13]。

　この観点からすると，熟達者が初心者より優れた記憶を持っていたり，目のつけどころが違ったりするのは膨大な知識が再記述化を経て，構造化されているためであると考えられる。つまり熟達者の特徴的な行動の背後にあるのは，構造化された深い知識であるといってもよい。したがって，逆にいうと，コンピュータのようにいくら知識をつめ込んでも，コンピュータはその知識を人間のように柔軟に使えないわけである。また，同じ理由で，いくら人に「ここを見なさい」というたぐいの視覚訓練をしても，背後にある知識ベースが整理され，構造化されていなければ熟達者にはなれないのである。

　そして構造化された知識はさらに，現実の問題に対処するためのもっとも重要な特性を熟達者にもたらす。それは刻一刻と変わる問題解決の環境に適応し，どのような環境でもコンスタントに質の高いパフォーマンスをすることができる能力である。

　イチロー選手がなぜあれほどすごいのか。イチロー選手は，脚が速い，肩が強い，動態視力が抜群によい，などスポーツ選手として非常に優れた特性を多数持っている。しかしイチロー選手のすごさは個々の能力そのものというより，

2. 初心者と熟達者の違い

その場その場での状況判断の的確さによるものが大きいだろう。その場での投手の投球フォームや内野手の位置など，判断に役に立つ手がかりを（そして役に立つ手がかりのみを）瞬時にその状況の中から集め，長期記憶に貯えられているその投手のデータや過去の類似の状況でのデータと照らし合わせて，的確な判断をすることができ，状況に合わせて柔軟に最適な行動がとれるのである。

　この状況判断の的確さと状況に適合させて最適な行動をすることができる柔軟性はイチロー選手に限らず，どのような領域においても非常に卓越した熟達者の大きな特徴といえるだろう。過去の対戦に対する膨大なデータを持っているだけでは一流の将棋の棋士にはなれない。一流の棋士として必要なのは定跡などの過去のデータの中でもっとも適切に関連するものを記憶から検索し，対戦相手のくせなどを考慮しつつ現在の局面でもっとも適切な一手を短時間で判断できる能力なのである。

　このように考えると，下位技術はかなり高いレベルにあるがまだ卓越した熟達者とはいえない，いわば中上級者と熟達者の違いもこの点にあるのではないだろうか。中上級者は個々の要素については高い能力をもっていたとしても，総合的なパフォーマンスは要素のたし算で終っている。それに対し，個々の要素の足し算に終らず，個々の要素のたし合わせの10倍にも20倍にもなるパフォーマンスを表出することができるのが真に卓越した熟達者なのである。

　この状況に適合的な柔軟な判断のことを一般には直感と呼ぶのだろう。しかしこれを直感ということばで表すだけでなく，熟達者の知識が具体的にどのように構造化されているのか，長期記憶にある膨大なデータがどのようにそれぞれの状況下で検索されているのか，どのような推論メカニズムで最善の解が選ばれ，判断がなされるのかを，行動レベルと脳内の計算レベルで解明していくことが今後の認知科学の重要な課題であると考えている。

3. 熟達者になるためには

　では熟達者になるためにはどうしたらよいのか。このことについては様々な人によって様々なことが言われている。各領域での第一人者やその人を育てた親，教育者が，自分はこうしてここまでになった，あるいは自分はこうしてこ

の天才を育てた，というエピソードは数多くある。もちろん，各界でトップになる超一流の熟達者の間にも個人差があり，だれもが同じルートをたどるわけではない。また超一流になるために要する時間や条件も分野によって異なることもあるだろう。しかし，前節で論じたような，非常に異なる分野における熟達者達の間で共通した特徴があるのと同様に，熟達者に至る道筋にも何らかの共通点があるようである。

✤ 3.1.「10年修行の法則」：一流の熟達者が経る熟達の過程

まず，ある分野で熟達を目指した人たちがピークに達するのは何歳くらいなのだろうか。すぐわかるように，もちろんこれは目指す分野の性質によって大きく異なる。激しい全身の身体運動を必要とするスポーツでは年齢的ピークは20代を中心にした非常に狭い範囲で分布する。それに比べ，より細かい運動スキルが求められる領域や，チェス，将棋など認知的活動が主になる領域では年齢的ピークは10年ほど遅れ，30代が中心になるが，ピークのバラつきはスポーツの場合より大きい。音楽や美術などの芸術の領域，科学の領域ではピークの中心は30―40代になり，バラつきはさらに大きくなる[14]。

では個人がある領域で熟達をしていき，国際的なレベルに到達するには何年くらいかかるのだろうか？　様々な分野での熟達過程を研究しているエリクソンは「10年修行の法則」を提唱している[15]。彼によれば国際的に活躍できるレベルの熟達を得るにはどんな分野においても最低10年間は集中した日々の練習が欠かせない。チェスや楽器演奏，ある種のスポーツ（特に身体の肉体的成熟の完成が必須条件でないスポーツ）のように，10代半ばに一流になるいわゆる天才といわれる個人が出現する領域がたしかにある。しかしそのような天才は，ほとんどの場合，非常に年少の頃からその領域の学習をスタートしており，10代半ばにはすでに10年間の集中したトレーニング期間を経ていることになる。

では熟達はどのような過程を経て得られるものなのだろうか。エリクソンによれば，熟達の過程は大まかに四つの局面に分けられる。
・第1期：様々な領域で，国際的に活躍する人たちの多くは幼少の時期に楽しみのための遊びとしてその領域に触れることから始まっている。
・第2期：しばらくして子どもがその領域に興味を持ち，能力の片鱗を見せ始

める。すると親は子どもにそのことをすることを勧め，いっしょに練習したり，インストラクターにつけたりして子どものサポートをする。
- 第3期：練習によって学習が進み，熟達度が増してくるとまわりの大人はより良い，経験豊かな教師を求めるようになる。また，子どもの練習時間も長くなっていく。やがて，子どもはその領域で一流になるための努力を自分自身でするようになる。スポーツや音楽の領域では多くの場合，この時期への移行は10代はじめか中頃に起こる。そしてまたこの時期には国際レベルの熟達者を育てた経験のある著名な教師やコーチを求め，その教えを受けるために引っ越したり遠隔地まで通うなど，本人のみならず家族も時間的金銭的に多大の協力をするようになることがしばしば起こる。
- 第4期：そして一流になる過程での最終局面がくる。この局面に至るまでに，学習者はコーチや教師から得られるものはほとんどマスターしており，卓越したパフォーマンスをすることができるようになっている。この最終局面では，学習者がその領域で創造的な，自分独自の貢献をするため自分自身のスタイルを探索していくプロセスが主となるのである。

✚ 3.2. 熟達者はどのくらい練習しているのか

　熟達をするために，さらにその領域で一流になるために，練習はどのくらい必要なのだろうか？　エリクソンたちは，最低10年はトレーニングに従事している音楽家達をさらにプロフェッショナルレベルからもっとも低いレベルのエキスパートまで，エキスパートと考えられるレベルの中で4グループ，さらにアマチュアレベルを加えて計5グループに分類し，彼らの日常の活動を記した詳細な日記を収集した[16]。そしてこの五つのグループに属する人たちが4歳から20歳までの間に累積的にどのくらいの時間を練習に費やしたかを推定した。図7-6は4歳から20歳までの年齢を横軸に，累積練習時間を縦軸に二つの変数の関係を五つのグループそれぞれでプロットしたものである。このグラフから見て取れるように，より達成度の高いエキスパートたちは，達成度の低いエキスパートたちに比べ，20歳までに約3倍もの練習時間を費やしている。また，アマチュアレベルの人たちの累積練習時間はもっとも達成度が高いエキスパートグループの10分の1でしかない。

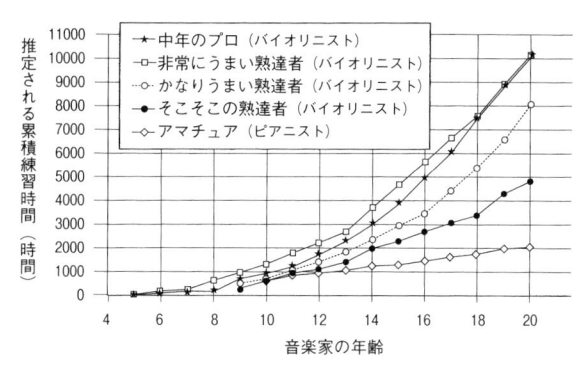

図7-6　さまざまなレベルの音楽の熟達者が練習に費やした時間
(Ericsson, Krampe & Tesch-Römer, 1993 より改変)

✥ 3.3. 練習の質

　真の熟達者は毎日コンスタントに長時間練習する。しかし，ただ時間をかければよいのではない。エリクソンたちは練習時間と達成度の関係を調べただけでなく，練習の質についてもエキスパートとアマチュアに対してアンケート調査を行った。彼らによると，アマチュアと達成度の高いエキスパートの間で大きく異なるのは，まず練習の目的である。アマチュアは楽しみのための練習をする。それに対して一流の熟達者たちは向上することを目的に，高い目的意識を持って練習する。また，一流の熟達者たちは練習自体を楽しみとはあまり感じず，必要なものと思っており，その結果，パフォーマンスが向上することに楽しみを感じている。さらにアマチュアや達成度の低いエキスパートと一流のエキスパートの間の著しい違いは練習中の集中度であるという。達成度の高いエキスパートの練習は高い集中度を保つため，メリハリのあるものであるという。集中度が落ちてくると休んだり，昼寝をしたりするなど，集中力が低下したままむやみに続けることはしない。エリクソンたちによれば様々な領域を通じて一流の熟達者は平均して4時間ほどの集中した練習をほとんど毎日休むことなく行っている。それ以上の練習では集中力を持続するのが難しくなり，疲労につながるからだ。つまり一流の熟達者は極度に集中した意図的な練習を，後に支障がないように持続できる最大の時間，行っているのである。

✚ 3.4. 努力か才能か

　熟達についての科学的研究は，長期間にわたる集中した意図的な練習が熟達にとって非常に重要であることを端的に示している[17]。しかし，一方で，超一流になるには生まれつきの才能が必要であると信じている人も多いのではないだろうか。天才的な芸術家は，そもそも普通の人と生まれつき違うのだという考えである。

　この問題については研究者の間でも意見が分かれている。しかし多くの研究者の結果は，一流のエキスパートになるために生まれつきの才能の占める比重は一般に信じられているよりずっと少ない[18]ことを示唆している。

　天才の代名詞のように常に引き合いに出されるモーツァルトでさえ，天才であることの証拠とされる様々な事実に関して心理学的に検討してみると，それらの事実からモーツァルトの才能が生得的な能力だと結論づける根拠は希薄であるとされる。むしろ彼の示した才能は，認知心理学における熟達研究の観点から説明できるという[19]。実際，モーツァルトは幼少期より常に音楽に接し，音楽の集中的な訓練を父から受けていた。つまり，彼の天才を示す様々な逸話は集中した長期間にわたる練習の成果と考えることが可能なのである。たとえば彼の天才の例として，4歳で作曲をしたことがあげられるが，優れた作品はすべて10代後半以降のものに限られている。つまり「10年修行の法則」に則り，集中した訓練を10年間続けた後に傑作が生まれているのだ。また，まだ子どものうちに，複数の楽声からなる長々とした楽曲をたった2回聴いただけで楽譜に書き起こしたという逸話も，熟達研究で様々な領域で示されている，長い間の訓練によって培われた知識に裏打ちされた優れた記憶という観点から説明できるという。

　「才能」とはそもそも何なのだろう。スポーツ選手の優れた運動能力は持って生まれた反応の速さや動体視力などの視覚能力の高さが関係していると考える人は多いが，実際にはスポーツ選手の運動レベルとこれらの基礎能力の間の一貫した関係は見出されていない。また，チェスや将棋の達人も自分の領域に関しては驚くべき記憶力を持つが，記憶力全般が良いわけではない。

　さらに，一流の音楽家の多くは絶対音感があることから，生まれながらに備わった絶対音感が一流の音楽家になるための条件であると信じている人は多い。

しかし絶対音感自体，ほんとうに生まれつきの能力なのかどうか疑問視する研究者たちもいる。絶対音感の獲得は発達段階の一定時期までに学習されなければならない，いわば学習の敏感期のある学習であり，一流の音楽家はほとんどの場合は幼少期に音楽の訓練を始めるため，絶対音感が獲得されるという可能性が指摘されている[20]。多くの人は成長につれて，音の一つひとつに細かい注意を向けていくよりも各音をメロディー全体に統合し，メロディーという大きな単位で捉えようとする傾向が強くなるが，音楽を幼少から集中的に触れていると大きなメロディーを捉えつつも個々の音への注意を保持することができるのかもしれない（学習の臨界期については第6章で述べたので思い出してほしい）。

　いずれにせよ「生まれつきの才能」が，ある領域での熟達の成功を保証する可能性はあるのだろうか。あるとしたらどの程度のものなのか，その実態は何なのかなどの問題についてははっきりした答えは出ていない。もちろん人にはあらゆることに向き不向きがある。細かい手作業が得意な人もいれば苦手な人もいる。非常に細かい部分に注意がいきやすい人もいれば，細かい部分は見落としがちだが大まかな構造を把握するのが得意な人もいる。そして適性にかかわらず，努力さえすれば必ず一流になれるわけではないというのも事実である。しかしひとつ言えるのは才能の有無を決定する「音楽の遺伝子」「将棋の遺伝子」などのような単一遺伝子が存在する可能性はないということである。あらゆる能力は多くの遺伝子と環境要因，成熟要因が複雑に絡み合うところに出現するのである。細かなところへ目がいく，大まかな構造をつかむのが得意，などの一見非常に生得的に思われそうな認知特性でさえ，非常に低次の情報処理におけるほんの些細なバイアスが環境要因と相互作用することによって乳児期から長い期間をかけて作り上げられていくと考えられている[21]。

　また，スポーツや楽器演奏，ダンスやバレエなどのようなパフォーミングアーツの熟達者にみられる顕著な身体的特徴も生まれつきのものではなく，小さい頃からの訓練によって骨や関節などの構造が変化したことによるものであると考えられている。たとえばバレリーナがあのように足を高く上げて回転することができるのは，関節がもともと柔軟で動かせる範囲が普通の人より広いからではない。クラッシクバレエで要求される関節の動きと反対の方向に足が動く範囲は，実はバレリーナの方が一般の人よりもむしろ狭くなっていることが

ある研究で報告されている[22]。つまり，熟達者の持つ身体能力や身体的特徴は，幼いころからの集中的な訓練のために身体が通常の生活で受ける刺激と異なる刺激を強く長年にわたって受け，その刺激に適合的に変化した結果であると考えられるのである（ただし例外は身長で，身長は訓練をつんでも高くすることはできない）。

　遺伝子によって決定された「純粋に生得的な才能」はないとしても，何らかの能力的な特徴があるのではないだろうか。たとえばIQはどうだろうか。チェスや音楽などの領域でIQと熟達の関係を調べた研究があるが，どちらの領域でもIQが熟達に関与しているという証拠は見出されていない[23]。

　つまり，認知科学において長い間様々な研究がなされてきたが，今までのところ，IQや生まれつきの身体特性が高度の熟達に大きく関係しているという証拠はないのである。若年のうちから能力を発揮し，天才といわれた人たちの自伝や様々な資料をもとにした研究が明らかにする天才たちの特徴は能力的なものよりむしろ性格的なものであるというデータがある[24]。彼らは音楽にせよ，絵画にせよ，後に天才といわれる分野で小さい時から極度なモチベーションを示す。絵画の天才といわれたある人は，幼児期初期に描く道具を与えられた当初から絵を描くことに対し強い興味を示し，絵を描き出すと何時間も集中して描き続け，両親が他のことをさせようとしても見向きもしなかったという[25]。第2章で述べたように，一般的に乳幼児は飽きっぽく，常に新奇なものに注意を移しがちである。したがってこの時期にあることに極度の集中力を見せること自体普通でないことなのである。学習にとって重要なのは外からの報酬ではなく，**内発的な動機**であることは第1章で述べた。子どもが同じことを長期にわたって毎日何時間も練習することは外的な動機づけによってできることではない。単なる楽しみではなく，明らかに向上する意欲を持って目標のために集中した練習を毎日続けられるだけその領域のことが好きでたまらないこと，それが天才となるための，十分条件ではないにせよ，絶対に必要な条件であろう。さらに，もちろん強い意志を持っていなければならない。幼児期後期から児童期の子どもが子どもとしての普通の遊びの時間を削ってまで毎日集中した練習を続けることは並大抵の意志力ではできないことである。

　天才たちに共通する特徴がさらにいくつかある。卓越した熟達者は自己分析能力，自己分析に従って常に目標達成のためにより良い練習方法を独自で考え

る能力，自己管理能力が非常に優れていることが報告されているが，若くして卓越した熟達者になるいわゆる天才と呼ばれる人たちは非常に早期からこの能力を身につけていることである。その観点からいえば，プロ野球のイチロー選手は天才の一人といえるだろう。イチロー選手には，データの記憶力とそれに基づいた分析能力の高さがあることがよく知られている。しかし，彼が天才であることを示しているのは，記憶力・分析力というよりも，小学生の時のイチロー選手が自分で考えた練習法である。彼は小学生の頃から毎日バッティングセンターに通い，しかもスプリングを目いっぱい硬くしてもらってもまだ物足りず，バッターボックスの外に出てより近い距離でボールを打ち，「プロはこのくらいボールを打っているのだ」と計算しながら練習をしていたそうである。小学生の時からの野球で一流になるというゆるぎない信念を持ち，プロと同じレベルのボールを打とうとすることに顕現的に示される野球に対する意欲，目標の高さ，目標のために具体的に独自の練習の仕方を考え出す創意工夫，極度に集中した練習を毎日続ける意志の強さ—これらの能力こそが，熟達研究やいわゆる歴史上の天才たちの伝記研究の文献から示唆される天才の特徴にぴったりとあてはまるのである。

いみじくも現代のもう一人の天才，将棋の羽生義治さんが新聞のインタビューで才能について語っていた。「ひらめきやセンスも大切ですが，苦しまないで努力を続けられるということが何よりも大事な才能だと思いますね」。まさに認知科学における熟達研究の結論を天才が自らの経験で裏づけている。

4. まとめ

この章ではある領域での学習を極めること—つまり熟達—とはどういうことなのか，を認知メカニズムの観点から考察した。熟達者は初心者と比べて，問題や状況の見方が違う，記憶力が格段に優れている，問題解決にとって必要な下位の技能を意識的な努力なしで正確に速く遂行できるなどの様々な認知的特徴がある。しかし，これらは熟達の過程において長い間の訓練をした結果，知識がチャンク化され，構造化されて必要な情報が長期記憶からすばやく取り出されることができるようになったこと，情報処理に必要な種々の手続きが自動

化され，作業記憶で行われる高次の意識的な計算（情報処理）のために多くのリソースを割くことができるなど，情報処理における最適化が起こった結果であると考えられる。また，熟達者が持つ身体的な特徴も長年の訓練によってその多くはその領域での最適なパフォーマンスをするために適合化した結果であると考えられる。つまり，熟達者の特徴はある特定の領域における身体上のあるいは情報処理上の最適化のプロセスによってもたらされた副産物だといってもよいだろう。

　超一流の熟達者のより重要な特徴は，状況に柔軟に適応し，その状況下で最適な判断をし，最良の行動をとることができることである。最適な判断，最良の行動のためにどのように知識が構造化され，どのように検索されるのかを明らかにすることが認知科学の大きな課題である。

　ある領域で一流の熟達者になるためには最低10年の集中した訓練が必要であるといわれている。この訓練がその領域での最適な行動，問題解決に必要な身体的，認知的適合化と直感をもたらすのである。これまで認知科学の研究の成果は，天才といわれる超一流の熟達者になるために重要なのは生まれつきの才能やIQよりも，その分野での向上を目指す強いモチベーションと意志力であることを示唆している。

【注】

（1）　Lesgold, Rubinson, Feltovich, Glaser, Klopfer & Wang, 1988.
（2）　Chi, Feltovich & Glaser, 1981.
（3）　伊藤，松原，グリンベルゲン，2001.
（4）　Kato & Fukuda, 2002.
（5）　Helsen & Pauwels, 1993.
（6）　Allard, Graham & Paarsalu, 1980.
（7）　Allard & Starkes, 1980.
（8）　Allard & Starkes, 1991; Starkes, Deakin, Lindley & Crisp, 1987.
（9）　Chase & Simon, 1973.
（10）　Simon & Simon, 1978.
（11）　Maguire et al., 2000.
（12）　Wan et al, 2011.
（13）　Karmiloff-Smith, 1992.（邦訳あり）
（14）　Ericsson 1996, Ericsson & Lehman, 1996.
（15）　Ericsson, 1996; Ericsson, Krampe & Tesch-Römer, 1993.

(16) Ericsson, Krampe & Tesch-Römer, 1993.
(17) Ericsson, Krampe & Tesch-Römer, 1993; Starkes, Deakin, Allarad Hodges & Hayes, 1996; Sloboda, 1996.
(18) Ericsson, 1996; Howe, 1996; Sloboda, 1996.
(19) Howe, 1996.
(20) Takeuchi & Hulse, 1993.
(21) Elman et al., 1996.（邦訳あり）
(22) Hamilton et al., 1992.
(23) チェスについては Doll & Mayr, 1987. 音楽については Shuter-Dyson & Gabriel, 1981.
(24) Howe, 1996 ; Winner, 1996.
(25) Winner, 1996.

Chapter 7
付録：能と将棋のエキスパート対談
── 熟達とは，技を極めるとは ──

対談まで

　ここでは，熟達した技能の持ち主に登場していただき，熟達についてどのような考えを持ち，どのような訓練をして今の技能に到達したのかを，彼ら自身のことばによって語ってもらおう。ご登場いただくのは，能楽師金春安明氏と将棋プロ島朗氏である。これは，著者の一人の今井が慶應大学湘南キャンパスで開講している講義「認知学習論」の中の「熟達」の回の講師としてお二方をお招きした時の記録である。

　金春安明さんは，第79代金春流宗家のご長男で，ご講演当時50歳になったばかりの現役の能の演じ手である。室町時代から続く金春流という能の諸流派の中でももっとも伝統のある流派の中核として活躍されている。

　一方の島朗さんは，1963年に東京に生まれ，9歳から将棋を始め，12歳で将棋のプロ棋士を育成する奨励会に入会，17歳の時に4段に昇格し，プロの棋士になっている。その後，1988年，25歳の時に将棋の世界の重要なタイトルのひとつである初代の竜王位を獲得され，それ以降も厳しい将棋の世界の第一線で活躍されている。

　将棋は必ず勝ち負けが決まる勝負の世界，能はひたすら幽玄の世界を構築していくという，まったく異なる性格の分野ではあるが，熟達するための要件という点では非常に多くの共通性がみられた。反面，次世代あるいは生徒に技をどのように教え，伝えて行くかとい

う点では二つの分野は大きく異なることがこの対談からわかるだろう。「人がある分野で熟達し，技を極めて行くには」というテーマにとって，長い年月の修行を積まれ，数々の困難を乗り越えて現在の熟達の境地に至ったお二人のことばには深い含蓄と重みがあるものであった。お二人にお話いただいたことは，また，技の習熟を目指す人にとってのみでなく，学校教育における学習にも非常に深い示唆を与えてくださるものであったので，第7章の付録としてこの対談の書き起こしを収録した。

1. 対談者紹介

〈今井〉：これまでの授業の中で，スポーツや将棋，その他の分野における熟達者がどういう認知的な特徴を持っているのかというお話をしました。熟達者というのは，初心者に比べて，いくつかの点で大きく違うところがある。まず，下位技能が正確で自動化されているというのが一点。また，**下位技能の自動化**に深く関わっているのですけれども，目のつけ所が違うということですね。何をしたらいいか，どこを見たらいいかということが，あらかじめわかっている。たとえば，島先生が将棋を指しているときの目の動きを調べたビデオがあるのですが，あっちこっちきょろきょろと見るのではなくて，見るべきところだけを見る。そしてまた，非常に記憶が優れているということがあります。それはどうしてかというと，その背後に非常に豊かな知識があるので，見たものを全部最初から記憶する必要がないわけです。すでに構造化されている知識に照らし合わせて，今の状況がどうなっているのかということを判断して，そこに印をつける（タグづけする）だけでよいのです。すでにタグづけされて頭の中に入っている構造から，今の状況がちょっと離れていたら，その離れたところだけ，こういうところが今までと違うということだけを，記憶すればいいのであって，最初からする必要がないということです。

また，直感も重要です。ここでいう直感というのは超能力ではなくて，今どうやったらいいか，今の状況で最善の問題解決をするための能力なのです。最善の問題解決，最善のパフォーマンスというものをするためには，今どうした

らよいかということに関しての直感が働くということですね．つまり，熟達者というのは，初心者に比べて，1＋1が2ではなくて，1＋1が10にも20にも100にもなり，その状況の制約に合わせて最善のパフォーマンスができるということです．

今日のゲストは，能と将棋という一見非常に違う領域で第一人者となっている熟達者の方たちですが，熟達というものはどういうものなのか，熟達をしていくということはどういうことなのか，ということについてお話ししていただくので，皆さんは，熟達者の領域を超えた共通性とは何かを考えてください．同時に異なる領域の間で，どういうところが熟達する過程として違っているのか，というようなことも考えてください．

2．熟達するとはどういうことか

最初に，島先生と金春先生に，それぞれの分野で熟達するということがどういうことなのか，特に先ほど述べた熟達者の特徴が，ご自分の分野でどのくらいあてはまるのか，それからご自分の分野で，非常に熟達した人というのが，初心者と比べて，どういうところが一番違うと思っていらっしゃるのかということをお話しいただきたいと思います．それをまずお話しいただいてから，次に，熟達の過程について話題を移していこうと思っています．

それでは，金春さんの方からお聞きいたします．能というのは何百年も受け継がれた伝統芸能ですよね．その伝統の中で，技を極めて熟達していくということはどういうことなのでしょうか．最初は，まず，熟達者の特徴についてお話しいただけますか？　明らかに熟達した人と，稽古を始められたばかりの方を比較して，どういうところを見て，「この人はすごく熟達した人だ」とか「この人はまだ初心者だな」とか，「ある程度うまいけれども，ちょっと足りないな」とかいうようなことを判断されるのでしょうか．

2.1．能の世界における熟達

〈金春〉：将棋と能とは，ある意味で全然違う．将棋の時は，相手がどう出てくるかによって，こちらのやり方も変わってきますね．ところが，能というの

は，セリフも決まっていますし，舞い方も決まっている。歌舞伎もそうなんでしょうけれども，歌舞伎以上に能の場合は，最初からセリフも舞いも決まっているといってよいでしょう。ところが，それでも微妙なところが相手の出方によって違ってくるのです。それを一つの舞台の例でお話ししましょう。

　奈良金春会といいまして，奈良の県立公会堂でやった舞台が先日ありました。東京から私が行きまして，人手が足りないので，地謡という謡を謡う人も東京から連れていきました。時間の都合その他がありますので，実は事前のリハーサルはなしでやっております。大鼓の人は京都の人です。小鼓は大阪の人です。全部流派が違うんです。能の場合は，観世流・金春流・宝生流とか，いろいろありますけれども，それは舞う人が金春流・観世流ということなのです。

　話が複雑になりますけれども，能には，観世流・金春流・宝生流・金剛流・喜多流と，全部で五つの舞う人の集団があります。それに対して，小鼓は，幸流・幸清流・大倉流・観世流と，四つ流派があります。大鼓は，また，葛野流・高安流・石井流・大倉流・観世流と，五つ流派があります。それがそれぞれ出稼ぎ関係にあるんです。しかし，室町時代では，観世流には観世流の鼓や観世流の大鼓があって丸抱えでやっていたのです。だから毎回同じ謡と同じ鼓だった。金春流には金春流の謡があって，大倉流という専属の鼓があって，大倉流という専属の大鼓があった。それで，毎回同じ鼓を打っていた。毎回同じ謡を謡っていた。それなら，寝ぼけていても，はんこを押しているように毎回同じわけです。ところが，それが江戸時代の途中から，お互いに出稼ぎというか，下請けというか，外注というか，そういうことが始まりました。そうしますと相手によって，いろんな大鼓がいる，いろんな小鼓がいる。打ち方が違うと，それに対して，こちらの合わせ方が，謡い方の対応の仕方が変わっていく。しかし，それは結局，勘でいけるのです。でも，真面目な人はまず，誰と共演するかを考えます。今回の大鼓は京都の人だとすると，京都の石井流の教科書を見て，このような大鼓を打ってくるから，だからそれに合わせた謡を練習して行かなくては謡えない。それから，大阪の大鼓・小鼓，そのテキストを手に入れて，ごりごりごりごり練習して，それに合わせた謡い方をやっと謡えるという，そういう段階があります。さらには，勉強しても謡えない人もいますね。鼓とリズムがずれちゃうわけです。謡と鼓と大鼓とそれぞれね。それがもうめ

ちゃめちゃになるのはもう論外です。ごりごりごりごり勉強してやっと合わせる人。ところが，先にお話をした奈良金春会などでやれる人くらいになると，みんなぶっつけ本番で，しかも予習もしてきていません。ちゃんとブロックサインといえるようなものがいろいろありましてね，そういったお能の特徴をあらかじめ，経験上，あのようなサインがあった場合には，次にこのような鼓を打っているに決まっているから，それを先取りして，それに合わせたような謡い方が，もう身体で，つまり，頭で考える以前に無意識にできるようになる。大鼓には五つ流派があって，小鼓には四つ流派がありますから，組み合わせは20種類ある。とはいっても，20種類あるなんていうことを意識するようでは，まだ熟達しているとはいえないです。30歳くらいの時はまだ予習しているんですけれども，もう40歳ぐらいになると，予習も必要なくなって，もう，寝ぼけていても，いきなりぶっつけ本番でやって，ぴったり合うんです。それが，今井先生が言われたような熟達という感じになるんじゃないかと思います。

〈今〉：ありがとうございました。本当に納得してしまいました。人間の学習で，熟達していくということは状況に応じて適合的になるということだと考えています。まさに，今お話を聞いていると，いろいろな下位技能だとか，あるいは，いろいろな流派の動きだとかというのが自分の血肉になっているので，その場その場で最適な判断が，先読みができるし，意識的に考えないで最適な行動がすっと出てくるという感じですね。それがやっぱり，熟達の特徴なのかなぁと改めて実感しました。プロ野球のイチロー選手もそのような話をしていたと思うのですが，今，金春さんのお話を聞いていて，「やっぱり能でもそうなのか」と納得してしまいました。島先生はいかがでしょうか？

🟥 2.2. 将棋の世界における熟達

〈島〉：今，金春先生のお話を聞いて，大変将棋と共通するところがあるかなと思いました。もちろん，能と将棋は違う世界ではあるんですけど，今井先生の言われる「熟達者の特徴」である下位技能の習熟についてならば，私も，多分金春先生はじめ皆さんそうだと思うんですけど，若い頃からずっと練習されているはずです。私が将棋を始めたのは小学生の頃です。子どもの頃というか，アマチュアの頃というのは，考える材料があまりないんです。まず，将棋その

ものの知識があまりないというか，目に映った手を指している段階で，そんなに考えられないのです。それこそ1局が10分とか20分で終わってしまうのが，子どもの将棋なんです。それが，プロの世界に入っていって，だんだんと，「こういう局面はこういうものなんだ」ってわかって，勉強していくにつれて，逆に，同じ局面でも別の見方があるのかって，いろいろ広範囲に広がってくるんですね。だから，将棋を指すのにも持ち時間というのがいるようになります。プロになったら1局の持ち時間は5時間6時間ということがあります。将棋を始めた頃には，いったい1局の将棋で5時間も6時間も必要なのかなって感じがしていたんですが，自分の中で，勉強していくにつれて，考える材料というか，いろいろ局面の要素というのがわかってくるんですね。だから，前は見えなかったものが見えてきて，その分時間も必要になってくる。私も将棋を勉強し始めてちょうど30年になりました。将棋のプロっていうといかにも強そうに思えるんですけれども，実際のところ，将棋の全体の技術が100としますと，アマチュアの皆さんがわかっているのは，そのうち4か5とすれば，プロは80も90もわかっているわけではなくて，せいぜい6か7わかっているだけなんですね。つまり，アマチュアの方より，少しわかっているにすぎない。だから，プロになった今でも，さすがに下位技能が習熟していないということはありませんけれども，勉強することは本当に多くて，それだけ将棋は広いというのを痛感しています。考えることがどんどん多くなってくるので，その分勉強する分も増えてくる。特に，先ほど金春先生がおっしゃったように，何かに対応して身体が動くというのと同じように，私達も，局面を見て，相手の指し手に対して，その意味を読みとらないとどうしようもない。これは，やっぱり将棋も能と同じように相手がないと成り立たないものなので，一人で自分の主張ばかり押し通しても，将棋というのは勝てないんですね。つまり，相手の言い分をうまく押さえながら，ここは自分を通して，別のところでは相手を通す，そういう風にしながら，将棋を指していくというか，技術を勉強しているわけです。

　記憶能力については，基本的には衰えてくるものだなぁって最近思っているんですが，ただ，好きなことに関しては，やっぱり衰えませんね。たとえば，私は電話番号とかは，年々忘れているような気がするんですけれども，好きなことに関しての専門的な知識は，今でも，60歳ぐらいまで，あるいはそれ以

上でも，全然衰える気がしないんですね。よくプロ棋士のピークは30歳とか40歳とかいいますけれども，私が25歳ぐらいの時に指していた将棋を今見ますと，弱くてどうしようもないんですね。そのころは今より勝率はよかったはずなんですが，欠点だらけで，なんでこんな弱い将棋で勝てたのかわからない。それよりも，明らかに今の自分の方が強いのがわかるのです。ところが，将棋界全体も，みんな強くなっているので，その中で，相対的に調子が良かったり悪かったりして成績が変わってくるのですけれども。いずれにせよ，そうした記憶能力というのは，好きなことに関しては，まず衰えない。実際，それがどのくらい楽しいかということが熟達につながると考えています。だから，たとえば私は学校に行っている時は，そんなに次の日が楽しみだとは思わなかったですけれど，それが，明日は一日将棋の勉強ができる日だというと，今でも嬉しくて寝られないんですね。明日はどんな勉強をしようと考えたりして。つまり，勉強が楽しみでしようがないんです。若い頃には感じられなかったんですが，年々そういうことを感じるようになってきましたね。だから，まず，熟達ということばを聞いて私が思うのは，それがどれくらい好きかということだと思うんですね。たまたま金春先生や私の場合，それが仕事になっているわけですけれども，やっぱり，仕事を含む人生の中には，ただ日にちを過ごすということではなくて，その中に，目的であるとか，調和であるとか，そういうものを求めていくものだと思うんです。そうした中で，自分の目的意識なり，プライドなりを持っていることが，熟達に一番速く，難なく到達できる。だから，金春先生も1日に何十時間練習されるか，本当にすごいと思うんですが，私達棋士の場合は特に身体を使わないので，最低でも1日に6・7時間は勉強できないと，プロとしての資格がないといえるでしょう。若い頃にやったから，その遺産で食べていくということもあるんですが，放っておくと記憶は衰えていくので，より強固にするために繰り返しをするしかない。

　能の世界と違って，師匠と弟子というのは，私達の世界では非常に希薄で，師匠が弟子に直接教えたりすることはなくて，「勝手に強くなりなさい」の世界なんですね。そういう意味では，コーチもいませんし，ここにある問題の見え方や，あるいは直感とか，全部自分一人で勉強していくしかない。ただ，直感とか勉強というのは，いろんな要素があって，私が皆さん（大学生）のよう

な年齢の時は,ただ,知識を詰め込む学習でよかったと思うんですけど,これがだんだん,盤面を総合的に見ていくことになってくると,それこそさっきの金春先生の能のような,他の分野でも超一流のものを見ると,そこに何かやっぱり将棋に繋がるものが感じられるようになってくるのですね。いろんな世界の方の話を聞いたり,ふとした時に,仕事に結びつくことがある。やはり目的意識がどこに向いているかというのがすごく大きいと思うんです。だから,まず熟達の第一歩には模倣が必要です。日本では,真似というのはあまり良いこととは思われていないですけど,うまい人の模倣をして,そしてその中で,どう自分なりにその要素を取り込んでいくか。それが,勉強して熟達していくことだと思います。私はまだ熟達者とはいえないのですけど,そういうことを考えながら,熟達するために毎日勉強しています。

3. 練習の繰り返しとチャンク化

〈今〉:ありがとうございました。熟達するには,というところまで,踏み込んでお話しいただきました。今の島先生のお話を伺っていると,熟達者の特徴の,下位技能が習熟しているとか,記憶が優れているとかというのは,それは要するに,勉強していって,その結果として,そういうものが現れているのであって,熟達者が,熟達しない人と比べて違うのは,意識の向け方なのではないでしょうか。日常生活の中でどんなことをしていても,自分のやっていることを将棋なら将棋に結びつけて取り込んでいける。だから,その分野で超一流の人というのは,単に,あることがすごく上手にできるとか正確にできるというのではなくて,それを越えたものというのがありますよね。普通はそれは,創造性ということばで語られるものなのかもしれませんが。今お聞きしていて,その創造性というものの源は,何をするにつけても,意識を向けて自分の分野に取り込もう,何でも勉強しようとする態度なのではないかなと思いました。金春さんはその点いかがでしょうか?

〈金〉:私も熟達者といわれると困りますが,結局,数掛ける(数をこなす)ことがやっぱり大事ですね。西洋の音楽で,たとえば,ピアノの場合なら,バイエルから順々に,初心者用から高級になっていく教科書というのがちゃんとで

きていますよね。西洋人というのはそういうものを確立するのが好きですから。しかし，能の場合には，そういったマニュアルとか，初心者に向けた教科書はありません。将棋の世界とはちょっと違って能の世界では，好きであるか，または，無理矢理やらされているか，そこら辺はどうでもいいと思うんです。もちろん，好きに越したことはないけれども，強制されるとしても，私たちの場合には，結局数掛けることになります。能の場合は，最低限のセリフは覚えなければいけません。歩く道順，舞の手順は数掛けることによってはじめて覚えられる。もうひとつ，そこで大事なのは，数掛けることによって能の演目の間の共通性と違いに気づくということです。能に「羽衣」とか「高砂」とかありますが，羽衣で舞っている舞の原則が，高砂にどのように応用できるかとか，高砂での舞が「道成寺」のここの部分には使えるが，ここの部分は使えない，とかです。それは結局自分で判断することになりますが，結局その人の，そういうものを自分で見抜く，分析能力が必要になります。そのために大事なのは，いい材料がなくちゃダメだと思います。悪い材料を揃えていたらできない。だから，いい先生について，またはいい人の舞台を見て，それをとにかくまねする。それを何度も何度も繰り返す，つまり数を掛けるわけですね。ただ，数掛けても，揃えた材料を数掛けて，とにかく収集しても，うまく分類できない人がいます。材料をどのように分類するか。縦に並べるか，横に並べるか，斜めに並べるか。そして，それを横から眺めるのか。円筒が，上から見たら円に見える，横から見たら長方形に見えると，円筒というものは。そういったものを，どのように眺めて見ているかというのは，その人の素質なんじゃないかなと思うんですね。

　先ほど，島八段が，将棋の場面の説明をしていた時に「あれ」ということばを使っていましたね。私も舞の説明をするときには「あれ」ということばを使いたいんですよね。島さんは，盤面に将棋の駒が並べてあるのをパッと見て，そしてすぐ何も置いていない別の盤の上にまったく同じように駒を並べることが簡単にできるそうですが，レベルの低い人だと，いちいち，あそこに歩があって，あそこに香車があってと，そういう風にして，細かく見なくてはならないけれども，それを島八段ぐらいになると，「あそこは，例のあれなんだ」と。パッと見て1個でもって認識できるんだと思うんです。だから，盤面を再現す

るのが楽にできるんでしょう。その「あれ」ということばが，能にもあてはまります。いかに一束の「あれ」，一束の「これ」でひとまとまりのものとして覚えることができるかというのが，一つの熟達とか慣れといえるのではないかと思います。

　能にもテキスト（台本・楽譜・振付けのこと。教科書のような意味でのテキストではない）といえるものがあるんです。能の場合，初心者も，高級な人も，共通のテキストを使っているんですけれども。そのテキストには「見付角の」，どこそこの方角ですね。どこそこの方角を向いて，両手を上げて，扇を左手に持ち，その扇を指し回し，左へ回り，そして，どこそこの柱の方に向いて，右肩に掛け，あちらにいる人に向かって扇を打ち出す，後ずさりをして，右手に持ち直す。こういう風にテキストには書いてある。それを，初心者ならば，これ（両手を上げて）が1個，これ（扇を左手に持ち）が2個め，それからこれ（扇を指し回し）が3個め，4個，これが5個，これが6個って。6個も覚える項目があるわけですね。ところが僕の場合は，今の6個の所作が連続して，ひとつのまとまりになった形で出てくる曲が何種類もあることに気がつくわけです。「海人」という曲，「杜若」という曲，「誓願寺」という曲など。何種類かの曲に，決まって，その一束になったヤツが，6個まとまって出てくる。その共通の「あれ」は，全部，仏様が成仏したり神様が昇天したりすることに関わっているわけです。だから，その一連の動作の流れを私は仮に「成仏の形」と言っています。成仏する時のしぐさになるわけです。そうすると，今のややこしい6個の「あれ」が，成仏の「あれ」。これで，1種類で済むようになるわけです。そうすると，暗記するのが楽ですね。6個も覚えるのって大変だけれども，1個覚えればいいんだから。そして，それはもう寝ぼけていても，「成仏の型」として頭に覚えておけば，これから成仏の形をするぞと思ったらば，もう自然に身体がついてきて，その6個が自動的に動くようになるのです。そういう風なものの考え方ができるようになるか，できないか。それが慣れてくるか，慣れてこないかの問題だと思います。それは教えてもらったわけではないんです。たくさんの曲を，好きだからか，無理矢理やらされたかは別として，いろんな能を，こちら職業上覚えざるを得ないので，覚えているうちに身につけていくわけです。

　仮に，「杜若」という能があって，今の動作を1，2，3，4，5，6とやったと

します。「杜若」の能が終わったから，もう全部水に流しちゃって，次に「海人」という能をやる時に，1, 2, 3, 4, 5, 6をやっても，「杜若」のこと忘れちゃって，「杜若」の1, 2, 3, 4, 5, 6が，「海人」の1, 2, 3, 4, 5, 6と同じものだと気がつかなかったら，永久にざるで水をすくっているようなものですよね。「杜若」の時に1, 2, 3, 4, 5, 6，苦労して覚えて，次に「海人」の時にまた覚えて，それまた忘れちゃって，今度「誓願寺」の時にまたゼロからで，同じことの繰り返し。それだとやっぱり損ですよね。将棋の方もそうだと思うんですけど，負けた時の「あれ」（棋譜のパターン）を覚えていると。負けたから「チクショー」と思って，それを忘れちゃったらそれきりなわけで，それを覚えていることによって，次の時の役に立つ。私はだから，「海人」でやった1, 2, 3, 4, 5, 6，を覚えていたことによって，それに似たような形が，あれにもこれにも出てくる。それから先，似たような形がでてきた時に，どうしてそうなっているのかを考える。しかしその時，余計なことを考えたらダメなんです。「これは主人公が男の時にやるんだろうか」とか「主人公が女の時にはやらないんだろうか」とか考えてみたりしますが，それはあたる場合もあるけれども，あたらない場合もある。男でも女でも，昇天するヤツはやるんです。神道の時にはやらないのか，仏教の時にはやらないのかと考えてみることも大事ですが，でも，考えてみても，たいていははずれなんです。とにかく，宗教がどうであろうが，浄土宗だろうが，日蓮宗だろうが，上に上がる時には，全部「あれ」をやるということがわかってくるのです。よく，能の研究書を見るんですが，せっかくいい材料を集めながら，変な角度から眺めて，それで変な結論を出しているのがあります。そして，自分が変な結論を出しているくせに，自分の理論に合わないものは，例外として排除する，というのをよく見かけます。でも，能ってそんなもんです。古典の世界というのは，規則でやっているものではないんです。例外もあります。100％全部「あれ」（注：チャンク化，パターン化）はできません。でも，経験をたくさんすることによって，この角度から眺めたら80％ OKで，20％例外ができる，という見方ができるようになるわけです。それが，見方が悪いと，五分五分にしか見えないということもあるわけです。それを，勝手なことに，50％あれば私の理論は成り立った，こっちの50％は例外だといって，排除してしまうという研究者がいます。それ

ほど能をバカにしてもらうと困るんですよね。そんなに能というのはでたらめにやっていないんで，例外性は少ないものだと考えています。そういうのが見えてくるのが熟達のひとつではないか，と思うわけです。

〈今〉：はい。金春先生と島先生が同じようなことをおっしゃっていたんですけど，やっぱり，パッと見るともう形が何であるかわかる。今まで分断されて，一つひとつのものだったのが，大きな単位，まとまりになって，それが「あれ」なんだという風にわかると。認知科学ではこのことについて特別な用語がありまして「チャンク化」といっています。やはり，このチャンク化というのが，熟達していく上で鍵といわれていまして，これはさっき金春先生がおっしゃっていたように，教えてもらうものではないんですね。やっぱり，教えてもらうのは一つひとつの単位です。先ほどおっしゃっていた，一連の動きの中の一つひとつの単位をどういう風にしてまとまりにしていくかというのは，やっぱり，数をこなして，自分で見つけていくということなのです。将棋や能に限らず，すべての分野でチャンク化というのが大事なことで，このチャンクが，熟達者の「直感」なんです。直感があるからこそ最適な判断ができるようになると言ってよいでしょう。チャンクというのは，多分，経験によって積み重ねられた記憶がそれぞれの知識のユニットとして構造化されて，何らかの構造を持つようになる。そして，それに対して非常に抽象的なタグづけがなされるようなものなんだろうと一般には考えられています。それが何なのかというのを知りたいわけですよね。だから，島先生がご協力なさっている将棋のエキスパートの秘密をさぐろうとする研究がありますが（松原氏の将棋の研究），ここでもやっぱりこのチャンク化というのが鍵になっています。島先生をはじめ，プロ棋士の方がどういう風にしてチャンク化を行っているのか。チャンクというのがどういう形のものなのか。頭の中でどういう形になっているのかという疑問と，今までバラバラだったものが一つのまとまったもの，つまりチャンクになっていくのか。その過程を明らかにするというのが，今の認知科学者が目指しているもっとも重要なテーマのひとつだと思うんですね。だから，もしも島さんのような，素晴らしい強いプロ棋士に勝てるようなコンピュータプログラムを研究者の方が作ろうとしたら，やっぱりそれはこのチャンク化の過程をプログラムに組み込む方向で考えて行かざるを得ないといわれています。

4. 熟達するにはどうしたらいいか

　ここまで大変面白くお二人のお話をお聞きしてきたのですが，そろそろ「熟達していくには」というようなお話に移りたいと思います。その一部は，もうすでにお二人に先取りしてお話しいただいたのですが，たとえばある分野で熟達を目指す生徒を教える時に，どういう風にしていろいろなものを教えていくのか。あるいは習っていくのか。島先生はこれに関して，将棋の分野ではほとんど直接教わることはなくて，模倣するということをおっしゃっていました。

4.1. 将棋の勉強法

　〈島〉：模倣ですね。将棋には勉強法がいくつかあります。勉強法は，年齢とか性格によっても違うんですけれども，昔や今の強い人が指した将棋の記録である棋譜を並べてみたり，定跡を研究したりというのが普通です。ところが，定跡は，無数の試行錯誤が重なってできているんですが，その中で，必ずしも，結論が出ていない部分もいっぱいあるんですね。だから，自分なりに，定跡を疑ってかかる。つまり，これまでの常識をある程度身につけることは大事なんですけれども，ある時からそれに疑問を感じるようにならないといけないということがあります。これまで先人達の積み重ねてきたものだけで自分が勝とうとしても，ダメなわけです。その積み重ねの中で，自分の見方はこうであるとか，あるいはいろんな練習対局をして試してみる。そういういろんな勉強法を複合しながら，プロ棋士は前進していくのです。他にも，まず，将棋というのは読みのゲームなので，詰め将棋のような答えのあるものを考える。これはもうパズルの世界なんですけれども，これは深く読むのに非常に役立ちます。実戦の時は持ち時間という制限があるので，深く読む力を身につけながら，それを速く読んでいけるようにする。両方の技術を身につけることが必要ですね。だから，その時々で勉強法というのは変わってくるんですけど，今，金春先生がおっしゃったように，多分能にも定跡（セオリー）というのがあって，そのセオリーの中で自分の見方を見出していくのが，やはりその専門家にとっては大事なことじゃないかなと痛感しました。勉強法というのは，将棋の場合はとくに相手が必要なものなので，勉強も一人でやる時と，2人でやる時などいろ

いろありますが，将棋というのは，やはり勝負なので，いろんなことが起こるわけですね。自分の予期しないことなどが起こるので，その時にどういう風に対処できるという考え方はすごく大事ですね。そうした勉強法というのは，私たちにとっては「これはやらなきゃいけない」というのではなくて，ご飯を食べるのと同じことです。極端な言い方になるんですが，棋士の場合，勉強しないと生きていてもしようがないんです。それだけ生活のすべてなので，たしかに「好き」ということばだけでは書ききれないかもしれない。そう考えると勉強法を考えていくというのは結構面白いことですね。

〈今〉：ありがとうございました。将棋の場合には，直接教えてもらうことはほとんどないのですね。また将棋の世界では親が将棋のプロ棋士だったから，子どもも必ずプロ棋士になるというようなものではないですよね。

〈島〉：そうですね。家でずっと継いでいくようなものではないので。

4.2. 能の稽古

〈今〉：お能の場合には，代々引き継がれたというのですか，何百年も受け継がれてきたものをどうやって今の世代の人が次の世代の人に技を伝えていくか，ということがとても重要だと思うのですけれど，どのようにして，技を伝え，また若い世代の方がどのように学習していくか，ということに関して少しお話していただけますか？

〈金〉：「家元だから」「親子だから」というのと，アマチュアの人が趣味で習っている，月謝をいくらいただいてアマチュアの方に教える場合とで違うことを教えているわけではありません。同じような形で教えております。アマチュアの人に教えたりする時には，やっぱりちょっと先生っぽくいいカッコしなくちゃということもありますから，ちゃんと扇もって袴はいて，こんな風にして練習する。家で息子に教える時にはそんなことはやってませんよ。家で親子で，しかも，舞を舞うんだったらともかく，謡を教える時には，洋服のまま，場合によっては椅子に腰掛けたままということもよくあるわけです。実際舞台で，こういう風なものに腰掛けて謡を謡うシーンというのはたくさんありますし，立って歩きながら，舞いながら，謡を謡うのも実際たくさんあるわけですからね。正座しなくちゃ声が出ないようだったらダメですよ。ちゃんと正座して扇

もって，先生とやって，それが練習だというのは，アマチュアの人の自己満足というしかない。

　お月謝をいただいていると，やっぱり月謝を払っている人にも「習ったなぁ」という気分になっていただかなくちゃならないわけで，やっぱり先生は袴をはいて，いい格好をして扇なんかを持ったりしなければなりませんね。実際，舞台では，謡を謡う時には必ず原則として扇を持って謡を謡いますので，始まる前に扇を自分の横において，本を広げて「よろしくお願いします」なんて言ったりするのが原則なんです。やっぱり「習うより慣れろ」っていうか，とにかくがむしゃらに数掛けてやるというのが，謡の練習の仕方なんです。

　これから「羽衣」の一番最後のところをやりますけど，とにかく先生が一句謡う。そして，お弟子さんが一句謡う。先生が一句謡う，お弟子さんが一句謡う。これを「一句付け」とか「口うつし」とかいいます。そういう風にして練習するのが昔からの建て前であり原則なんです。それを試しにやってみましょう。

〈ここで金春さんとご長男の方の二人の謡の稽古のデモンストレーションをしていただく。〉

〈金〉：「東遊びの」

〈金春息〉：「東遊びの」

〈金〉：「数々に」

〈金春息〉：「数々に」

〈金〉：「東遊びの」はい。

〈金春息〉：「東遊びの」

〈金〉：「数々に」

〈金春息〉：「数々に」

〈金〉：まぁ，こんな風な感じでやるものなんです。ただ，これ実は非常に不合理な，論理的には不合理な練習の仕方なんですが，昔からこれでずっとやってきている。何が不合理かといいますと，これ，スイッチ・バックするわけでしょ。でね，結局「東遊びの数々に」ということばの節は，その次の，1句目の節のお尻は2句目の頭を導いているわけですよね。2句目のお尻が3句目の頭を導いているわけです。それなのに，こう，ジグザグをやると，1句目のお尻と1句目の頭とは因果関係がないわけですね。だからそんな練習の仕方をしても，本当は役に立たないんですけど，ただごく初心者の間はこれをやらなく

4．熟達するにはどうしたらいいか　187

ちゃしようがない。そんな段階を過ぎて，やっぱり1句目のお尻が2句目の頭とどのような因果関係があるのか。2句目のお尻が3句目の頭と，節の上がり下がりが，どのような因果関係があるのかということは，これはやっぱり習う人が体得する。その因果関係というものを学習者は自分で考え出すわけです。それからもう一つまずいのは，これはリズムでいくと，リズムをこうとっていますね。（リズムをとる音）1句ずつ練習していくと，とにかくつながりが悪くなっちゃうんですね。こうやって戻る時に，節の上がり下がりについても問題が起きる。リズムのとり方でも問題が起きてくる。スイッチ・バックで，今のようなジグザグでやってるから，そこのところのリズムが全部壊れてるんです。

〈今〉：教えている時に，今のところは「ここはこうして」というようなことはおっしゃるんですか？　もうひたすら繰り返すだけですか？　たとえば，そのスイッチ・バックをする時に，お弟子さんが間違ったり，よくない謡い方をしたら，先生はどうされるんでしょうか。

〈金〉：もちろん失敗したら「ここは違ってる」と。たまたま，今回はこの子が間違えなかったので，うまくいっちゃったんですけど。我慢できる範囲というか，こちらの要求の度合いもありますけどね。初心者のうちは，今ぐらいだったらパスですよ。それで，もうちょっと進んだ段階になると，発声法の問題とか。だから，ダメ出しすることはあります。ダメ出しでも2種類ありますね。古典的な，江戸時代・明治・大正時代のやり方で，とかくいわれているのは，「ダメ。もういっぺんやり直し」「ダメ。もういっぺんやり直し」。何が悪いのかを弟子に考えさせると。師匠が気に入るまで「ダメ。もういっぺんやり直し」というやり方もあります。ただ，それだと時間を食うので，こっちも面倒だし，子どもに稽古をやめられたらもとも子もありませんから，こちら（現代の考え方）は「今のは下がりすぎなんだ」とか，「ここまで下がっちゃ，別の曲の別の部分ではここまで下がるけれども，『羽衣』のここの部分では，ここの程度までしか下がっちゃいけないんだ」とか，「今は下がり足りない」とか，「下がりすぎだ」という風な説明をするのが，やっぱり今の親切な教え方にはなってます。

素人のお弟子さんに嫌気を出させないために，謡でも舞でも，弟子がまちがっても，ダメ出しをせず，「結構でした」と言って済ませて，そして，これで10年うまくやっていったら，もちろんセリフは本人が努力して覚えるでしょ

うし。セリフ・節・リズム。そういったのを習う方できゅうきゅうとしてというか、それで精一杯なんだけれども、それが終わった頃に実は、結局あとで言われるんだけれども「お父さんとそっくりな声」って。そりゃ親の子どもだからそっくりなのかもしれないけれども、親子でない人の場合でもそうなんです。習っているお弟子さん。10年やったら、「安明先生のお弟子さんですね」というのがわかっちゃうんですね。声の出し方・座る時の腰の落ちつけ方、そういった直接関係ないところとかね。変な癖とか、そういったのまでいつの間にかうつってしまう。習うというのかうつっちゃうのかしれませんけれども。そういったのが理想的な師匠と弟子の関係であると思っています。

〈今〉：舞もそうですか？

〈金〉：舞もそうです。それは、腰の据わり方というか、歩き方とか。それなりにうまい下手はあるんだけれども。「あの先生のお弟子さんだな」って。どこの先生のお弟子さんだというのが、舞を舞ったら一発でばれちゃいます。将棋の場合には直接師弟関係で習ったりすることがないそうですが、能の場合は、とにかくこういう風な芸術なんですよね。舞でも、横に立って一緒に舞うことが必要なんですね。

5. 余裕の役割

　そういった話を聞いていて気がついたんですけれど、うちの場合、親が子どもに教えるというのもあるんですけれども、余裕ということをふと考えたんです。能というのは舞台に出るだけじゃやっていけないような芸術なんです。能の営業形態っていうのはね。それで、どんな能楽師でも大抵、趣味でやっている人から月謝とって、教えているわけです。だから、「羽衣」とか「高砂」とかは、飽き飽きするほど何度も何度も、お弟子さんがおぼえるまで繰り返すわけです。数を掛けることが大事だと言いましたが、好きで数繰り返すこともあれば、師匠に無理矢理言われて、押しつけられて繰り返すこともある。それともう一つ、今になって役に立っていることがあります。とにかく生活するためにアマチュアの人に教える。初心者を仕立てたら、次の初心者が次々来る。それに教えるというのは、わかりきったことを繰り返すという意味では退屈なん

ですが，そこが一つの余裕でもありますね．余裕があって退屈だと，そこでいろんなことを考える．先ほど言った，成仏の形なんていうのも，そのようにして「杜若」を何回も何回も人に教え，それから「海人」をまたなかなかおぼえてくれない人に教えている過程で，ふと気がついた．よく大学の先生が授業の時にひらめくってヤツあるでしょ．ギリギリの状態でやってるとね，やっぱりいい知恵が湧かない．そこで島八段を拝見していて，私の方が幽玄の世界の芸術やってるでしょ．で，島さんは厳しい勝負の世界に生きていらっしゃる方なんですよね．それなのに，島先生のお顔を見ましたら，島先生の方がずっと柔和でね．私の方がむしろイライラしているんじゃないかな．先ほどお会いした時から，「こういう風な余裕がある人なんだな」と思っていました．頭に遊びというか余裕というか，ある．そうするとやっぱりいい手とか出てくるんじゃないかなぁと思っています．

〈島〉：今の金春先生の，お父様と息子さんの厳しい，密な指導は，将棋界にはなかなかないことなんですね．兄弟子にも，息子さんが将棋の世界に入っている人がいますけど，親は子どもに教えません．「なんでこんなことがわからないのか」ということを冗談で言うことはあるそうなんですが．やっぱり，将棋は自分で強くなるのも結構大変なんですけど，ましてや他人を，つまりアマチュアのお弟子さんとかを強くするのは難しいです．先生が今，おっしゃったように，長い目で見ないと将棋の指導は難しい．

余裕ということでは，私もちょっと思い当たることがあります．私も若い頃，プロになる前というのはみんな勝負第一でした．プロになるための年齢制限とかいろいろ，すごくヘビーな部分があって．その時は本当に将棋に余裕がないんです．つまり，勝たなくちゃしようがない．将棋の内容とかは全然関係なくて，みんなもう12，3の頃から入って，26歳になった時点でプロになってないと，将棋の世界から放り出されるという年齢制限があるわけです．皆さんは誕生日とかくるのが楽しいかもしれないですけど，われわれの場合は誕生日がくるというのは，年齢制限が近づいてくるので，もう怖いんですね．そういう時をもう10代の頃に過ごしているので，やっぱりそれに比べると，一応プロになってしまえば，現役生活が長いせいもあるんですけど，一応余裕というものができるのかもしれません．プロになるために奨励会という組織に入るので

すが，その奨励会の頃の気持ちでやっていたらもたなくなっちゃうみたいなところがありますね。もちろん私も負けるのは怖いんですけれども，若い頃みたいに「負けたらもうこれは生きていられない」とか，そんな張りつめた気持ちになるには負け慣れすぎているということはありますね。それでも，余裕というほどの境地には達してないのですけれども，ある種，諦めみたいな部分，つまり自分がベストを尽くしても勝てないところはやっぱりあるということがわかっています。特に，能の世界というのは，たとえば自分がベストを尽くして，それこそ100点に近い舞台ができた。本当にそれは達成感があると思うんですけど，私達の場合は結果というのは，まさに目に見えて出るわけです。80点の将棋を指しても，相手がより悪かったら勝てる時があるし，100点に近いものをやっても，より相手がよければもうしようがないというところがあるんですね。だからそういう意味では，余裕という境地に達せられれば最高だとは思うんですけれども，まぁ，諦観を持ちながらやっているというのが実状なんです。でも，先ほど見せていただいたお稽古の姿というのはすごく感動というか，感銘を受けました。

〈今〉：将棋では，直接教えることはなくても，能の場合のように弟子が師匠に似ていくというのはあるんですか？

〈島〉：それがないんですよね。将棋の場合は結構ないんですよ。

〈金〉：師匠と対局はしないんですか。

〈島〉：将棋の場合は，師匠の棋譜を並べたりはしますけど。師匠とか一門というよりも，自分の好きな棋風のというか，好きな将棋の先輩に似ていくというのは多少あるかもしれません。師匠に似るというのは，意外に少ないかもしれないですね。それはちょっと将棋の特殊性なのかもしれないですね。

〈今〉：残念ながら，もう時間になってしまったのですけれども。学生さんから何か質問はありますか？ これだけは聞いておきたいというようなこと。こんな機会はめったにないと思うので。はい。どうぞ。

〈学生〉：「好きで」という話で，師匠からも強制でやれという話だったんですけど，やりたくない時に，やらなくちゃいけない状況って，すごく大嫌いになったりすると思うんですけど。

〈金〉：そこら辺は，ありません。そこら辺がうちの父のすごいところでね。

というか，僕がえらいところか。僕の場合はごく自然にいつの間にか。幼稚園卒業して，小学校に入る春休みってあるでしょ。あの春休みが初舞台なんです。だから普通の能の家元の子どもよりは遅いかもしれませんけど。うちの父も自然に教える，自然に習う。でもって，あんまり嫌だという気持ちはなかったですね。親の方に強制してやろうというような気持ちがあったら，こちらも身構えたかもしれないけれども。大体私はお利口な子だったので，それに本心そんなにイヤじゃなかったのでね。それは幸せだったと思っております。

〈今〉：息子さんはいかがですか？

〈金春息〉：僕は，能楽はあまり好き嫌いじゃなくて，何だろう。歯磨きみたいなものというか。何かやるものだと思って。というか，食事みたいなものですかね。食事も好きだから食べるという人もいるかもしれないんですけど，やっぱり食べないと生きていけないじゃないですか。能もそれに近い感覚。まぁ，やらなくても生きていけるとは思いますけど，だいぶそれに近い感覚でやっています。

〈今〉：息子さんの方に，最後お聞きしたいんですけど，やっぱり自分が目指す境地というのは，今のお父様が目標なのでしょうか？ 今でも十分熟達して，プロとしてやっていらっしゃるということをお聞きしているんですけども，さらに芸を極めるためには，どういうことを考えていますか。

〈金春息〉：今は父親のまねをするだけですね。まだ基本みたいなものも全部わかってないので。そういう基本とかがよくわかってから多分そういう目的とかが出てくると思うので，今はまねしている状況ですね。

〈今〉：そうですか。一番，今のご自分とお父様と比べて「違うなぁ」と思うところはどういうところですか？ やっぱり全体の流れですか？

〈金春息〉：父親の場合はもうほとんどなんにも考えなくてもできてるみたいなところがあるんですけど，僕はやっぱりいちいち考えなくちゃできないし。だからなんにも考えなくてもできるぐらいになるためには数をこなして，身体に染み込ませているというところです。

〈今〉：わかりました。ありがとうございます。じゃ，大変残念なんですけど，もう時間なので今日はこれで終わりにいたします。皆さんどうぞお二人に拍手を。

Chapter 8

21世紀に必要な知識の学び

　21世紀を生きる子ども達に必要な知識とは何だろうか。そもそも，子ども達はどこでどのようにして学ぶのだろうか。親や兄弟から学んだこと，友達から学んだこと，遊びの中で，人とのやりとりの中で学んだこともたくさんあるだろう。私達はそのような日常生活の中での学びが非常に重要であるということをこれまでの章で繰り返し述べてきた。しかし，一般には，学びの中心的な場として考えられ，また私達がもっとも多くのことをまとめて学んだのは学校であると考える人が多いのではないだろうか。実際，私達は学校で様々な知識を効率よく身につけている。しかし，一方で，学校で学んだ知識では社会に出た時に役に立たないという批判も聞くこともある。いったい学校の中の学びとはどういうものなのだろうか。学校の中で学ぶことによってどのようなメリットがあるのだろうか。また，どのような制約を持っているのだろうか。そして，どのようにしたら21世紀を生きていくために必要な知識を身につけることができるのだろうか？　今ある職業で10年前には存在しなかったものもいくつもある。10年後には，今は誰も持っていない技術が必要とされる職業が生まれる可能性もある。そのような未来の職業に対応していくためにはどのような知識が必要なのだろうか。

　21世紀を生きる力というと，まずIT（Information Technology）を使いこなす能力だと思う読者は多いのではないだろうか。そこで，まず，ITのリテラシーのために必要な知識とは何かについて考えてみよう。

1. IT と学び

　インターネットが私達の社会にもたらした最大の貢献は何か。それは何かを遂行する時の人的リソース，情報リソースについて，物理的な制限を大きく取り払ったことである。一昔前までは物理的に離れている人達の間で共同のプロジェクトをすることはとても難しかった。しかし，現在ではプロジェクトのメ

ンバーが別の国にいても電子メールにより緊密に連絡をとったり資料の交換をしたりできる。お互いに顔を合わせて話し合わなければならない場合でも、物理的に離れたところにいるメンバーたちが一ヵ所に集まらなくてもスカイプ(Skype)などの気軽に使える遠隔コミュニケーションシステムによってそれぞれの場所にいながら会議ができるような時代になりつつある。情報リソースに関してほとんど無限になった。現在ではWWW上で世界中いたるところに分散している知識を、世界中物理的に移動して収集する必要がなくなり、一ヵ所にいながらにしてアクセスできるようになったのである。

✤ 1.1. インターネットが変えた学習者に求められる資質

　一昔前までは知識人とは個人の中で幅広い多くの知識を持っていること、つまり博学であることであった。しかし、コンピュータの発達と科学や技術の進歩により、人類が持つ知識は爆発的に増えつづけ、複雑化した社会における問題解決に必要な知識すべてを自分自身の中に持つことはまったく不可能になった。他方、インターネットの使用により、個人はもはや、膨大な量の知識を全部自分の中に溜め込む必要もなくなった。必要な時にその知識がある場所を見つけ出してアクセスすればよくなったのである。

　つまり、インターネットは個人に求められる資質、能力に変化をもたらしたのだ。現代社会に求められているのは、知識の量ではない。むしろ、世界中に分散している情報の中から必要な情報を探し出し、取得した情報を適切に評価・コーディネートし、問題解決のために用いる能力となったのである。

　現実社会において個人がひとりで大きいプロジェクトや複雑な問題解決を遂行することはめったにない。むしろ、ほとんどの場合は複数人でチームを組んで行う。そして、解決しなければならない問題が複雑極まるものである場合、同じ専門知識を持つ個人が集まるより、専門知識が異なる個人が集まってチームを組んだ方がよい。ただ、その場合、もちろん、異なる専門家がそれぞれ自分勝手に仕事をしてはダメで、チームの間で分散された知識をコーディネートし、統合していくコーディネータが必要になる。この役割を担うのは、たとえばオーケストラの場合なら指揮者にあたる。指揮者に求められるのはもちろん偉そうにタクトを振っていればいいということではない。楽団員の能力や個性

を熟知し，全体像を考えその総和が最大になるようにコーディネートできる能力である。つまりそこにあるリソースを最大限に活用し，それを統合して最大の効果を得る能力が求められるのである。

現代社会では何人ものメンバーで行う大がかりなチームプロジェクトに限らず，個人レベルでの問題解決においても，このオーケストラの指揮者のような役割を担うことが多かれ少なかれ求められている。つまり，現在自分が直面している問題を解決するために，利用可能なリソースから最大の効果が出るように活用する能力を持つことが重要になってきたのである。

これは一見簡単そうに聞こえるが，実はそうではない。たとえば家を新築する，という問題に直面したとしよう。ほとんどの人は自分で建てるのではなく，ハウスメーカー，工務店などに委託して建ててもらうわけであるが，たくさんある業者の中で誰に頼むかで自分が満足できる家ができるかどうかが大きく左右される。つまり外のリソースをどのように選び，どう使うかが非常に重要なのである。一般的に外にあるリソースを利用する際，以下の下位知識（技能）が必要になる。

(1) どのような情報が必要かを見極める。
(2) その情報にどのようにすればアクセスできるかを知る。
(3) 収集した情報の質を吟味し，信頼できる情報なのか，問題解決に役に立つ情報なのかを見定める。
(4) 吟味した（複数の）情報をコーディネートして問題解決に用いる。

実は (1) – (4) のプロセスのいずれもが簡単にできることではなく，それを身につけるためにはきちんとした訓練が必要なのである。どのような情報が必要かを見極めること，収集した（あるいは手もとにある）情報を適切に使うことは，当該の問題解決で必要とされる情報が自分の中の知識で足りる場合でもインターネットなどの外のリソースに求めなければならない場合でも，すべての問題解決状況に共通して求められる能力である。

コンピュータが普及し，インターネットが普及したことは，社会が人に求める能力の性質を変えた。一昔前まではコンピュータのソフトウエアを使って文書が書けたり，表計算ができることがひとつの重要な技能であると考えられた。しかし今ではコンピュータが単に使えるだけではもはや十分ではない。コンピ

ュータを使う基本的なリテラシーを持つことは昔の読み書きそろばんと同じようにあたりまえとされる。その上で，従来の問題解決能力に加えて世界中に分散されほとんど無尽蔵にある情報の山から現在の問題に役立つ質の高い情報のみを探し出すことができる能力が要求されるようになったのである。

　では学校教育の中でどのような IT 教育をするべきなのか，どのように IT を学習に活用していくべきなのか。IT を知の増幅器（Intelligence Amplifier: IA）として位置づけ，これからの社会で求められる資質は世界中に分散している，無尽蔵のリソースを発掘し，問題解決に最大限有効に利用することができる能力であると考えた時，IT 教育が目指すべき方向は，単純なコンピュータの操作技術の教育であったり，インターネットを利用するテクニックを教えたりするのでは不十分であることは明らかだ。IT 技術は今後も進歩していくだろうし，機器も複雑化するだろう。また，機器の使いやすさは，未だにいろいろ問題はあるにせよ，改善されていくだろう。そもそも，IT 技術を使う場面も，使う目的も時と共に変わっていくだろう。しかし，自分で自立的に学習できる能力，外的リソースを利用して複雑な問題を解決する能力，自分であらたな知識を創り出す能力はインターフェースがどのように変わっても普遍的な資質であり，その資質がなければ IT がどのように進化しても宝のもちぐされになるばかりである。

2.「使えない」知識

　前節で述べた IT を駆使するために必要な能力——つまり，外的リソース（それは自分以外の，自分よりも知識を持つ専門家かもしれないし，書物にあるかもしれないし，インターネット上にあるかもしれない）を必要に応じて見つけることができ，それらを状況に適合させた上で統合し，複雑な問題を解決し，知識を創造する能力——は IT を使いこなすためだけに必要な能力ではない。この能力こそ，21 世紀を生きていくために必要不可欠な本質的な能力であり，IT リテラシーはそのための道具の一つにすぎない。ではこの本質的な能力とはどういうものなのだろうか。「複雑な問題を解決し，自分で自律的に学習ができる能力」とことばで言うのはたやすいし，昨今では OECD やその影響を受けた文部科学省の

指針などでもこのようなことが書かれており，教育関連の書物でも同様の主張はよく見られるようになった。しかし，これが具体的にはどういう能力を指すのかについて，あまり明確な議論はされず，漠然と「生きる力」などと言われてしまっている場合が多い。

では「複雑な問題を解決し，自分で自律的に学習ができる能力」とは何だろうか。この問題を考えるために，まず，その対極にある「役に立たない知識」とはどういうものか，考えてみよう。

✚ 2.1. 役に立たない知識とはどういうものか

小学校低学年の時には算数が好きな子どもは多い。数字を足したり引いたりすればはっきりとした答えが出ることが楽しいからかもしれない。しかしながら，多くの子どもたちは文章題が苦手であり，それは日本もアメリカも同様にみられる [1]。そして教育の現場では，子どもたちが文章題に奇妙なやり方で取り組むことがあるということが知られている [2]。

> ■問題1：トニーはサマーキャンプにバスで行きます。バスには彼のほかに8人の子どもが乗っています。バスは1時間に9マイル走ります。サマーキャンプの場所まで家から4時間かかります。キャンプの場所は家からどれだけ離れているでしょうか？
> ■問題2：ジョンは建物の正面に立っています。建物の高さはジョンの背の高さの8倍です。ジョンは16歳で身長は5フィートです。建物の高さはいくらでしょうか？

問題1を解くように言われた子どもの多くが8+9+4=21で21マイルという答えを出した。以下は先生と子どものやりとりである。

〈先生〉：なぜこういうふうに計算したの？
〈子ども〉：だって，どのくらい離れているか，ってきいているじゃない。「どのくらい」というのは「足す」ということでしょう。

問題2では多くのこどもが8×16×5を計算して答えを出した。

〈先生〉：この問題をどうやって解いたの？
〈生徒〉：ほらここに「建物は8倍」ってあるでしょう。「倍」ということは「かける」っていうことだからかけたんだよ。
〈先生〉：何を何にかけたの？
〈生徒〉：ほら文の中に8と16と5があるからそれをみんなかけた。

ある研究ではさらに奇妙な例も報告されている[3]。

> ■問題：ここには26匹の羊と10匹のヤギがいます。キャプテンの年はいくつですか？

一見してわかるとおり，これは問題としてはナンセンスなもので，この問題には答えることはできない。しかし，解答することが不可能なはずのヘンな問題に対し，3/4の子どもが足すか，引くか，掛けるか，割るかして，何らかの答えを出そうと一生懸命試みたのである！

これらの例は，子どもが算数の文章題をどのように考えており，どのように取り組もうとしているのかを端的に示しているものである。子どもにとってみれば，文章題というのは何ら現実と関係ない問題で，目の前に出されているから，こなさなければいけないといわれているから取り組む課題にすぎない。与えられたからにはとりあえず何でもよいから答えを出さなければならない，それが多くの子どもがとるスタンスとなっているのである。このような知識，つまり，数の操作の意味を理解せず，「こういう言い方をしたら足す（引くあるいは掛ける）」など，表面的な方略だけを覚えているような知識は「使えない」「死んだ」知識で，先ほどあげた，21世紀が目指す「創造的で生きた知識」の対極にあるものである。

✚ 2.2. 現実の世界と接点がない算数教育

それでは，子どもは文章題に対してどうしてこのような態度をとるのだろうか？

多くの教育関係者や研究者たちが指摘しているように，ひとつの理由としてあげられるのは，従来の学校における算数（数学）や科学の教育が，まったく

日常の現実世界からかけ離れたものになってしまっているということである。掛け算や割り算は大人たちから課せられた単なる「ゲーム」あるいは「謎解き」に他ならず，算数が日々の生活とどう繋がっているのか，また算数の計算がどのような意味を持つのかもわからず，ただひたすら学校という制度の中で「落ちこぼれずに」うまくやっていくために必要なものと理解されているからである。

　ではいったい私たちはなぜ数学や科学を学びたいと思い，そして子どもたちにも学んで欲しいと思うのだろうか。数学や科学の本質はある現象に潜む因果関係やメカニズムを知ることである。そのためにはまず問題を自分で掘り起こさなければならない。また，たいていの場合，解決への道筋は複雑でいくつもの下位ステップを踏まなければならず，問題解決者は必要な下位ステップを自分で探さなければならない。解決への道筋はひとつではないことが多いので，どの経路をたどったら最適かを決定する必要もある。さらに解決していくためにどのようなデータ（数字）が必要なのかを見極め，それらのデータ（数字）を自分で一つひとつ見つけなければならない。

　しかし先に示したような算数の文章題は何のためのものだろうか。子どもにしてみたら，自分に何の関係もない建物の高さを知ることに何の意義も見出せないだろう。

　すでに述べてきたように，学習者にとって何よりも重要なのは，テストでいい点をとってほめられたりごほうびをもらったりするという外的な報酬ではなく，学習者が自分自身で何かを知りたい，理解したいというような内在する知的好奇心（内発的動機）である。また，第5章で述べたように，どの分野であるかを問わず，何らかの分野で熟達者になるためにもっとも重要なことは，学習者自身がその分野を好きでたまらず，たゆまぬ練習をつらいと思わず，向上していくために絶えず自分で工夫を重ねていくことができるかどうかである。この観点からすると前項にあげた算数の問題に代表されるような学校での学ぶ教科内容は，本当の意味での熟達者を作り上げるのに役立つだろうか。学校での学びが日常の活動とはかかわりのないものとなり，学習者自身がそれを習うことに意義を見出せなくなっているとしたら，学習者が学校で学ぶ様々な領域の熟達者になることはおそらく難しいことになるだろう。

将棋や囲碁にしろ，スポーツにしろ，能や落語などの古典的芸能にしろ，料理や大工仕事などの職人技にしろ，その分野で熟達を目指そうと考え，それが達成できる人であれば，自分の熟達の目的や，自分がやろうとしていることの意義は理解できているはずだ。また，これらの分野では学習者は学習を始めた当初から，熟達者たちのパフォーマンスを目の前にして観察でき，熟達の目標とすることができる。また，熟達者と同じことは最初からできなくても少なくても部分的に熟達者のまねをしたり部分的な仕事を手伝ったりして，「本当の」活動に参加することができる。算数の授業の中で300の5%がいくらになるかをわからない子どもでも，家業のお店を手伝っている時に300円の品物にかかる5%の消費税がいくらになるかはよくわかっているということはあるだろう。

　日本ではめったに見かけない光景であるが，海外では路上で花やタバコ，お土産などを売って回る子どもたち（ストリートチルドレン）を見かけることがある。かれらは必ずしも学校に行っているとは限らず，実際に学校で学ぶような算数の問題のテストをやらせるときわめて成績が悪いことが多い。しかし，本当にこれらの子どもたちが足し算，割り算，掛け算などの計算がまったくできなかったら，売り上げも計算できず，どれくらい値引いても赤字にならないかの予測もできず，結果として生活できなくなるはずだ。これらのストリートチルドレンを対象として調べた研究によると，たしかに学校で学ぶような形で計算をさせられるとほとんど正解を出すことができないが，彼らなりの独特の計算の方法（street mathematicsと呼ばれる）を身につけて，必要な計算は結果的にうまくできるようになっているという[4]。

　このように，学校は効率的な学びの場であるが，学校だけが学びの場ではない。
・学校という制度が組織的に整備される前（いわゆる未開文明）の学び。
・落語や歌舞伎などの古典芸能，歌謡界などの現在の芸能などにおける技術，慣習の学び。
・ストリートチルドレンなどが生活のために身につけた計算技能。

　ある研究者たちはこれらの技能の伝達に典型的にみられるような，学校制度以前から存在する伝統的な学習形態を「**正統的周辺参加**」による学習と名づけ，この学習形態こそが真の学習の形であると考え，日常活動から切り切り離され

た抽象的な知識を教え込もうとする学校教育を強く批判した⁽⁵⁾。これが**状況論的学習観**である。

●●**コラム：落語家になるということ**●●

　面白い話をするのが得意だからといって誰でもが落語家として稼げるわけではない。落語家になるためには，誰か落語家を師匠に選んでそのもとに弟子入りをしなければならない。そして，前座，二つ目という修行の段階を経てようやく真打と呼ばれる一人前の落語家になる。弟子入りした時期，本人の技量によっても異なるが，前座に5年程度，二つ目に10年程度かかるのが普通である。

　弟子入りしたからといってすぐに師匠が落語を教えてくれるかというと，必ずしもそうとはかぎらない。師匠の日常生活の手伝い（家の掃除，荷物持ち，子どもの遊び相手など）をするだけでなく，同じ師匠に先に弟子入りした兄弟子との関係，他の師匠への口の利き方をたたき込まれる。また，前座としての仕事は，落語を語る場である寄席が始まる時間から終わりの時間まで寄席に詰めていなければならない。そして，楽屋に来る他の落語家さんの世話（お茶を出したり，着物を着せたりたたんだり……）をしたり，根多帳と呼ばれるノートに舞台で演じられている落語の題名を記録するということもしなければならない。そのためには，忙しい雑用を楽屋でしながら舞台で演じられている演目にも気を配らなければならない。また，前座の時に，鳴り物と呼ばれる太鼓や笛などの楽器の取り扱いも学ばなければならないのである。

　寄席で前座の仕事を繰り返しているうちに，お客のいない開演前の空いた時間に舞台に上がってよいと言われることもある。こういう時にこそ，前座は学んだばかりの落語（寿限無や三人旅などの前座ネタとよばれるものであることが多い）を語るのである。

　一日中落語が演じられている場である寄席は，今や東京でもほんの数軒しかない。そこに来る観客の数もたかが知れている。落語家が寄席に出てもたいしてお金をもらえるわけではない。テレビに出たり，独演会を開いた方が金銭的にはもうかるかもしれない。それにもかかわらず，落語家たちが寄席を大切にする理由の一つが，落語家を育てる場を維持するというところにある。そして，その落語家を育てる場は，落語の技術そのものを先生が教えてくれる落語学校ではない。師匠からは落語をまったく教えてもらわずに育った落語家さえいる。本当の落語家が本当のお客に向けて語っている落語の現場に周辺的に参加し，その落語の場の一部となることによって，落語家としての自分を形作っていくのが，正統的周辺参加としての落語家の学びになるのだ。

3.「生きた」知識の学習

　知識は単に受動的に受容するものではなく，学習者がすでに持っている知識を変容させる能動的活動であるということは本書で繰り返し述べてきた。特に第5章で，人は科学概念について自分の日常生活における観察から築きあげたいくつもの素朴な理論を持っているが，その素朴理論が誤っている場合があることを述べた。そこで述べたように，この誤認識を克服するのには他の人から単に正しい理論を提示され，それを記憶しようとするだけでは不十分である。人が素朴に持つ誤認識を自発的に訂正し，正しい科学理論を受け入れるためには，学習者の側で自分の持つ理論では現象を説明できないことを確認し，その上で正しい科学理論を能動的に使い，今までの自分の理論では説明できなかったことを新しい理論ならば説明できる，ということを納得することが必要なのである。

　学習者が能動的に学んで理解することこそが重要で，体験を伴わずに単に記憶しただけの知識は実際の場面で使われることが少ないことが知られている。試験前の一夜漬けの暗記はすぐに忘れてしまうということは皆さんの経験にもあるだろう。忘れていない場合でも，本当に使うべき時に使えないことは多い。

　ギックとホリオークの有名な研究[6]では，大学生の被験者に以下のような問題を与えた。（これは心理学の問題解決の研究でしばしば「放射線問題」として用いられる有名な問題で，ダンカー[7]によって作られた）。

> 　胃に悪性の腫瘍がある患者がいた。その患者は体力がなく，手術はできないので，放射線によって治療しなければならない。強い放射線を患部に照射すれば腫瘍を破壊することができる。しかし患部は体の奥深くにあり，外から強い放射線を照射すると放射線の通り道にある健康な組織も破壊されてしまう。どのようにすれば腫瘍だけをうまく破壊することができるだろうか。

　この問題（物語A）をヒントなしに自分の力だけで解くのは大学生でもかなり難しい。ギックとホリオークは一部の被験者たちに，この問題を提示する前に，この問題と見かけはまったく異なっているが，構造的には同型の物語Bを読ませた。これは以下のようなお話である。

> **物語B**：ある国の中央にある要塞を攻撃しようとしている将軍の話で，要塞は非常に堅固なので大群で攻めないといけないのだが，途中の道には地雷があり，大群で通ろうとすると爆発してしまう。そこで，賢い将軍は軍隊をいくつかの小部隊に分割して複数の経路から要塞を攻撃させ，うまく占領することができたのである。

　この物語を聞かされた被験者のうち，物語Bが先の放射線問題（物語A）のヒントであると明示的に教えられた人たちの7割が放射線問題を解くことができた。しかし，同じように物語を聞いても，物語Bが物語Aの放射線問題を解くためのヒントであると教えられなかった被験者は3割しかこの物語の解法が放射線問題の解法でもあることに気づかなかったのである。つまり，この実験のようにほとんど正解となる情報を実験者の側から与えられても，大学生の被験者はこの知識を「使いなさい」と明示的に言われない限り自発的に使うことができない。このように，構造が同じあるいは非常に関連した他の状況（課題）に適用できないような知識を「不活性な」あるいは「死んだ」知識といってもよいだろう。

　学習した知識を「死んだ」ものにしないためには，その知識を学習者がすでに持っている知識にしっかりと関連づけ，その知識に統合しなければならない。概念や法則がよりよく学ばれるためにはそれらは「創成的に使われなければならない。つまりそれらはあらたな情報を解釈し，関連づけ，説明するために何度も何度も呼び出されなければならない[8]」のである。第7章で知識を何回も繰り返し使うことで知識が「体の一部」となり，別の文脈で自由に取り出し可能になるように再編成される，と述べた。「生きた」知識は「必要に応じていつでも柔軟に思い出せて応用可能な知識であり，そのためには「知識を使う練習」が不可欠である。

4. 知識の価値を理解する

　先にも述べたように従来の学校の算数は抽象的な数の概念や計算方法を細切

れに教え，現実の社会の中での問題解決とのかかわりがほとんど存在しないような文章題がその教科内容の理解を確認するための応用問題として与えられている。これは実社会において，様々な領域における学習，熟達の過程が，ある特定の領域で技術，知識を習得し，一流の熟達者となるという，ひとつの大きな目的のもとになされていることと大きく異なっている。特定の領域での熟達過程では，その時々に学ぶ異なる内容がそれぞれ有機的に関連づけられており，学習者にとってそれぞれが最終的な目標に達するための一部であることがわかりやすいが，学校の算数ではそれが非常に見えにくい。

ただ，学校教育はひとつの領域だけを長い年月をかけて深めて行く，特定の領域の技の修行の場とは異なる。将来子どもたちがそれぞれに適した職業選択を行い，絶えず変化し複雑さを極める現代社会の中で，適応的に生きて行くための準備をするために，多岐にわたる内容をカバーしなければならない。そして，個人の興味や自由を重視するあまり，小中学生の段階から算数が嫌な子には算数は勉強しなくてよい，あるいは国語を勉強しなくてもよいとしていたのでは子どもが将来大人になった時に現代社会に生きて行くのに必要な最低限のリテラシーさえ持てなくなってしまうおそれがある。

どの領域においても熟達者は，自分の領域に関連のある新しい現象を発見したり新しい理論，概念，法則などを紹介されたり自分で見出したりした時に，それらの新しい考えがどのように自分がすでに持っている知識に関連しているか，あるいはあらたな知識によって今までの自分の考え方をどのように変えていかなければならないかが直感的に「わかる」。それに対して学習の初心者は新たに導入された理論や概念は単に「おぼえるべき事実」として理解しがちであり，それを自分が持つその分野に関しての既存の理解を変えるものとして捉えようとしないのである。

すでに述べたように知識は「覚えるべき事実」ではなく，ある目的のために「使える」あるいは「創り出される」知識であるべきだ。そして「生きた」「使える」知識を得るための条件としてまず第一に必要なのは，学習者が学ぶべき知識の価値を理解することなのである[9]。そのために，新しいことの学習は，実世界とのつながりがわかるような形，つまり文脈に埋め込まれた形で行われるべきである。

ところである知識（たとえば今学習している内容）の価値がわかる（つまり，学習していることが重要だと思う）というのは広義の「メタ知識」と考えてよい（メタ知識については第3章，第5章などでも触れたので，思い出してほしい）。次節では，この「知識についての知識」（エピステモロジー）について説明していく。

5. エピステモロジー：知識についての知識

新しい知識を獲得する，あるいは知識を作り出すためにもうひとつ重要なのは知識についての理解の仕方である。知識とはどういう性質のものなのか，ということについての認識といってもよい。これを哲学者や心理学者は「エピステモロジー」（epistemology）と呼んでいる。

5.1. エピステモロジーの発達段階

コロンビア大学の心理学者ディアンナ・クーンはエピステモロジーには発達的な段階があり，知識獲得（つまり学習）と密接に繋がっている，と指摘している[10]。たとえば小学生の多くは知識は人によって解釈され，構築されるものであるということを理解していない。彼らは科学者によって発見された知識が絶対的に正しい事実であると思っているし，科学者の仕事は「世界に存在する事実を集めてくる」ことであると思っている。その意味でクーンは彼らを「絶対主義者」と呼んでいる。

しかし子どもは中学，高校生くらいになると，知識は解釈されるものである，ということはわかってくる。ただし，かれらは「自分は自分，人は人」というスタンスであり，データの多様な解釈，多様な仮説，多様な理論は，それらが互いに対立するものであっても，どれでもが OK だと考える，極端な「相対主義」に陥ってしまう。つまり対立する仮説や理論は様々な方面から検討，吟味・評価され，もっとも良いもの，つまり蓋然性が高いものが選ばれ得る，ということを理解していないのである。これは，かれらが科学で必要なのは理論から引き出される仮説やモデルの検証であるという点があやふやであることに起因するところが大きい。彼らは，科学者は「事実を集める」のではなく，「実験によって知識を作り出す」ということはわかっている。しかし，実験によって仮説やモデルがど

のように吟味されるかという方法がわかっていないことから，このような極端な相対主義の見方をしてしまうのである。言い換えれば，かれらは知識が構築されること，したがって絶対的でないことは知っているが，知識がどのように構築されるかを理解していないので，どれもが正しいと考えてしまうのである。

次の発達段階になると，知識というのは人が構築するものであるが，ただの「考え」とは違うことを理解するようになる。特に科学的知識とは，証拠（evidence）によって実証されるべきものであること，そのためにはモデルを構築し，実験によって具体的に吟味可能な仮説を立て，実験からの証拠に照らして評価されなければならないということ，さらに，仮説は多くの場合複数あり，それらの仮説のうち，どれがもっとも優れたものであるかを，証拠に照らして評価する必要がある，ということを理解するようになるのである。これは知識についてのエピステモロジーの発達段階としてはもっとも高い水準のものとなる。

6. 科学的思考をするために必要なこと

前節で知識という概念に対する理解（エピステモロジー）においてもっとも高い段階は証拠に照らして仮説，モデル，さらに理論を評価できることだ，と述べた。しかし，この段階は，誰もが自然に到達できるものではない。「証拠に照らして複数の理論やモデルを評価する」ということは，これもまた言うのは簡単だが，それを実行するのは容易ではない。この段階に到達するためには，科学的な結論を得るために科学者が行っている思考の一連のプロセスを理解し，それに伴う様々な思考のためのスキルに習熟していなければならないからだ。

では，科学者が行っているプロセスとは何か。それに伴うスキルとはどのようなものがあるのだろうか。本節ではこのことについて考える。

6.1. 科学の定義

そもそも科学とはどのように定義できるのだろうか。広義には，体系化された知識や経験の総称であり，自然科学，人文科学，社会科学の総称であるが，狭義には，「自然のシステムの現在の理解を表す一連の知識」と「その一連の知識が確立されて，絶えず評価され，発展され，改められる過程」の両方を指すと

考えてよい[11]。そして科学とは、主に「理論を構築するプロセス」である[12]。

　ここで、少し用語について確認しておいた方がよいだろう。子どもならず大人でも、理論（theory）とは何か、理論と仮説（hypothesis）、証拠と事実はどのような関係にあるのか、などについてあやふやな場合があるからだ。

✤ 6.2. 理論と仮説

　「理論」という語は複数のかなり異なる使われ方をする。本書でも「素朴理論」ということばをしばしば使ってきた。「素朴理論」とは人、特に子どもがある現象を説明する枠組みとして素朴に持つ信念あるいは（相互に依存した）一連の考えである。しかし、ここでの「理論」は実は真の意味での科学の理論ではない。厳密な意味での科学的な「理論」はある現象について、繰り返し検証され、多くの証拠によって確立した説明枠組みである。つまり「理論」は、まだ十分に検証されていない単なる"good ideas"あるいは"promising ideas"とは違う。その意味で「素朴理論」も科学的な理論ではない。領域によっては「理論」は様々な現象に対して矛盾なく説明を与えることができるが、まだ検証されていないという場合もある。厳密にはそれはまだ「理論」ではなく「作業仮説」である。科学者は理論を構築するための過程で様々な仮説を立て、理論との整合性、矛盾を検討して理論構築の道具として「仮説」を用いている。

✤ 6.3. 知識の価値を理解する
科学的思考のために必要なスキル

　科学は理論を構築するプロセスである。では「科学を行う」ために、子どもは何を学ばなければならないのだろうか。学校で、理科の時間などで実験をし、データをとり、分析する、という学習はしているだろう。しかし、それは単に実験器具の扱い方、実験の仕方、結果の統計分析の方法などの個々のスキルを経験することにウエイトが置かれすぎ、科学的思考をするための訓練がきちんとされていないことが多い。科学的思考に必要なスキルとは、実験を正確に施行する技術や分析に使う統計の知識そのものではなく、むしろ、理論の検討の仕方、仮説の検討のための実験のデザインの仕方、データの分析の仕方、結果の解釈の仕方、結論の導き出し方などの論理スキルなのである。たとえば仮説

6. 科学的思考をするために必要なこと

を立てる時，自分の考える仮説以外の説明があり得るかどうかも十分に検討する必要がある。ある現象を引き起こす要因を考える場合に，様々な条件を設定し，条件の統制を行った上で，どの要因がいちばん重要かを考える必要があるし，一つの要因だけでは説明できない場合，あるいは要因同士が相互作用する場合も考慮しなければならない[13]。仮説を実験でテストする場合には，あらかじめ自分の仮説が正しい場合には結果がどのようになるかきちんとした予測をする必要があるし，それだけではなく，自分の仮説と一致する結果が得られた時に，他の説明でその結果が説明できる可能性を排除できるように実験のデザインを考える必要がある。これは実は非常に難しいことで，研究者でも，経験が浅い人が実験をデザインすると，自分の仮説と合致する結果が出た場合，その結果が他の要因でも起こりうる可能性を排除できないような実験をデザインしてしまう場合が少なからずある。

　データの分析，解釈をするためには統計の知識は不可欠だ。しかし，ここでも単に個々の統計の手法あるいはそれを行うための統計ソフトウエアの使い方を知るだけでは不十分で，特定の統計手法を使った場合，どのようなデータの性質や分布が前提とされており，自分のデータはそれに合致しているのか，その結果から何が言えるかということをわかっていなければならない。さらに重要なのは，その実験の結果から何が言えるかだけではなく，何が言えないかについても理解していることである。

　結論を導く場合には，仮に自分の仮説を支持する結果が得られ，その結果を説明し得る他の説明が排除できたとしても，実験デザインとデータ収集の手法に鑑みて，どこまで（どのような条件下で）自分の結果が一般化できるのかをよく考える必要がある。たいていの場合，自分の仮説以外の説明を排除してきちんとした結論を導くには一つの実験では不十分なので，複数の実験によって証拠を積み重ねていかなければならないのである。

　このような仮説検証のプロセスと理論構築のプロセスはもちろん本で読んだだけ，あるいは一連の手続きについて誰かに説明されただけでは理解できない。自分で仮説を考え，実験をデザインし，データを取って分析し，吟味する，というプロセスを何度も繰り返し経験すること，つまり，「体で覚える」ことによってはじめて体得できることである。

第5章で述べたように，概念変化は非常に困難である。その原因は学習者が素朴に持っている思い込みにより，素朴理論では説明できない現象（データ）を見過ごしてしまうか，データを素朴理論に合わせる形で解釈してしまうことが原因である，と述べた。これを克服するには，教師が正しい理論を教えるだけは不十分で，学習者が自分で納得し，自分で素朴理論の誤りに気づき，素朴理論を棄却しなければならない，とも述べた。このような概念変化のプロセスに不可避なのは，この節で述べたような知識のあり方（性質）についてのメタ知識であるエピステモロジーと，科学的思考をするための一連の論理スキルである。エピステモロジーと科学的思考のための論理スキルは相互にブートストラップする形で発達する。しかし，その発達は訓練なしに自然にはなかなか起こらない。学校教育で長い時間をかけて育んで行く必要があるし，学習者が経験を通して体で覚えられる（learning by doing）ようにデザインされたカリキュラムを考えていかなければならないのである。

7. 知識を創るためのコラボレーション

　知識を創成するためにもう一つ欠かせない要素がコラボレーションだ。私たちの社会生活は人との共同作業によって成り立っている。家を建てたり，製品を開発して売ったり，あるいは地域の街づくりをしていったりといったようなことはすべて複数の人々から成るチーム，あるいは組織によってなされる。何か大きなプロジェクトを成し遂げる際に，共同作業（コラボレーション）が不可欠であることは，社会で働くほとんどすべての人が実際に経験しているだろう。

7.1. 科学分野におけるコラボレーション

　野口英世の伝記やキュリー婦人の伝記を読んでいるためだろうか，多くの子どもは，科学者は，自分の研究室に夜昼もかかわらずこもりきりになるなど，個人的な努力を積み重ねることによってあらたな発見をしているのだと思いがちである。科学者のステレオタイプとして「世事に疎く，話し下手で，人づき合いが苦手の変人」というイメージがあるからかもしれない。ところが，近年の調査によれば，科学分野での重要な貢献をもたらした発見の多くは，個人によるも

のではなく，共同研究の中から生まれているということがわかってきている[14]。

　ダンバーらは，科学者や医師が日常的にどのような議論・推論を行っているかを調査した[15]。それによると，仮説の形成・実験の計画・データの解釈・発見というような重要な場面における科学的な推論は，一人の科学者によってなされるのではなく，科学者の集団によってなされているということがわかった。複数の人によってなされるこうした推論は，分散推論（distributed reasoning）と呼ばれる。ダンバーらは，頻繁に重要な発見をしている五つの研究室でのミーティングを分析した。その結果，そこで行われた推論の半分以上が分散推論であり，複数の人が推論を深め，発展させることに貢献していたということが明らかになっている。

　なぜ，分散推論は効果的なのだろうか。一つの理由として，「頭はたくさんあった方がよい」ということがある。ある一人の科学者が何らかの新しい奇妙な出来事を見つけ出したとしよう。これがどういう意味を持つかをその科学者が一人で解釈しようとしたとしても，結局のところはその人の既存の知識内部での理解を越えることは難しい。しかし，これが興味もバックグラウンドも異なる多様な研究者が集まるミーティングの場に持ち出されれば，それぞれの研究者が自分の得意とする領域の知識をもってあらたな観点からの説明を提案する。必ずしもそれらの情報が役に立つとは限らないが，新しい発見に繋がることも多いのである。

✚ 7.2. コラボレーションが機能しない時

　もちろん複数で学ぶことが負の効果をもたらすこともあるということには注意することが必要である。たとえば，次のような場面ではコラボレーションは効果をもたない。

（1）共通の目標が欠けている時：科学者のグループにおいて，異なる観点を持つ人がいることによって，あらたな情報に異なる観点からの光が当てられてあらたな発見がなされることがあると述べた。しかしこれはそのグループ内で発見をしようとすることに対する合意があり，目標が共有されているからこそ可能なことなのである。それがなければ，それぞれ異なる見解を言い放って終わってしまい，意味のある成果は期待できない。ダンバーはこの例として，

1987年のスペースシャトルチャレンジャー号の爆発を事前に見抜けなかった関連委員会の分散推論の失敗をあげている[16]。ここでは，個々人としてみれば十分知識を持った人たちが，爆発につながるOリングの不良という問題を，適切に理解し，表現することができなかったということがあげられている。

(2) 手抜き効果：複数で作業をするということによって，参加する一人ひとりが怠けても目立たなくなるということがある。これは，社会心理学の分野では「手抜き効果」として知られている[17]。

たとえば，集団で学校の校歌を歌う場面を考えてほしい。一人ひとりが別々に歌ったのを合計したよりも声の総量は少ないはずである。それは，歌うのを怠ける人がいるからだ。

学校でのグループ学習をする場合，特にこの点には気をつけなければならない。グループ中の一人がどんどん進めていってしまって，ほかの人が自分の貢献を感じられなくなってくると，この手抜き効果が発生しがちである。また，(1)の共通の目標が理解されていない時にも手抜き効果は発生し，コラボレーションの意味がなくなるばかりか，グループ中の大半の生徒にとって，一人で勉強するよりもネガティヴな結果をもたらすことを覚えておくべきである。

(3) 同種の人だけのコラボレーション：すでに述べたようにコラボレーションが有効であるのは，異なる知識を持った人たちがそれぞれの持つ知識をうまく反映させて問題解決を異なった方向から進めることができるからである。複数で作業をしていても，そのメンバーの知識や問題意識の持ち方が同一であった場合には，コラボレーションのメリットは少ないだろう。これは専門家の間のコラボレーションに限らない。学校場面でも，一つのプロジェクトをするのに，プロジェクトをいくつかの要素に分け，それぞれの分野の「エキスパート」を作るようにするとコラボレーションがうまくいく。これは，個人個人の責任を明確にし，手抜き効果をなくすという点でも効果がある。

また，人が就職先のつてをたどる時やアドバイスを受ける時にも，あまり身近な人よりも日常的にはあまりやりとりがない弱いつながりを持つ人の方が役に立つ（たとえば，遠い親戚のおじさんに就職先の紹介をお願いするなど）ということも知られている[18]。

コラボレーションは私たちのごく普通の生活の中に生まれるものである。と

いうのは，毎日私たちはかならず他の誰かとのやりとりを行っているからである。このコラボレーションをさらに生産的なものとし，理解を深め，熟達に繋げるようにするためには，個人個人の持つ知識をそれ自身で確かなものとしていくとともに，共通の目標への理解を深め，そこから生まれるコラボレーションの結果を目に見える形で（具体的な成果として，あるいは言葉として）表現することが必要になる。そうすることによって，私たちは自分の持つ知識を自分の属する集団の中に位置づけることができるようになり，それをさらに深めるきっかけを作ることができるのである。

8. まとめ

　この章では21世紀を生きるために必要な知識について考えた。現代社会で必要な知識といえばITリテラシーだと思う人は多いだろうし，事実それは21世紀に不可欠な能力の一つである。そしてITは書物が主な情報リソースであったこれまでの学習とは性質の違う知識，能力を要求するようになった。しかし，その能力とはデジタル機器の使い方を知ることではなく，むしろ情報収集の方法，情報の統合の仕方を知ること，そして何よりあらたな知識を構築することができる能力なのである。

　本章では，このような「知識を創り出す能力」には具体的に何が必要なのかを考えた。知識を学習者が自ら創り出すことができるために必要な学習のキーワードは**「生きた」知識の学習，知識の価値を知ること，知識の性質を知ること，科学的知識を構築し，科学的発見をするための論理スキルを身につけること，そしてコラボレーションの意味と意義を理解すること**，である。

　知識はいくら詰め込んでも，学習者が持つ既存の知識構造に整合性をもって組み込まれなければ，必要な時に取り出して適用することがまったくできない「死んだ」知識になってしまう。「生きた」知識の学習のためには学習は，学習者が学習する意味を見出し，自分の日常生活での経験と有機的に関連づけることができるよう，学習内容を状況に埋め込まれたものにしなければならない。しかし，知識の価値を知るだけでは不十分である。科学的思考のためのきちんとした訓練を受けていない学習者は，知識を世界に存在する「事実」だと思い，

知識が人によって構築されるものであり，検証され，評価されるものであることを理解していない。このような理解（知識に対するエピステモロジー）は，しかし，科学的な論理的思考スキルの習得と不可分なものであり，学校教育では学習者が経験によって両者を自ら育むようなカリキュラムを提供する必要がある。コラボレーションによる学習もまた，知識の創成を促進する。コラボレーションに必須なグループディスカッションは，学習者が自分の中でもやもやとした形で持つ考えを自分のことばで説明してみること，つまり「外言化」することを学習者に要求する。このことにより，学習者は自らの考えをより客観的かつ批判的に評価する機会を与えられ，それがしばしば結果として概念変化を助けたり，概念変化を必要としない場合でも学習者の理解を助けることになるのである。ただ，コラボレーションがうまく働くためには条件があり，やみくもに人が集まれば一人ではできない何かが生まれるわけではない。コラボレーションに関するメタ知識もまた，自ら学習し，知識を創り出すためのスキルの中に含まれなければならない。

【注】

（1） The Cognition and Technology Group at Vanderbilt, 1997.
（2） Bransford, J., Zech, L., Schwartz, D., Barron, B., Vye, N. & The Cognition and Technology Group at Vanderbilt, 1996.
（3） Reusser, K. 1998.
（4） Carreher, Carreher & Schlieman, 1985; Nunes, Schelieman & Carreher, 1993
（5） Hutchins, 1990; Lave & Wenger, 1991.
（6） Gick & Holyoak, 1980.
（7） Dunker, 1945.
（8） Resnick & Resnick, D. P 1991.
　　　 Spiro, Feltovich, Jacobson, & Coulson, 1991.
（9） Kuhn, 2001.
（10） Kuhn, 2001, 2005.
（11） このあたりの議論はアメリカの National Science Council が編集した Taking Science to Schools という本の第2章に非常によくまとめられている。
（12） Carey, 1986, 1989.
（13） Kuhn, 2005.
（14） Dunbar, 1995.
（15） Dunbar, 2000.
（16） Dunbar, 2000.
（17） Latane, Williams & Harkins, 1979.
（18） Granovetter, 1973, 1995.

Chapter 9

21世紀を生きる知識を身につけるための教育とは

　本書ではここまで，主に学校教育を離れたところでの様々な形の学習の過程を考察してきた。たとば子どもの母語の学習と概念・科学知識の学習，技の学習，コンピュータやロボットの学習まで見てきたわけである。本書のもくろみは，学校教育の外で様々なことを人がどのように学んでいるのかをみることによって，人の学習の一般的な「性質」と「仕組み」を理解すること，そこからさらに学校教育，あるいは家庭・地域での教育，あるいは自己教育において「良い教育」とは何かを理解することである。本章は，本書の最後の章として，21世紀における「良い教育」，つまり今の時代が必要としている知識を身につける教育とはどのようなものか，という問題を考えたい。

1. 人の学習の性質

　一般に「学習」というと「学校での勉強」を考える人が多い。しかし学校の勉強は人間の学習の中の一部にすぎない。人間は生まれた時から（それどころかお母さんのお腹の中にいる時から）学習を始める。言語の学習に関しては，お母さんの子宮にいる胎児期から母語の音声的特徴の分析を始めているといわれているし，立つこと，歩くこと，運動をすること，歌を歌うこと，楽器を演奏すること，字を書くこと，料理をすること，人の気持ちを読みとり，円滑に社会生活を送れるようにすること，つまり，いってみれば私たちが営む毎日の生活の要素の一つひとつがすべて学習の結果なのであり，そして学校の外でも，学校を卒業しても，毎日学習をし続けている。

　「学習」の定義は多々ある。どのような分野のどのような種類の学習を念頭においているか（たとえば，バイオリンの学習か，科学概念の学習か，スポーツの学習か）によって読者の学習に対するイメージはずいぶん違うだろう。また研究者の間でも，動物の学習なのか，コンピュータの学習なのか，人の学習なのかによっ

て，「学習」に対して持つイメージや定義がまったく違う。また，教育学や哲学の観点から語るのか，心理学の観点から語るのか，脳科学の観点から語るのか，によっても学習の定義は大きく異なるのである。

　本書では主に認知心理学の観点から，学習を知識の変容として定義してきた。ここでいう知識はテストをされて答えられるような，つまり言語的に表せるものだけではない。むしろ，私たちの知識の大部分は言語化できない暗黙の知識なのである。

✦ 1.1. 赤ちゃんの学習

　人間の学習の特徴をもっともわかりやすく端的に表しているのは赤ちゃんや幼児が概念や言語を学ぶ過程ではないだろうか。赤ちゃんは大人にくらべて圧倒的に知識が少ない。しかし，いかに知識が少なくても赤ちゃんは，ただぼんやりと何も考えずに過ごしているわけではない。いつも（少なくとも寝ていない時には）自分の身のまわりで起こっていることを好奇心旺盛に観察している。少ない知識ではあるかもしれないが，持っている知識を総動員して，起こっていることが「ノーマルなこと」つまり起こるべくして起こっていることなのかどうかをチェックし，新しいこと，特に自分には説明ができないことや，予想したのと矛盾していることが起きていないかどうかに注意深く目を光らせているのである。言い換えれば人間は赤ちゃんの時から，その時に持つ知識によって，何に注目して見るべきかを決めて見ている。そして何が起こるのかを常に予測しながら，つまり「考えながら」見ているのである。

　赤ちゃんは見るべきもの，聴くべきものに選択的に注意を向け，その結果視覚や聴覚を経由して自分に入ってくる様々なデータの中の規則性を抽出する。すると今度はその抽出した規則性をもとにバイアスを作り，それによってさらに学習を制約し，知識を増加させ，構造化させていく。このように学習において既存の知識は非常に大事であるが，ここで鍵になるのは，知識の量よりも知識の使い方なのである。

　第4章ではコンピュータと人間の知性，学習の仕方の比較をしたが，人の場合には，非常に知識の量が少ない乳児でも，知識に導かれて推論をし，問題解決をし，その結果，知識を変容させている。そして学習の結果得られた知識を，

また，あらたなことの学習に用いる。他方，コンピュータは山のように知識を与えても，知識のどの部分を使うか，どのように使うのかを明示的に指定しなければ推論も問題解決もできない。かりに明示的にそれらを指示し，問題解決に成功しても，その結果によって問題解決の前に持っていた知識の構造を変えたり，関連づけてつけ加えたりすることはできない。つまり学習を「知識の変容」として定義するならば，少なくとも現時点のコンピュータはその意味での学習はすることはできないのである。

✤ 1.2. 熟達者の学習

　人間の知性の特徴は知識の柔軟な使用による高い学習能力である。ある分野において学習の非常に進んだ状態を熟達という。第7章では熟達者の認知的特徴を詳しく述べた。熟達者は目のつけどころが違う。熟達した分野での問題解決をする時，環境の中の見るべきものだけを見て，必要ではないものには注意を向けない。熟達者はその分野の問題解決に必要な環境の中にある情報を普通の人よりも少ない時間でずっと多く記憶することができる。熟達者は問題解決やパフォーマンスに必要な下位のスキルの遂行が速く，しかも正確で，かつそれを無意識に行うことができる。これらの熟達者の認知的特徴は，二つの点から語ることができる。構造化された知識と最適化された情報処理である。

　熟達者は自分の分野について多くの知識を持っている。しかもその知識が大きな因果的な説明理論の中で互いに整合的に関連づけられており，構造化されている。そのため瞬時に必要な知識だけにまとめてアクセスすることができるし，そのアクセスされた知識がトップダウンに働いて，環境の中にある情報のうち必要なところだけに注意を向けることができる。また，現在処理しなければならない環境中の情報も，タグづけされた既存の知識と関連づけることによって，すばやく構造化することができる。情報をナマのままで一から覚える必要がないので，多くの情報を記憶することができるのである。また，学習が進むにつれ，その分野の特定の課題に情報処理が最適化された形で自動化される。環境中の情報の収集，長期記憶からの必要な情報の検索とアクセス，さらに課題遂行に必要な身体運動が自動的に，無意識に行えるようになる。その分，熟達者は課題を行う際に，より創造的な側面により多くの作業記憶のリソースを

振り向けることができるようになるのである。

　この熟達者の特徴――というより熟達化に伴う認知と認識の変化――の多くは子どもの認知発達でもみられる。たとえば言語の発達において，赤ちゃんは母語に関係ない音韻への注意や，母語に関係ない意味情報への注意（たとえば日本語を母語とする子どもがモノの可算性への自動的注意を向けなくなるなど）を向けなくなると述べた。これはまさに母語の学習の熟達化によるものだと考えることができよう。無駄なことへの注意を切り捨て，複数の観点から状況に応じて柔軟に情報を分類し，その状況で「必要なこと」「関連があること」を瞬時に見極めることができるようになる。これは子どもの発達の過程，あらゆることにおける熟達の過程で共通にみられることなのである。

✤ 1.3. 知識がマイナスに働く時

　しかし，知識はすべてこのように学習にとってプラスの役割を果たすわけでない。まず，すべての知識が構造化されていてアクセス可能な形態になっているわけではない。第8章で「生きた知識」と「死んだ知識」という話をした。知識が長期記憶にあっても，知識体系の中に位置づけられておらず，構造を持たずに断片的に存在するだけでは，関連した課題をする時にも使うことができない。熟達者の場合のように瞬時に無意識に必要なことだけをアクセスすることはおろか，意識的にいくら探そうとしてもその知識を探し当てることはできない。物理や数学の新しい内容を勉強したばかりの初心者が物理や数学の公式をいくら丸暗記して問題を解けるようになったとしても，ちょっと問題の形が変わってしまうと使えないというのはそのよい例だろう。

　知識はさらに学習にとってマイナスに働くこともある。ここでいう知識とは，特定の単語の意味，特定の数学の公式や定理というような個々の知識ではなく，本書で「素朴理論」とか「スキーマ」と呼んできた，ある領域の現象や因果関係などに関して学習者が無意識のうちに自発的に作り上げた理論体系である。素朴理論が誤っている時，学習者はつまずくことが多い。

✤ 1.4. 学習の臨界期

　もうひとつ，学習を考える上で重要な概念として第6章で臨界期の話を取り

上げた。先ほど，ある分野で学習が進み，熟達すると，情報処理の仕方がその分野に最適化する，と述べた。たとえば環境中のある情報に選択的に注意を向け，他の競合する情報への注意をやめるというようなことが無意識に自動的に行われるようになるのである。分野によっては，その最適化が他の新しいことの学習を難しくしたり不可能にしたりすることがある。つまり，ある分野でひとつの課題に最適な情報処理経路ができてしまうと，同じ分野で，その情報処理の仕方と競合する情報処理を要求される課題に直面しても，一度形成された情報処理の仕方をゼロに戻してあらたなことを学習することができない。

たとえば言語の情報処理などはそのよい例である。言語の音声インプットに対して母語の音声情報処理に最適化するために，母語の音素の識別と対立する外国語の音素の認識が困難になる，あるいは母語にはない情報のクラス分けを要求する文法の要素（たとえば名詞の数の単複を区別するクラス分けなど）にネイティヴスピーカーのような自動的な注意が向けられない，などがその例として考えられるだろう。しかし，これは言語学習全般の臨界期に繋がるわけではない，つまり，この時期を過ぎると外国語が学習できなくなるということではないことを覚えておいてほしい。

2. より良い学習へのヒント

人間の学習を認知科学の視点から考えてみると，学習者がより良い学習をするためには，そして教育者がより良い教育をするためにはどうすればよいのか，という問題にいろいろなヒントを与えてくれる。次項からは本書の各章で述べてきた，認知学習論から得られるより良い学習，より良い教育へのヒントをまとめてみよう。

2.1. 生きた知識を学ぼう

学習は「生きた知識」の学習でなければならない。「死んだ知識」をいくら詰め込んでも，問題解決の役には立たない。そしてあらたに学習した知識を「生きた知識」にするためには，その知識が以前からある知識とどのような関係になるのかを学習者が理解し，納得していなければならない。たとえば，歴史の

年号をただ暗記するより，正確な年号は覚えていなくてもよいから，その事件が周辺の歴史のどのような流れの中で起こったのか，なぜその事件が起こったのか，ということを理解する方が大切である。それを理解することによって，現在国内や世界で起こっていることと同様なことが過去に起きているかどうかを知ることができる。それがわかれば，それを踏まえて現在起こっている事柄，流れをどのような方向へ進めるべきか，という判断の材料として用いることができるのである。年号をただ知っていてもこのような判断をすることはできない。現在の問題の解決に役に立たないのだとしたら，歴史を学ぶことにほとんど意味はない。

　数学の学習でも同じことがいえる。学習した数学の知識が実社会の問題解決に役立つことを子どもが理解できなければ，子どもは数学を学ぶ意味，数学の価値がわからないだろう。実社会での問題解決では，算数の文章題のように必要な数字だけがひとところにまとまって与えられているということはまずない。問題解決をするためにはまず問題解決への道筋を考え，大きな問題を解くためには何と何がわかっていなければならないかを考えて下位の問題を設定し，さらにそのために必要な数字が何かを決めて探し出さなければならない。このプロセスは，子どもにとっては（そしてたぶん大人にとっても）難しいということを教育者が理解した上で，問題解決への道筋のつけ方をこそ，学校教育で力を入れて教えるべきである。

　そのためには子どもの現実の生活に結びついた問題領域において，リアリティのある複雑な（しかし子どもが扱うのに可能な）問題を設定し，問題解決の道筋のつけ方，下位問題への分割の仕方を子どもが徐々に学んでいくようなカリキュラムを作っていくべきである。掛け算，割り算の仕方などのドリルをいくらしても複雑な問題の解決の仕方は身につかない。しかし，問題を与えて，いきなり生徒に「さあやってみよう」と丸投げするだけでも，数字を使った複雑問題を自分で解決していく能力は身につかない。算数において，細切れの単元の内容理解を目指すのではなく，複雑な問題を解決する能力を子どもが身につけることができるようにデザインしたカリキュラム開発をすることが望まれる。

　学校の授業に様々な分野の熟達者に来てもらい，自分のやっていることの紹介や，熟達に至るまでの経験を話してもらう，という試みが「キャリア教育」

という名のもとに盛んになされている。たしかに，子どもたちが社会に存在する様々な職業を知り，啓蒙され，将来何になりたいかということに対して夢や具体的なアイディアを持つきっかけにはなるかもしれない。しかし，それはあくまでも「気づき」のきっかけを与えるにすぎず，本来，「キャリア教育」で育てることを目指している，複雑な問題解決のプランニング能力は，熟達者たちの体験談をいくら聞き，自分なりに「キャリアプラン」を漠然と立ててみたところで身につけることはできないだろう。むしろ，算数や理科のように，大きな問題を解決するために多くの基礎知識を下位技能として必要とし，それらが適宜使えないと問題解決ができないような科目をうまく取り込まないと育めない力といってもよいだろう。子どもが将来に対して夢を持ち，学習することに意欲を持つということは重要ではあるが，それだけでは，問題解決能力を高めることには繋がらないということを教育者は，しっかり意識しておかねばならない。

✚ 2.2. 基礎は重要

では，算数において計算能力は必要ないのか，ドリルは必要ないのか。これに対する答えは第7章で述べた熟達者の特徴と要件から見つけることができる。

第7章で熟達者の特徴はその場その場で最適な判断やパフォーマンスを柔軟にできることであると述べた。それを支えるものは行動をするために必要な下位の知識を瞬時に探すことができること，技能が正確で意識的な努力なしに自動化されていることである。算数の複雑な問題を解決するためには問題の解決に必要な知識に即座に自由にアクセスでき，必要な計算が楽に意識的な努力なしにできることである。この意味で，複雑な問題解決ができるようになるためには計算能力は絶対に必要なものである。簡単な四則計算も計算機に頼らなければならない子どもは，複雑な算数の問題に直面した時，作業記憶を肝心の問題解決のためのプランニングに振り向けることができない。しかし，単なるドリルは子どもの内発的動機づけという点から最善なものではないということを知っておくことも重要である。ドリルばかり続けていると何のためにその内容を学習しているのかを見失いがちになってしまうからである。

もっとも良いやり方は，すでに習ったことが問題解決の文脈の中で少しずつ

形を変えて何度も何度も繰り返し現れるようにある程度長期的なカリキュラムを考えることであろう。これまでの心理学の研究から，同じことを学習するのに一度に集中的にやるのと，少しずつ分散して学習するのでは，同じ時間学習した場合，後者の方がよく学習できることがわかっている。この点からも新しい内容について集中的にドリルをして，その後別の内容に移ってしまうともう前のことはやらない，というやり方より，前に習ったことが少しずつ違った文脈で少しずつ形を変えて現れてくる，それを繰り返す，という方がずっと良い学習ができるのである。

✤ 2.3. 誤りには理由がある

　子どもがつまずくには理由があることを教える側が認識するべきである。読者の皆さんの中で，自分の子どもや兄弟，生徒，学生に一所懸命にいくら教えても，ちっともわかってくれない，という歯がゆい思いを経験した人は多いと思う。その時，生徒がいっしょうけんめい勉強する気がないからだ，と腹立たしく思ったのではないだろうか。あるいは，なぜこんなケアレスミスをしてしまうのかと注意不足をしかることもあるだろう。しかし，教わる生徒が持つ素朴理論が学習すべき内容と矛盾している場合，子どもがつまずくのはごく自然でもっともなことなのである。科学概念の学習にとって概念変化は子どもが必ず経なければならない大事な過程であり，容易には克服できない課題なのである。歴史上の人類の科学的な発見も概念変化の過程を経てきた。それを一人ひとりの子どもがしなければならないのであるから，難しいのは当然だ。子どもをいくら叱っても，そしてまた「正しい理論」を繰り返し連呼しても，子どもはつまずきから解放されない。必要なのは，まずは教える側が，子どもがどのような素朴理論を持っているかを見極めること，そしてその素朴理論に基づくと，子どもの目から見てもおかしなことが発生するという状況を示し，それを自ら確かめることで，自分の素朴理論が誤っていることを自分で納得させることである。

✤ 2.4. 知識の連続性を担保できるようなカリキュラムを

　あらたに学習した知識を「生きた知識」にするためには，その知識が以前か

らある知識と関係づけられなければならない，と繰り返し述べてきた。ということは，新しいことを学ぶためにはその前提となる知識がきちん理解されていなければならないのである。どのようなことにもいえることだが，特に科学，数学では，ある概念を理解するためには，その基盤となる様々な概念がすでに理解されていなければならない。たとえばモノが分子からできていることを理解するためには，その前に，固体，液体，気体の性質がきちんと理解されていなければならないし，気体にも，固体と同じように体積，質量があること，体積，質量はどれほど小さくなってもゼロにはならないことを理解していなければならない。また，この理解は，数学での数の概念の理解，特にゼロの概念の理解（小さい数をどんな大きな数で割ってもゼロにならないなど）と密接に結びついている。

現状の学校のカリキュラムは，単元ごとに内容が分断され，単元を超えたつながり，理科，数学，その他教科とのつながりがほとんど見えないつくりになっている。科学についての細切れの断片的な知識を得ることが理科や数学の目的ではない。子どもが科学の概念を自分で「構築する」ことができるようなカリキュラムを創っていくためには，子どもの素朴理論と科学概念の連続性，不連続性をきちんと理解し，不連続な場合には概念変化を促すような工夫をしなければならない。また，いずれの場合にも，今取り組んでいる内容（単元）と以前学習した内容とのつながりを子どもが理解でき，知識が断片化せずに互いに関連し，体系化した科学の知識が構築できるようなカリキュラムを考えていかなければならない。

✚ 2.5. 知識についてのメタ知識，学びについてのメタ知識を育む教育が大事

新しい知識を獲得するためには（特に概念変化を必要とする概念の学習をするに臨んではなおさら），知識についてのメタ知識（**エピステモロジー**）をしっかり持つことが大事だ。たとえば密度の概念を理解するためには，そもそもモノの質量と体積についてきちんと理解していることが必要であるし，そのためには測定の意味と意義を理解し，さらにモノを科学的に捉えるには単に「重い」「軽い」という日常的な感覚ではなく，厳密に数量的に捉えることが必要だ，という科

学に対してのエピステモロジーを持っている必要もある。

　その一方で，エピステモロジーは論理的思考をするためのスキルを伴わないと役に立たない。科学の知識は「覚えるもの」ではなく，「構築する」ものだと理解することは重要だが，どのように知識が構築されるのか知らなければ学習者は知識を構築できないからである。たとえば仮説をどのように立てるか。どのような実験をデザインすれば仮説が検証できるか。データをどのように解釈するか，どのようなデータは理論に対する証拠となるか。このようなスキルを身につけるカリキュラムを考えることが非常に大事だ。

　第7章では「十年修行の法則」について述べた。何の分野でも熟達者になるには最低10年の地道な訓練が必要だ，というものだ。どのような分野にせよ，何かに熟達するには，つまり基礎をしっかり体が覚え，状況に応じで臨機応変に対応できるようになり，さらに創造的になれるには，長い年月がかかる。科学的思考，論理的思考の学びも同じだ。ある学年になったら単発で科学的思考方法についての授業をすれば科学的思考が身につくわけでは決してない。第2章，第5章で述べてきたように，赤ちゃんでも自発的に構築した科学概念の端緒は持っている。つまり科学を学ぶ素地は乳児期から持っているということだ。しかし科学が日常生活からの直観とは一線を画した厳密な方法下でのデータの収集と分析を必要とするものであることを理解し，その方法を身につけること，つまり仮説の構築の仕方，その検証をするための実験のデザインの仕方，結果の解釈の仕方などを身につけるのには多くの経験を必要とし，長い時間がかかる。小学校低学年から子どもの知識段階，発達段階に合わせて科学的な思考訓練を継続的にできるようなカリキュラムを考える必要がある。

✚ 2.6. 学び方を学ぶために

　ここまでの議論をひとことでまとめれば，学校での学びにしろ，学校の外での学びにしろ，学習者が身につけるべきことのもっとも大事なことは「学び方の学び（learning how to learn）」だといってよいだろう。自分の知識状態を意識的に分析し，足りないものを自分で認識して自ら学習できる能力（**メタ認知能力**）は，もちろん大事だ。しかし，子どもが母語を学習をしていく時に，個々の語の意味を学ぶだけではなく，語の意味の推論の仕方を学ぶ――つまり言語学習

のためのメタ知識を学習する（第3章を参照のこと）——のと同じように，「学び方の学び」は，学びの経験を通して自分で身につけていかなければならないものであり，「このように学びなさい」と親や教師が外から言うだけでは身につかないものなのだ。

3.「ほんとうの学び」をどのように実現できるか
：総合学習，探究型学習で注意すべきこと

　少し前までは「総合学習」というのが教育現場のキーワードの一つで，総合学習の時間が授業カリキュラムの中に組み込まれていた。しかし，現在，総合的学習に対して様々な論議がなされており，総合学習が子どもの学力（それがテストの場でしか役立たない「不活性な知識」であれ，実世界で役立つ「生きた知識」であれ）を大きく向上させたという話はほとんど聞こえてこない。現在，OECD教育局で強調するような問題解決能力や創造性の重視の影響からか，「総合学習」は「探究型プロジェクト学習」に変わりつつある。しかし，それもラベルがすげ変わっただけで実態が変わったようには思えない。

　認知学習論の考え方からすると，総合教育，あるいは探究型プロジェクト学習の理念はきわめて適切なものである。しかし，問題解決能力は，そのための様々な下位スキルの能力を長い時間をかけて身につけていかなければ本当には身につかないものであることはすでに指摘したとおりである。学校現場で行われているプロジェクト型学習は，多くの場合，細切れに様々なテーマを扱うだけになってしまっている印象がある。すでに述べたことだが，このような場合，一時的にはそのテーマに興味を持っても，学習した内容が連続せず，子どもがすでに持っている知識体系と有機的に連結せずに終わってしまうのがほとんどである。

　数学や科学の複雑な問題解決能力を身につけるには長期にわたる一貫した訓練が必要であること，問題解決能力には基礎知識の理解や計算能力などの基礎技能とともに文章の読解能力が要求されることを述べた。そのためにはある程度長いスパンで，基礎技能と高次の問題解決のためのプランニング能力の両方を訓練するようなカリキュラムを綿密に練らなければならない。プロジェクト

学習の時間が長期的な目標もなく，その場しのぎの「さあ，興味があることをいろいろやってみよう」式のものになってしまうと，問題解決能力の育成は期待できないばかりか，複雑な問題を解決するために必要な基礎知識や下位技能を修得する時間まで奪ってしまうことになるのである。

きちんとした課題分析をせずに行き当たりばったりで子どもの興味をひくテーマを細切れに与えても，生きる力も問題解決能力も，それに必要な基礎知識，技能も何も身につかない，ということを認識し，長期的な大きな目標とより細部の具体的な下位目標を組み込んだ，綿密なカリキュラムを作っていく必要がある。

では，具体的に探究型プロジェクト学習の成功事例としてどのようなものがあるのだろうか。実はアメリカではすでに1990年代前半に，本書で強調してきたこと，特に実生活に連結した複雑な問題解決能力，数学・科学に対するエピステモロジー，学び方の学びという三つの能力の育成を目的に算数教育のプログラムがデザインされていた。この教育プログラムは多くの学校での教室での実験的実践がされ，評価まできちんとされている。本章で重要性を指摘してきた要素の多くが取り込まれた非常に優れたプログラムである。当時の技術の最先端を使ったマルチメディア教材としても注目された。技術自体は古くなったが，上記の三つの目標達成のために考え抜かれ，完成度の高いプログラムは今でもなかなかみられないように思われるので，このプログラム——認知心理学者ジョン・ブランスフォードがテネシー州にあるヴァンダービルド大学の認知・テクノロジー研究センターの諸メンバーおよび多くの現場の数学の教師達とのコラボレーションにより開発した「ジャスパープロジェクト」——を紹介しよう[1]。

4. ジャスパープロジェクト

4.1. プログラムの概要

ジャスパープロジェクトというのは，ジャスパーという名前の主人公が日常生活の中で出会う様々な冒険を描いたビデオシリーズである。全部で10編以上にもなる短編のビデオ映画が作られている。それぞれのエピソードには，主

人公の青年ジャスパーが出会う困難が描かれている。そして，そのビデオを見ながらジャスパーの出会う困難を授業の中で子ども達がいっしょに解決して行くというものである。

　ジャスパーシリーズの最初のエピソードは「Journey to Cedar Creek（シーダークリークへの旅）」というタイトルのものである。これは主人公ジャスパーが，長年の夢であったクルーザーの中古の物件を新聞広告で見つけ，持ち主に会いに行き，購入を決めてそのクルーザーで川を下って家に帰ってくる，というストーリーである。クルーザーの照明が壊れているので，どうしても日が落ちて暗くなる前に家にたどり着かなければならない，そのためにはジャスパーは何時に現地を出発しなければならないのだろうかというのがこのエピソードに埋め込まれた主な問題である。

　この問題を解決するためには子どもたちはまず，問題解決のためのプランを立て，どのような情報が必要かを話し合う。家に日が落ちるまでにたどり着かなければいけないので，まず日没の時間を知らなければならない。現地からジャスパーの家までの距離も知らなければならない。次にクルーザーが1時間にどのくらい進むことができるのかを知らなければならないが，川の流れの速度によって，クルーザーの速度も異なってくるので，川の流れの速度を知り，その速度の時にはクルーザーが1時間にどのくらい進めるのかを計算しなければならない。そして，1時間にどのくらい進めるかがわかったら，その速度でジャスパーの家までの距離を行くのにどのくらい時間がかかるのかを計算し，日没時間から逆算して何時に現地を出発しなければならないかを逆算する，という具合である。

　問題解決に必要な情報はすべてビデオの中に含まれているのだが，従来の算数の文章題とは異なって必要な情報が一つのところにまとめて書かれているのではなく，ストーリーのここそこにさりげなくちりばめられている。したがって子どもたちは，何が必要な情報かを決めた後，その情報をビデオの中で探さなくてはならない。そして集めた情報に基づいて一つひとつの問題を解いていき，最終的な問題解決に至るように作られているのである。

　ジャスパーシリーズでは，それぞれのエピソードは初等算数を使った問題解決，幾何を中心にした問題解決，統計（サンプリング調査の方法と分析）を中心に

した問題解決というように，シリーズによってターゲットとする分野が異なる。そして，それぞれのターゲット分野の中にも難易度が異なるエピソードがいくつか含まれている。

　幾何を中心にしたエピソードをひとつ紹介しよう。幾何の問題といえば，従来の算数・数学教育では図形の面積を出したり，定理を証明したりすることが中心となっている。しかし，生徒たちにとってもそれを教える先生にとってもそれらの学習内容をなぜ学ぶ必要があるのか，日常生活でどのようにその知識が使われるのかを見出しにくくなりがちである。

　幾何はもともとそのことばが表すとおり，（"geometry"という語は「地球（geo）の測量（metory）」という語源を持つ）土地を測量したり，木の高さをはかったりする必要性から生まれた学問である。そこで幾何をターゲットにしたエピソードでは，この測量を中心にした状況設定をし，幾何の諸問題を日常の活動と関連づけることによって，文脈を与えている。

　たとえば「Blueprint for Success（成功への青写真）」では，二人のティーンエージャーの主人公が，学校のカリキュラムの職業経験プログラムで建築設計事務所を訪れて，設計の仕事を見学しているところからストーリーが展開する。そんな折，主人公達は，自分たちの地域では，道路で遊んでいる子ども達を自動車がはねてしまうという事故がたびたび起こるのを知った。そこへ地域住民の一人が，彼の会社が地域に土地を寄付するというニュースを持って建築事務所を訪れてくる。そこで二人はその土地に子ども達の遊び場となる公園を作ることを提案し，その設計を手伝わせてほしいと願い出た。このエピソードでは，土地のどこにブランコ，滑り台，砂場などをレイアウトするか，それぞれの遊具の大きさはどのくらいにしたらよいのか，寄付された280フィートのフェンスをどのようにしたらもっとも有効に使えるかなどの問題を解決することがメインの問題になる。そのために，子ども達は公園の正面図，側面図，俯瞰図など工事を実施するのに必要な図面を描くという活動をする。

　メインの問題を解決し，公園の設計図を描くためには様々な下位問題を設定し，解決していかなければならない。たとえばブランコの高さをどのくらいにしたらよいか，滑り台の角度は地面に対してどのくらいにしたらよいか，32立方フィートの砂を砂場に入れるためには砂場の幅，長さ，深さはそれぞれい

くらにしたらよいか，などである。さらに，設計図の図面ではそれぞれの長さを一定の割合で縮小しなければならない。したがってこの活動を通して，幾何の問題だけでなく割り算，特に比率の問題をたくさん扱うことになる。また，さらに設計図を描くという活動は現実の世界を縮小し，記号で表すということの訓練にもなっている。さらに，この活動は地域で共有するパブリックスペースをデザインすることであるから，いわゆる社会科で扱われるコミュニティの役割や性質を考える絶好の機会も提供する。

また，ジャスパーシリーズでは，測量という具体的な活動を通して直角二等辺三角形などの図形がなぜ重要なのかなどをはじめとして，抽象的な幾何の概念を理解するための手がかりとなるような素材が含まれている。一般的には直角二等辺三角形は「二辺の長さが等しくひとつの角が直角で他の二つの角が45度となる」という定義を理解するだけで終わり，どうして直角三角形を他の三角形と区別する必要があるのか，なぜこの概念が大事なのかなどを考えることはほとんどない。しかし，「The Right Triangle（直角三角形）」というエピソードでは，直角二等辺三角形の概念を用いて高い木や山の頂上の高さを測る方法が盛り込まれているのである。

✤ 4.2. 同じ構造の問題を繰り返し解くための工夫

ジャスパープロジェクトは，ビデオの中に埋め込まれた問題を解くだけでなく，そこで必要とされる下位の問題と構造が同じであるか，あるいは類似している問題がたくさん用意されている。しかも，それは単純に数字を入れ替えて計算問題をこなすということではない。システマティックにパラメータの数字を変えて行くと結果がどのように変わっていくのかを見ていき，それをグラフ上で表すことによってあらたな見方を知るのである。たとえば「シーダークリークへの旅」では，ジャスパーが家にクルーザーで帰るのに必要な時間が川の水流の速度のパラメータが変わるとどのように変わるのかを生徒は尋ねられる。

この関連問題を解くことは二つの点で意義がある。ひとつはすでに解いた問題と同じ計算手法を使う同じ構造の問題を復習できることである。前章までで何度も強調してきたように「数をこなして練習する」というのは何かを学習した時，その学習内容（あるいはスキル）を手続き化できるほどに熟達するために

は必要なことである。だからといって、単純に数字を入れ替えるだけの問題をたくさん解かせるだけでは、子どもにとって問題解決は再び文脈のない、ただの計算練習になってしまう。しかし、パラメータを変えていくと結果がどのように変わっていくかをグラフ上で見ていくことにより、付属の問題が単なる計算問題にとどまらず、何かの現象を表すのにモデルを作ってシミュレーションを行うという考え方の素地を養うことにもなる。

✤ 4.3. プロジェクトの評価研究

ジャスパープロジェクトはいわゆる「やりっぱなし」の教育プログラムではない。アメリカ9州にわたってジャスパーを数学の授業で用いた学校において厳密な評価実験を行っており、またその評価結果をもとに絶えず内容を改良している点でも高く評価されるべきである。あらたな教示方法の試みをする場合、カリキュラムやプログラム自体にたいへん力を注いでも、その効果についての評価がきちんとできていない場合が非常に多い。しかし、教示プログラムを短期間の単なる実験的試みとするのではなく、長期にわたって教育の場で真に「使える」ものにするには、プログラムを開発するだけでなく、そのプログラムを使った効果の妥当な評価方法も考えていくべきであるし、また定期的に評価を行い、それをプログラム開発にフィードバックしていくのが理想の姿であろう。実際、教育効果を評価することはきわめて難しい。妥当な評価項目、評価をするためのテストの開発自体たいへん難しいし、労力も要するものである。ジャスパープロジェクトで行っている評価の方法は教示プログラムを開発してその効果の評価をする際たいへん参考になるだろう[2]。

プログラムの教育効果の評価の項目は一元的ではない。ジャスパーシリーズでもっとも重要視するのは創造的な問題解決能力である。そのため、複数の下位問題を組み合わせないと解決できない複雑な問題の解決能力を測る、いわゆる学習転移の問題を含めるのはもちろんであるが、ジャスパーシリーズでは特に個別にはターゲットとして取り上げなかった数学の基礎概念の理解を測る項目や数学に対する態度や適性についても評価している。

(1) **基礎概念の手続きの知識**：まず、数学の基礎概念の手続きの知識については、時間の単位の計算、距離の出し方、面積、体積、小数の概念、分数の概

念，比などの項目についてテストした。そして比較のためにジャスパーのプログラムを受けた子ども達と同じ時間，従来型の算数教育を受けた子ども達も同じテストを行った。プログラムを導入する前にこの二つのグループを比較した事前テストでは，グループ間にこの指標での能力の差はみられなかった。従来型の授業ではそれぞれの概念について単元が設けられたが，ジャスパープログラムではこれらの内容はすべてエピソードの中の大問題を解決するための下位問題を解くために使われるにすぎない。それにもかかわらず，ジャスパープログラムを受けた子ども達の基礎概念の手続きに関する知識は従来型の授業を受けた子ども達の成績と変わらなかった。

(2) **文章題を解く力**：よくあるタイプの文章問題も評価の指標とされた。文章問題は一つのステップで解ける単純な問題と二つ以上のステップを踏むことを要求される複雑な問題が含まれた。これはジャスパーで教示を受けた子ども達にとってはエピソード中で解いた問題がビデオの中で口頭で尋ねられる代わりに文章として表されるので構造が類似した転移問題となる。ジャスパーグループと従来型教示グループでは教示が導入される前の事前テストでは差がみられなかったが，ジャスパーグループが二つのエピソードを終了した直後に行ったテストでは，すべての文章問題でジャスパーグループの子どもたちの方が従来型グループよりも正答率が高かった。

(3) **問題解決に向けて計画を立てる力**：複数のステップを踏まなければ解決できない複雑な問題解決に向かって自分で問題解決の道筋を計画し問題解決に必要な下位問題を設定することはもっとも重要な能力であり，その能力を養うことがジャスパーシリーズが作られた目的でもあった。この目的は達成されただろうか。

ジャスパープログラムの効果を評価するため，複数のステップを経なければ解決できない複雑な問題解決の問題を作り，そこにおいて問題解決を計画するために必要な高次のレベルのプランニング問題と，問題解決へ至るために解かなければならない下位問題を学習者が理解しているかどうかをみる問題が設定された。これはジャスパーで学習した学生にとっては学んだそのままではないが，ある程度距離の離れた転移問題となる。出された問題のひとつに次のような問題があった。

> ジルはカーソン市に住んでいます。彼女はメリディン市に住む友達の家を車で訪ねたいと思っています。地図でわかるように（Jasper book, p. 65 Fig 4）ジルはカーソン市からまずジョンズタウンに行き，そこからメリディンに行きます。彼女の車はガソリンを満タンにしてあります。ガソリンスタンドはカーソン市，セイモア市，メリディン市にあるますが，ジョンズタウンにはありません。ジルは朝8時に彼女の家を出発する予定です。
> ……………………………………………………………………
> 高次レベルのプランニング問題：「ジルが家から友達の家まで行くのにどのくらい時間がかかるか計算するためには，何を知っていないといけないですか？」
> 下位ゴールの理解問題：「ジルはカーソン市からメリディン市までの距離（120マイル）を車が走る時速（60マイル）で割りました。彼女は何を知るためにそうしたのですか？」
>
> （地図：カーソン市―ジョンズタウン―メリディン，ジョンズタウン―セイモア）

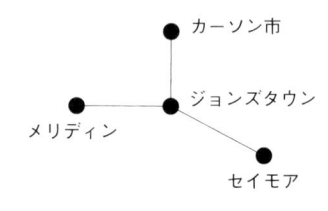

　これは子どもにとってもっとも難しいと考えられる種類の問題である。しかも，本章の最初に紹介した子どもがしばしば混乱する問題のように問題解決にまったく関係のない情報もいくつも埋め込まれている。その中で子どもは問題を解決するのに必要な情報と必要な下位プロセスを考えなければならない。

　事前テストではジャスパーグループの子どもも，従来型の授業を受けた子どもたちもどちらもほとんどどちらのタイプの問題も解くことができなかった。しかし，教示後のテストではジャスパーグループがどちらのタイプでも従来型グループの子どもより勝っていた。特に高次レベルの問題プランニング問題ではジャスパーグループの子どもの正答率は従来型の子どもの2倍も高かった。

　(4) 算数に対する態度：子ども達の数学に対する気持ち，態度も評価の指標とされた。たとえば自分の数学の能力をどう思っているか，数学のテストに恐怖心を抱いているか，数学が役立つと思っているか，数学に興味を持っている

か，難しそうに見える複雑な問題に対してどういう気持ちを持っているかを，ジャスパーグループと従来型グループの子どもたちに評定させた。ジャスパーグループの子ども達は数学に対してそれぞれの項目タイプでポジティヴな気持ち，態度を示したが，比較グループではネガティヴな気持ち，態度を示す子ども達が目立ち，両グループは大きく異なっていた。

これら複数の指標を総合して考えてみると，ジャスパーのもたらす学習効果は非常に大きく，かつ重要であるといえるだろう。問題解決のプランニング能力を促進させ，何よりも数学に対する態度を大きくポジティヴなことに変えたことはもっとも評価すべき点だといえるだろう。第7章で議論したように熟達者のもっとも大きな特徴は，その状況ごとに適合的な問題解決を創生できることと熟達するために必要な条件はその領域が好きでたまらないことである。その点からも，ジャスパープロジェクトに参加した子ども達に，問題解決のプランニング能力の大きな向上がみられたこと，算数に対してポジティブな気持ちを持つようになったことは，数学の熟達化のプロセスにとって，非常に大きな効果であると考えられる。

（結果の図）

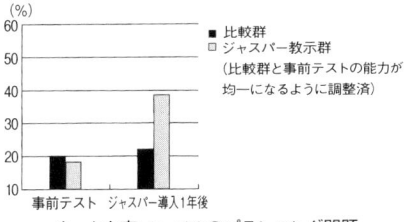

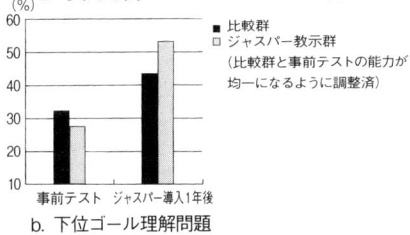

a. もっとも高いレベルのプランニング問題

b. 下位ゴール理解問題

図8-1 プランニング問題におけるジャスパー導入前と導入後の成績
（事前テストは導入1年後の成績の分析で共分散として用いられている）

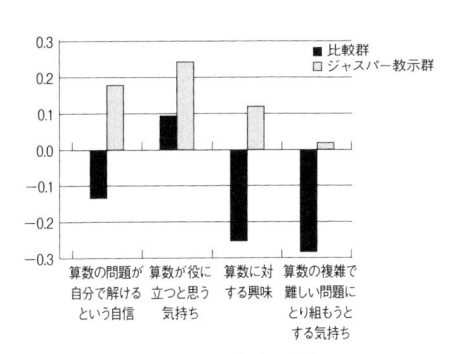

算数にとりくむ態度の尺度

図8-2 事前テストとジャスパー導入1年後の間における子どもの算数に対する気持ち（態度）の変化

4. ジャスパープロジェクト

5. 日本での探究型テーマ学習：TCS の実践

　先ほども述べたように，日本でも最近探究型プロジェクト学習は注目され，実践の試みが報告され始めている。その中で筆者たちがもっとも注目するのが，東京コミュニティスクール（TCS）[3]の探究型テーマ学習だ。ジャスパープログラムが数学教育に焦点を絞っているのに対し，TCS のテーマ学習は完全に科目横断的で，あるテーマを中心に理科（科学），社会，国語，算数，時に英語なども内容に盛り込まれている。その上で，テーマを学習し，知識を獲得するというよりは，テーマの学習を通して子どもに持ってもらいたい知識についての「認識」を育てることを目指している。

　たとえば「水知らずにはいられない」というテーマでは，ふだんの生活の中で私たちが無造作に水道水を使っている実態を「認識」するために，自ら知識を集め，創り出してゆくことを目指す。まず，自分たちが家庭で一日にどのくらい水を使っているのかを徹底的に調べる。そのために使った水の量をどのように測定したらよいか考えるところからスタートする。蛇口をいっぱいに開いて 20 秒間水を出しっぱなしにして鍋にたまった水を測ると 200cc の計量カップで 23 杯と 100ml だったので，200ml×23+100ml で 4700ml になることがわかった。20 秒間で 4700ml だから 1 秒間では 4700÷20 で 235ml になる。この 1 秒間あたりの水使用量をもとに，シャワーで使う水の量，トイレで使う水の量，料理で使う水の量などを実際に測定し，最終的に，自分たちが日々使っている水の量を計算する。こうして算数の「知識」を現実の複雑な問題解決に活用できることを「認識」する。子ども達は，4 人家族だと一日に 500ml のペットボトルで 1900 本分の水が必要だという結果を得て，どれだけ水に頼って生活しているかを実感し，生活のどの場面でどう工夫したらどのくらい節水できるか，さらに算数的知識を活用して導き出す。自分達で水の測り方を考え，自分たちで水の使用量の計算の仕方も考えた上でのことだから，切実感があり，節水の実行に向けて本気で子ども達は動き出す。そうすると，問いは，自ずと広がってゆく。家庭で使った汚れた水はどこに行くのか，それはどのように処理されるのか，水道の水の源はどこで，どのように処理されてどのように個々の家庭に来るのか調べたくなる。現地にでかけ，実際に専門家に会う必然性が生まれ

たところで，下水処理場に出向く。家庭から廃棄された油やその他の汚水がこびりつき，最初は25cmだった下水管の半径が8.5cmまでになってしまうことを知り，衝撃を受けるだけでなく，汚い，臭い下水を目の当たりにした直後，「反応槽」の中で微生物の力で分解され，匂いも濁りも消え，高度ろ過されて飲めるほど再生された水を見る。こうして，子ども達は，目に見えない小さな微生物が汚れを食べ，生き物の力で水が浄化される仕組みはいったいどうなっているのか，他にどんな化学的または物理的仕組みによって水が「ろ過」されるのかという本質的な問いを持つ。知識を得て終わりではなく，知識の獲得によってあらたな問いが生じ，その問いをどう追究したらより妥当な知識になるか自ら考え，行動しようという「認識」に促されて，知識を形成していこうとする。無臭で透明な水になった「下水」が，まだ飲める状態ではなく，蛇口をひねると出てくる水はいったいどこから来るのかさらに追究しないわけにはいかなくなり，その結果，別のところ（浄水場）で別の処理をされていることを知り，そちらにも見学に行くことになる。そこで川の水を取水したまだ泥水の原水がろ過されていく過程と仕組みを理解すると，それが引き金となり，ペットボトルを用いた「浄水装置」を作り始め，浄水の仕組みをモデル化して理解し，どのようにしたら泥水からきれいで透明な水ができるかをいろいろ試し，工夫する。そして，最初の追究で得たふだん自分が使用している水の量と，自ら作り出せる水の量とのギャップを痛感し，なぜ節水が叫ばれるのか自分のこととして理解するだけでなく，算数や理科の知識が現実と繋がり，また自ら追究を進める上で欠くべからざるものであると「認識」し，経験に裏づけられた「生きた知識」として身につくのである。最後に，自分たちの研究成果をテーマ発表会で発表し，第三者からの建設的な批判を受ける機会を設け，自分たちが作り出した「知識」は暫定的なもので，終わりがないという「認識」も養う。以上述べたテーマ学習は教師たちによって周到に準備されたもので，最初の導入から報告まで6週間がかけられている。一時の体験にしかすぎない社会科見学や，明らかな結果を求めて手順に則って再現するだけの理科実験や，現実にどう適用するかを無視した算数教育とは一線を画した，教科横断的で深い問題解決力を必要とするテーマ学習になっている。

　TCSでは，テーマ学習を中心に1年のカリキュラムを組んでいる。1年生か

ら6年生までで学ばなくてはならない，各教科の基礎的な学力を確保し，さらに問題解決能力，コミュニケーション力，社会への関心と貢献，自然への理解，表現力を，自分で探究し，学び続ける力を，テーマ学習を通じて子ども達が自分で「身につける」ことができるように周到に考えられた教育プログラムなのである。テーマ学習実践の詳細はTCSの校長である市川力さんの著作やTCSのホームページで紹介されているので，ここではこれ以上述べないが，本章で考察したより良い学びを実現し，「学び方の学び」を子ども達自ら身につけていくことを教育者が「下から支える」方法として，注目されるべきだろう。

6. おわりに

　認知心理学・認知科学は人の学びについての様々な知見を明らかにしてきた。本書で示した認知学習論は，その成果に基づいて，人がよりよく学ぶために知っておいた方がよいこと，知っておくと役に立つことを，まとめたものである。私達がここで提示した認知学習論が，読者の知識観・学習観にいくらかなりとも影響を及ぼすとともに，本書が読者にとっての生きた知識となって，今後の読者自身の学習のあり方，子ども達の学習に向かう時の態度を変え，そして結果として社会全体の学習観をより良い方向に変えていく。それが私達筆者の望みである。人の学びの仕方，学習に対する態度は，個人的なものであるが，それと同時に社会全体のあり方をも方向づけるものであると私達は考えているからだ。

【注】

(1) http://peabody.vanderbilt.edu/projects/funded/jasper/
(2) 詳しくは The Cognition & Technology group at Vanderbilt, 1997 を参照してほしい。
(3) 東京コミュニティスクールはNPO法人の全日制オルターナティヴスクール（文部科学省無認可の小学校）である。スクールの概要，教育理念，活動などについては http://tokyocs.org/ とTCS校長の市川力著「探究する力」で紹介されている。

〔引用文献一覧〕

Allard, F., Graham, S., & Paarsalu, M.E. (1980). Perception in sport: basketball. *Journal of Sport Psychology*, 2, 14-21.

Allard, F., & Starkes, J.L. (1980). Perception in sport: volleyball. *Journal of Sport Psychology*, 2, 22-33.

Allard, F., & Starkes, J.L. (1991). Motor-skill experts in sports, dance and other domains. In K.A. Ericsson & J. Smith (Eds.), *Toward a general theory of expertise: Prospects and limits* (pp. 126-152). Cambridge: Cambridge University Press.

安西祐一郎 (2011). 心と脳―認知科学入門 岩波書店

Astington, J.W. (1993). *The child's discovery of the mind*. Cambridge, MA: Harvard University Press. (アスティントン, J. W. 松村暢隆 (訳) (1995). 子供はどのように心を発見するか：心の理論の発達心理学 新曜社)

Baldwin, D. A.(1991). Infant's contribution to the achievement of joint reference. *Child Development*, 62, 875-890.

Baron-Cohen, S. (1995). *Mindblindness: An essay on autism and theory of mind*. Cambridge, MA: MIT Press. (バロン-コーエン, S. 長野 敬・今野義孝・長畑正道 (訳) (1997). 自閉症とマインド・ブラインドネス 青土社)

Biederman, I., & Bar, M. (1999). One-shot viewpoint invariance in matching novel objects. *Vision Research*, 39, 2885-2899.

Blakemore, S. J., & Frith,U. (2005). *The learning brain: Lessons for education*. Oxford: Wiley-Blackwell. (ブレイクモア, S. J. フリス, U. 乾 敏郎 吉田千里 山下博志 (訳) (2006). 脳の学習力―子育てと教育へのアドバイス 岩波書店)

Bowerman, M. (1982). Reorganizational processes in lexical and syntactic development. In E. Wanner & L. R. Gleitman (Eds.), *Language acquisition: The state of the art* (pp. 319-346). Cambridge: Cambridge University Press.

Bransford, J. D., Barclay, J. R., & Franks, J. J. (1972). Sentence memory: A constructive versus interpretive approach. *Cognitive Psychology*, 3, 193-209.

Bransford, J. D., & Johnson, M. K. (1972). Contextual Prerequisites for Understanding: Some Investigations of Comprehension and Recall. *Journal of Verbal Learning and Verbal Behavior*, 11 (6), 717-726.

Bransford, J. D., Zech, L., Schwartz, D., Barron, B., Vye, N., & The Cognition and Technology Group at Vanderbilt (1996). Fostering mathematical thinking in middle school students: Lessons from research. In R. J. Sternberg & T. Ben-Zeev (Eds.), *The nature of mathematical thinking* (pp. 203-250). Mahwah, N. J.: Lawrence Erlbaum.

Breazeal, C., & Scassellati, B. (2002). Robots that imitate humans. *Trends in Cognitive Sciences*, 6 (11), 481-487.

Bush, V. (1945). *Science:The Endless Frontier*. Washington, D.C: United States Government Printing Office.

Carey, S. (1986). Constraints on semantic development. In W. Demopoulos & A. Marras (Eds.), *Language Learning & Concept Acquisition* (pp. 154-172). Norwood, NJ. : Ablex Publishing.

Carey, S. (1989). An experiment is when you try it and see if it works': A study of grade 7 students' understanding of the construction of scientific knowledge. *International Journal of Science Education*, SPECIAL ISSUE, 514-529.

Carey, S. (1997). Do constraints on word meanings reflect prelinguistic cognitive architecture? *Cognitive studies*, 4 (1), 35-58. (キャリー, S. 今井むつみ (訳) (2000). 第2章 語意学習制約の前提となる前言語的認知アーキテクチャー 今井むつみ (編) 心の生得性：言語・概念獲得に生得的制約は必要か 共立出版)

Carey, S., & Smith, C. (1993). On understanding the nature of scientific knowledge. *Educational Psychologist*, 28, 235-251.

Carey, S., & Spelke, E. S. (1994). Domain-specific knowledge and conceptual change. In L. Hirschfeld & S. Gelman (Eds.), *Mapping the mind: Domain specificity in cognition and culture* (pp. 169-200). Cambrdige, UK: Cambridge University Press.

Carraher, T. N., Carraher, D., & Schliemann, A. D. (1985). Mathematics in the streets and in schools. *British Journal of Developmental Psychology*, 3, 21-29.

Chase, W. G., & Simon, H. A. (1973). Perception in Chess. *Cognitive Psychology*, 4, 55-81.

Chi, M. T. H. (1992). Conceptual change within and across ontological categories: Examples from learning and discovery in science. In R. N. Giere & H. Feigl (Eds.), *Minnesota studies in the philosophy of science* (pp.129-186). Minneapolis: University of Minnesota press.

Chi, M. T. H., Feltovich, P., & Glaser, R. (1981). Categorization and Representation of Physics Problems by Experts and Novices. *Cognitive Science, 5,* 121-152.

Choi, S., & Bowerman, M. (1991). Learning to express motion events in English and Korean: The influence of language-specific lexicalization patterns. *Cognition, 41,* 83-121.

Churchland, P.S. (1986). *Neurophilosophy: Toward a unified science of the mind / brain.* Cambridge, MA.: MIT Press.

Clement, J. (1982). Students' preconceptions in introductory mechanics. *American Journal of Physics, 50 (1),* 66-71.

Cognition and Technology Group at Vanderbilt. (1997). *The Jasper Project: Lessons in curriculum, instruction, assessment, and professional development.* Mahwah, NJ: Erlbaum.

Csibra, G., Gergely, G., Biró, S., Koós, O., & Brockbank, M. (1999). Goal attribution without agency cues: The perceptions of "pure reason" in infancy. *Cognition, 72,* 237-267.

Curtiss, S. (1977). *Ginie: A psycholinguistic study of a modern day "wild child".* New York: Academic Press.

Cutler, A., Mehler, J., Norris, D., & Segui, J. (1983). A language specific comprehension strategy. *Nature, 304,* 159-160.

Cutler, A., Mehler, J., Norris, D., & Segui, J. (1989). Limits on bilingualism. *Nature, 340,* 229-230.

Dehaene, S., Dupoux, E., Mehler, J., Cohen, L., Paulesu, E., Perani, D., van de Moortele, P.F., Lehéricy, S., & Le Bihan D. (1997). Anatomical variability in the cortical representation of first and second language. *NeuroReport, 8,* 3809-3815.

Dennett, D.C. (1984). Cognitive wheels: The frame problem of AI. In C.Hookway (Ed.), *Minds, machines, and evolution.* Cambridge: Cambridge University Press. (デネット,D. 信原幸弘（訳）(1990).「コグニティヴ・ホイール」人工知能におけるフレーム問題 現代思想, 15 (5), 128-150.)

Doll, J., & Mayr, U. (1987). Intelligenz und Schachleistung-eine Untersuchung an Schachexperten. *Psychologische Beiträge, 29,* 270-289.

Dunbar, K. (1995). How scientists really reason: Scientific reasoning in real-world laboratories. In R. J. Sternberg & J. E. Davidson (Eds.), *Mechanisms of insight* (pp. 365-395). Cambridge, MA: MIT Press.

Dunbar, K. (2000). 孤独な科学者という神話をこえて：科学における分散推論と科学的発見 植田一博・岡田猛（編） 協同の知を探る：創造的コラボレーションの認知科学 (pp. 36-39) 共立出版

Dunker, K. (1945). On problem solving (translated by L. S. Lees). *Psychological Monographs, 58,* No. 270.

Duschl, R.A., Schweingruber,H.A., & Shouse,A.W. (2007). Taking science to school: Learning and teaching science in grades K-8. Washington, D.C.: National academies press.

Eimas, P.D. (1975). Distinctive feature codes in the short-term memory of children. *Journal of Experimental Child Psychology, 19 (2),* 241-234.

Elman, J., Bates, E., Johnson, M., Karmiloff-Smith, A. Parisi, D.& Plunkett, K. (1996). Rethinking inmates: A connectionist perspective on development. MIT Press.（エルマン, J. 他 乾敏郎・今井むつみ・山下博志（訳）(1999). 認知発達と生得性 共立出版）

Ericsson, K.A. (1996). The acquisition of expert performance: An introduction to some of the issues. In K. A. Ericsson (Ed.), *The road to excellence: The acquisition of expert performance in the arts and sciences, sports, and games.* Mahwah, N. J.: Erlbaum.

Ericsson, K.A., Krampe, R.T., & Tesch-Römer, C. (1993). The role of deliberate practice in the acquisition of expert performance. *Psychological Review, 100,* 363-406.

Ericsson, K. A., & Lehmann, A. C. (1996). Expert and exceptional performance: Evidence on maximal adaptations on task constraints. *Annual Review of Psychology, 47,* 273-305.

Ericsson, K. A., & Simon, H. A. (1993). *Protocol analysis: Verbal reports as data.* Cambridge, MA: MIT Press.

Fernald, A., Pinto, J. P., Swingley, D., Weinberg, A., & McRoberts, G. W. (1998). Rapid gains in the speed of verbal processing by infants in the second year. *Psychloigical Science, 9,* 228-231.

Flege, J. E. (1989). Using visual information to train foreign language vowel production. *Language Learning, 38,* 365-407.

Gardner, H. (1985). *The mind's new science: A history of the cognitive revolution.* New York: Basic Books.（ガードナー,H. 佐伯胖，海保博之（監訳）(1987). 認知革命：知の科学の誕生と展開 産業図書）

Gelman, S. A. (1988). The development of induction within natural kind and artifact categories. *Cognitive*

Psychology, 20, 65-95.
Gelman, S. A., & Coley, J. D. (1991). Language and categorization: The acquisition of natural kind terms. In S. A. German & J. P. Byrnes (Eds.), *Perspectives on language and thought: Interrelations in development* (pp.146-196). Cambridge: Cambridge University Press.
Gelman, S. A., & Markman, E. M. (1986). Categories and induction in young children. *Cognition, 23*, 183-209.
Gelman, S. A., & Markman, E. M. (1987). Young children's inductions from natural kinds: The role of categories and appearances. *Child Development, 58*, 1532-1541.
Gergely, G., Nádasdy, Z., Csibra, G., & Biró, S. (1995). Taking the intentional stance at 12 months of age. *Cognition, 56*, 165-193.
Gergely, G. & Csibra, G. (2003). Teleological reasoning in infancy: the naïve theory of rational action. *Trands in Cognitive Sciences, 7* (7), 287-292
Gick, M. L., & Holyoak, K. J. (1980). Analogical problem solving. *Cognitive Psychology, 12*, 306-355.
Gopnik, A., & Melzoff, A. N. (1997). *Words, thoughts, and theories*. Cambridge, MA: MIT Press.
Granovetter, M. (1973). The strength of weak ties. *American Journal of Sociology, 78*, 1360-1380.
Granovetter, M. (1995). *Getting a Job: A Study of Contacts and Careers*. Chicago: University of Chicago Press.
Greene, D., & Lepper, M. R. (1974). Effects of extrinsic rewards on children's subsequent intrinsic interest. *Child Development, 45*, 1141-1145.
Greene, D., Sternberg, B., & Lepper, M.R. (1976). Overjustification in a Token Economy. *Journal of Personality and Social Psychology, 34*, 1219-1234.
Griggs. R. A., & Cox, J. R. (1982). The elusive thematic-material effect in Wason's selection task. *British Journal of Psychology, 73*, 407-420.
Hamilton, W. G., Hamilton, L. H., Marshall, P., & Molnar, M. (1992). A profile of the musculoskeletal characteristics of elite professional ballet dancers. *American Journal of Sports Medicine, 20*, 267-73.
Harley, B. (1989). Transfer in the written compositions of French immersion students. In H. W. Dechert & M. Rampach (Eds.), *Transfer in language production* (pp.3-19). Norwood, NJ: Albex.
針生悦子 (1991). 幼児における事物名解釈方略の発達的検討：相互排他性と文脈の利用をめぐって 教育心理学研究, 39, 11-20.

Haryu, E., & Imai, M. (2002). Reorganizing the lexicon by learning a new word: Japanese children's inference of the meaning of a new word for a familiar artifact. *Child Development, 73*, 1378-1391.
Helsen, W., & Pauwels, J. M. (1993). The relationship between expertise and visual information processing in sport. In J. L. Starkes & F. Allard (Eds.), *Cognitive issues in motor expertise* (pp. 109-134). North-Holland
堀場芳数 (1989). 円周率πの不思議 講談社
Howe, M. J. A. (1996). The childhoods and early lives of geniuses: Combining psychological and biographical evidence. In K. A. Ericsson (Ed.), *The road to excellence: The acquisition of expert performance in the arts and sciences, sports, and games* (pp. 255-270). Mahwah, N. J.: Erlbaum.
Huntley-Fenner, G., Carey, S., & Solimando, A. (2002). Objects are individuals but stuff doesn't count: Perceived rigidity and cohesiveness influence infants' representations of small groups of discrete entities. *Cognition, 85*, 203-221.
Hutchins, E. (1990). The technology of team navigation. In J. Galegher & R. E. Kraut & C. Egido (Eds.), *Intellectual Teamwork: Social and Technological Foundations of Cooperative Work* (pp. 191-220). Hillsdale, NJ: Lawrence Erlbaum Associates.
Huttenlocher, P. R., & Dabholkar, A. S. (1997). Regional differences in synaptogenesis in human cerebral cortex. *Journal of Comparative Neurology, 387*, 167-178.
今井むつみ (1993). 外国語学習者の語彙学習における問題点：言葉の意味表象の見地から 教育心理学研究, 41, 243-253.
今井むつみ (1997). ことばの学習のパラドックス 認知科学モノグラフシリーズ 共立出版
今井むつみ (2001). 概念発達と言語発達における類似性の役割 大西 仁・鈴木 宏昭 (編) 類似からみた心 共立出版
Imai, M., & Gentner, D. (1997). A crosslinguistic study of early word meaning: universal ontology and linguistic influence. *Cognition, 62*, 169-200.
Imai, M.,& Gentner, D. & Uchida, N. (1994). Children's theories of word meaning: The role of shape similarity in early acquisition. *Cognitive Development, 9*, 45-75
Imai, M., & Haryu, E. (2001). Learning Proper nouns and common nouns without clues from syntax. *Child*

Development, 72, 787-802.

稲垣佳世子・波多野誼余夫（1989）．人はいかに学ぶか：日常的認知の世界　中公新書

伊藤毅志・松原　仁・Grimbergen,R.（2001）．空間的チャンクから因果的チャンクへ．GPW '01 ゲームプログラミングワークショップ

Iwahashi, N. (2001). Language acquisition by robots. IEICE Tech. Rep. SP2001-96.

Johnson, J., & Newport, E. (1989). Critical period effects in second language learning: The influence of maturational state on the acquisition of English as a second language. Cognitive Psychology, 21, 60-99.

Joseph, A. (2006). Digitizing life: The introduction of computers to biology and medicine. Doctoral dissertation, Princeton University.

Jusczyk, P. W. (1997). The discovery of spoken language. Cambridge, MA: MIT Press.

Jusczyk, P. W. (1999). How infants begin to extract words from speech. Trends in Cognitive Sciences, 3, 323-328.

Jusczyk, P. W., & Aslin, R. N. (1995). Infants' detection of the sound patterns of words in fluent speech. Cognitive Psychology, 29, 1-23.

Jusczyk, P. W., Hohne, E. A., & Bauman, A. L. (1999). Infants' sensitivity to allophonic cues for word segmentation. Perception and Psychophysics, 61, 1465-1476.

Jusczyk, P. W., Houston, D. M., & Newsome, M. (1999). The beginnings of word segmentation in English-learning infants. Cognitive Psychology, 39, 159-207.

Karmiloff-Smith, A. (1992). Beyond modularity: A developmental perspective on cognitive science. Cambridge MA.: MIT Press.（カミロフ-スミス，A. 小島康次，小林好和（監訳）（1997）．人間発達の認知科学：精神のモジュール性を超えて　ミネルヴァ書房）

Kato, T., & Fukuda, T. (2002). Visual search strategies of baseball batters: Eye movements during the preparatory phase of batting. Perceptual and Motor Skills, 94, 380-386.

Kellerman, E. (1978). Giving learners a break: native language intuitions as a source of predictions about transferability. Working Papers on Bilingualism, 15, 59-92.

Kim, K., Relkin, N., Lee, K., & Hirsch, J. (1997). Distinct cortical areas associated with native and second languages. Nature, 388, 171-174.

Kobayashi, I., Furukawa, K., Ozaki, T., & Imai, M. (2002). A computational model for children's language acquisition using inductive logic programming. In S. Arikawa & A.Shinohara (Eds.), Progress in discovery science: Final report of the Japanese discovery science project, as lecture notes in artificial Intelligence 2281 (pp.140-155). Springer-Verlag.

Kohn, A. S. (1993). Preschoolers' Reasoning about Density: Will It Float? Child Development, 64, 1637-50.

Kohn, A. S. (1993). Punished by Rewards: the Trouble with Gold Stars, Incentive Plans, A's, Praise, and Other Bribes. Boston: Houghton Mifflin.

子安増生（2000）．心の理論：心を読む心の科学　岩波書店

Krashen, S. (1982). Accounting for child-adult differences in second language rate and attainment. In S. Krashen, R. Scarcella & M. Long (Eds.), Child-adult differences in second language acquisition (pp. 202-206). Rowley, MA: Newbury House.

Kuhl, P., Tsao, F., & Liu, H. (2003). Foreign-language experience in infancy: Effects of short-term exposure and social interaction on phonetic learning. Proceedings of the National Academy of Sciences, 100, 9096-9101.

Kuhn, D. (2001). How do people know? Psychological Science, 12, 1-8.

Kuhn, D. (2005). Education for thinking. Cambridge, MA: Harvard University Press.

Lakoff, G. (1987). Women, fire, and dangerous things: What categories reveal about the mind. Chicago: University of Chicago Press.（レイコフ，G. 池上嘉彦・河上誓作（訳）（1993）．認知意味論：言語から見た人間の心　紀伊國屋書店）

Landau, B., Smith, L. B., & Jones, S. S. (1988). The importance of shape in early lexical learning. Cognitive Development, 3, 299-321.

Latané, B., Williams,K., & Harkins, S. (1979). Many hands make light the work: The causes and consequences of social loafing. Journal of Personality and Social Psychology, 37, 822-832.

Lave, J., & Wenger, E. (1991). Situated Learning: Legitimate Peripheral Participation. Cambridge: Cambridge University Press.（レイブ，J. ウェンガー，E 佐伯　胖（訳）福島真人（解説）（1993）．状況に埋め込まれた学習―正統的周辺参加　産業図書）

Lenat, D. B., & Guha, R. V. (1989). Building large knowledge-based systems: Representation and inference in the CYC project. Reading, Mass.: Addison-Wesley.

Lenneberg, E. (1967). *Biological foundations of language.* New York: Wiley.

Lepper, M. R., & Cordova, D. I. (1992). A desire to be taught: Instructional consequences of intrinsic motivation. *Motivation and Emotion, 16,* 187-208.

Lepper, M. R., Greene, D., & Nisbett, R. E. (1973). Undermining children's intrinsic interest with extrinsic rewards: A test of the "overjustification" hypothesis. *Journal of Personality and Social Psychology, 28,* 129-137.

Lesgold, A., Rubinson, H., Feltovich, P., Glaser, R., Klopfer, D., & Wang, Y. (1988). Expertise in a complex skill: diagnosing X-ray pictures. In M.T.H. Chi, R. Glaser & M. Farr (Eds.), *The nature of expertise* (pp.311-341). Hillsdale, NJ: Erlbaum.

Leslie, A. M. (1994). ToMM, ToBy, and Agency: Core architecture and domain specificity. In L. Hirschfeld & S. Gelman (Eds.), *Mapping the mind: Domain specificity in cognition and culture* (pp. 119-148). Cambridge: Cambridge University Press.

Levin, B. (1993). *English verb classes and alternations.* Chicago, IL: University of Chicago Press.

Lindsay, P. H., & Norman, D. A. (1977). Human information processing an introduction to psychology. 2ed. Vol. 1. New York: Academic Press Inc.（リンゼイ, P. H., ノーマン, D. A. 中溝幸夫・箱田裕司・近藤倫明（訳）(1983). 情報処理心理学入門Ⅰ 感覚と知覚 サイエンス社）

Lindsay, P. H., & Norman, D. A. (1977). Human information processing an introduction to psychology. 2ed. Vol. 2. New York: Academic Press Inc.（リンゼイ, P. H., ノーマン, D. A. 中溝幸夫・箱田裕司・近藤倫明（訳）(1984). 情報処理心理学入門Ⅱ 注意と記憶 サイエンス社）

Lindsay, P. H., & Norman, D. A. (1977). Human information processing an introduction to psychology. 2ed. Vol. 3. New York: Academic Press Inc.（リンゼイ, P. H., ノーマン, D. A. 中溝幸夫・箱田裕司・近藤倫明（訳）(1985). 情報処理心理学入門Ⅲ 言語と思考 サイエンス社）

Maguire, E., Gadian, D. G., Johnsrude, I. S., Good, C. D., Ashburner, J., Frackowaik, R. S. J., Frith, C. D. (2000). Navigation-related structural change in the hippocampi of taxi drivers. *Proceedings of National Academy of Science of the USA, 98* (8), 4398-4403.

Markman, E.M. (1989). *Categorization in children: Problems of induction.* Cambridge, MA: MIT Press. Bradford Books.

Markman, E. M., & Hutchinson, J.E. (1984). Children's sensitivity to constraints on word meaning: Taxonomic versus thematic relations. *Cognitive Psychology, 16,* 1-27.

Markman, E. M., & Wachtel, G. F. (1988). Children's use of mutual exclusivity to constrain the meanings of words. *Cognitive Psychology, 20,* 121-157.

松原仁（1997）．Deep Blueの勝利が人工知能にもたらすもの　人工知能学会誌 12（5），698-703.

McCarthy, J., & Hayes, P. J., (1969). *Some philosophical problems from the standpoint of artificial intelligence.* Edinburgh: Edinburgh University Press.（マッカーシー, J. ヘイズ, P. J. 松原 仁　三浦 謙（訳）(1991). 人工知能になぜ哲学が必要か：フレーム問題の発展と展開　哲学書房）

McCloskey, M. (1983). Naive theories of motion. In D. Gentner & A. L. Stevens (Eds.), *Mental Models* (pp.299-324). Hillsdale, NJ: Lawarence Erlbaum.

Medin, D. L., Goldstone, R. L., & Gentenr, D. (1993). Respects for similarity. *Psychological Review, 100,* 254-278.

Mehler, J., & Dupoux, E. (1994). *What infants know: The new cognitive science of early development.* (translated by P. Southgate). Cambridge, MA : Blackwell.（メレール, J. デュプー, E. 加藤晴久・増茂和男（訳）(1997). 赤ちゃんは知っている　藤原書店）

Meltzoff, A.N. (1995). Understanding the intensions of others: Re-enactment of intended acts by 18 month-old children. *Developmental Psychology, 31,* 838-850.

Minsky, M. L. (1968). *Semantic Information Processing.* Cambridge, MA.: MIT Press

Nagy, W., & Scott, J.A. (1990). Word schemas: Expectations about the form and meaning of new words. *Cognition and Instruction, 7,* 105-127.

Nersessian, N. J. (1992). How do scientists think? Capturing the dynamics of conceptual change in science. In R. N. Giere (Ed.), *Cognitive models of Science, Volume XV, Minnesota, Studies in the Philosophy of Science* (pp.5-22). Minneapolis, MN: Minneapolis.

Newell, A. (1990). *Unified theories of cognition.* Cambridge, MA.: Harvard University Press.

Newell, A., & Simon, H.A. (1961). GPS, a program that simulates human thought. In H. Billing (Ed.), *Lernende Automaten* (pp. 109-124). Munchen: Oldenbourg.

Newell, A., & Simon, H. A. (1972). *Human Problem Solving.* Englewood Cliffs, N. J.：Prentice Hall.

Newport, E. (1990). Maturational constraints on language learning. *Cognitive Science, 14*, 11-28.

Norman, D.A. (1981). Categorization of action slips. *Psychological Review, 88*, 1-15.

Nunes, T., Schliemann, A. D., & Carraher, D. W. (1993). *Street mathematics and school mathematics.* New York, NY: Cambridge University Press.

Olson, L., & Samuels, S. (1973). The relationship between age and accuracy of foreign language pronounciation. *Journal of Educational Research, 66*, 263-267.

大西 仁・鈴木宏昭（2001）. 類似から見た心 共立出版

大津由紀雄・鳥飼玖美子（2002）.小学校でなぜ英語？：学校英語教育を考える 岩波ブックレット No.562

Pascalis. O., de Haan, M., & Nelson, C.A. (2002). Is Face Processing Species-Specific During the First Year of Life? *Science 296（5571）*, 1321-1323.

Piaget, J. (1936). Origins of intelligence in the child. (translated by M.Cook). New York : International Universities Press, 1952.

Piaget, J. (1950). *The psychology of intelligence.* (translated by M. Piercy, and D. E. Berlyne) London: Routledge & K. Paul (original: 1949). （ピアジェ, J. 波多野完治・滝沢武久（訳）原著第2版（1998）. 知能の心理学 みすず書房）

Piaget, J. (1953). *Logic and Psychology.* Manchester: Manchester University Press.

Piaget, J. (1964). *Six etudes de psychologie.* Paris : Denoel. （ピアジェ, J. 滝沢武久（訳）（1999）. 思考の心理学 みすず書房）

Piaget, J. (1968). La psychologie de l'inteiligence. Paris : A. Colin. （ピアジェ, J. 波多野完治・滝沢武久（訳）（1998）. 知能の心理学 みすず書房）

Piaget, J. (1970). Introduction-the place of the sciences of man in the system of sciences. Reprinted from "Main trends of research in the social and human sciences—part I: Social sciences" published in 1970 by Unesco. （ピアジェ, J. 波多野完治（訳）（2000）. 人間科学序説 岩波書店）

Pylyshyn, Z. W. (1984). *Computation and cognition: Toward a foundation of for cognitive science.* Cambridge, MA.: MIT Press. （ピリシン, Z. W. 信原幸弘・佐伯 胖（訳）（1988）. 認知科学の計算理論 産業図書）

Quine, W.V. (1960). *Word and Object.* Cambridge, MA.: MIT press. （クワイン, W. V. 大出 晃・宮館 恵（訳）（1984）. ことばと対象 勁草書房）

Resnick, L. B., & Resnick, D. P. (1991). Assessing the thinking curriculum: New tools for educational reform. In B. Gifford & C. O'Connor (Eds.), *Changing assessments: Alternative views of aptitude, achievement, and instruction* (pp. 37-75). Norwell, MA: Kluwer Academic Press.

Reusser, K. (1998). Problem solving beyond the logic of things: Contextual effects on understanding and solving word problems. *Instructional Science, 17*, 309-338.

Rosch, E. (1978). Principles of categorization. In E. Rosch & B. B. Lloyd (Eds.), *Cognition and categorization* (pp. 27-48). Hillsdale, NJ: Erlbaum

Roy, D., & Pentland, A. (2002). Learning words from sights and sounds: A computational model. *Cognitive Science, 26*, 113-146.

Saalbach, H. & Imai, M. (2007). The scope of linguistic influence: Does a classifier system alter object comcepts? *Journal of Experimental Psychology: General., 136*, 485-501.

Saffran, J. R., Newport, E. L., & Aslin, R.N. (1996). Statistical learning by 8-month-old infants. *Science, 274*, 1926-1928.

Saji. N., Imai, M., Saalbach, H., Zhang, Y., Shu, H., & Okada, H. (2011). Word learning does not end at fast-mapping: Evolution of verb meanings through reorganization of an entire semantic domain. *Cognition, 118*, 45-61.

佐治伸郎・梶田祐次・今井むつみ（2010）. L2習得における類義語の使い分けの学習：複数のことばの意味関係理解の定量的可視化の試み Second Language, 9, 83-100.

榊原洋一（2004）. 子どもの脳の発達臨界期・敏感期—早期教育で知能は大きく伸びるのか？ 講談社

Samarapungavan, A., Vosniadou, S., & Brewer, W. F. (1996). Mental models of the earth, sun and moon: Indian children's cosmologies. *Cognitive Development, 11*, 491-521.

Scassellati, B. (2002). Theory of mind for a humanoid robot. *Autonomous Robots, 12*, 13-24.

Shuter-Dyson, R., & Gabriel, C. (1981) . *The Psychology of Musical Ability.* London: Methuen. 2nd ed.

Simon, D.P., & Simon, H.A. (1978). Individual differences in solving physics problem. In R. S. Siegler (Ed.), *Children's thinking: What develops?* (pp. 325-348) . Hillsdale, NJ: Lawrence Erlbaum Associates.

Skinner, B. F. (1953). *Science and Human Behavior.* New York: Macmillan.

Skinner, B. F. (1954). The science of learning and the

art of teaching. *Harvard Educational Review, 24* (2), 86-97

Skinner, B. F. (1974). *About behaviorism*. New York: Knopf. (スキナー, B. F. 犬田充 (訳) (1975). 行動工学とは何か: スキナー心理学入門　佑学社)

Sloboda, J. A. (1996). The acquisition of musical performance expertise: Deconstructing the "talent" account of individual differences in musical expressivity. In K. A. Ericsson (Ed.), *The road to excellence: The acquisition of expert performance in the arts and sciences, sports, and games* (pp.107-126). Mahwah, N.J.: Erlbaum.

Smith, C., Carey, S., & Wiser, M. (1985). On differentiation: A case study of the development of the concepts of size, weight and density. *Cognition, 21*, 177-237.

Snow, C., & Hoefnagel-Hohle, M. (1978). The critical period for language acquisition. *Child Development, 4*, 1114-28.

Soja, N. N., Carey, S., & Spelke, E. S. (1991). Ontological categories guide young children's inductions of word meaning: Object terms and substance terms. *Cognition, 38*, 179-211.

Spelke, E. S. (1985). Perception of unity, persistence, and identity: Thoughts on infants' conception of objects. In R. Fox & J. Mehler (Eds.), *Neonate cognition* (pp. 89-113). Hillsdale, NJ: Erlbaum.

Spelke, E. S. (1990). Principles of object perception. *Cognitive Science, 14*, 29-56.

Spelke, E. S. (1991). Physical knowledge in infancy: Reflections on Piaget's theory. In S. Carey & R. Gelman (Eds.), *The epigenesis of mind: Essays on biology and cognition* (pp. 133-169). Hillsdale, NJ: Lawrence Erlbaum.

Spelke, E. S., Phillips, A., & Woodward, A.L. (1995). Infants' knowledge of object motion and human action. In D. Sperber, D. Premack & A.J. Premack (Eds.), *Causal cognition: A multidisciplinary debate* (pp. 44-78). New York: Oxford University Press.

Spiro, R. J., Feltovich, P. L., Jacobson, M. J., & Coulson, R.L. (1991). Cognitive flexibility, constructivism, and hypertext: Random access instruction for advance knowledge acquisition in ill-structured domains. *Educational Technology, 31* (5), 24-33.

Stager, C. L., & Werker, J. F. (1997). Infants listen for more phonetic detail in speech perception than in word learning tasks. *Nature, 388*, 381-382.

Starkes, J., Deakin, J., Allard, F., Hodges, N., & Hayes, A. (1996). Deliberate practice in sports: what is it anyway? In K. A. Ericsson (Ed.), *The road to excellence: The acquisition of expert performance in the arts and sciences, sports, and games* (pp.81-106). Mahwah, N. J.: Erlbaum.

Starkes, J. L., Deakin, J. M., Lindley, S. & Crisp, F. (1987). Motor versus verbal recall of ballet sequences by young expert dancers. *Journal of Sport Psychology, 9*, 222-230.

Stillings, N. A., Weisler, S. E., Chase, C. H., Feinstein, M. H., Garfield, J. L., & Rissland, E. L. (1995). *Cognitive Science: An Introduction*. (2nd edition) Cambridge, MA.: MIT Press. (スティリングス, N. A. 他 海保博之 (訳) (1991). 認知科学通論　新曜社認知科学選書 新曜社)

Takeuchi, A. H., & Hulse, S. H. (1993). Absolute pitch. *Psychological Bulletin, 113* (2), 235-361.

Talmy, L. (1985). Lexicalization patterns: Semantic structure in lexical forms. In T. Shopen (Ed.), *Language typology and syntactic description, vol. 3: Grammatical categories and the lexicon* (pp.36-149). Cambridge: Cambridge University Press.

Tomasello, M., & Akhtar, N. (1995). Two-year-olds use pragmatic cues to differentiate reference to objects and actions. *Cognitive Development, 10*, 201-224.

友永雅己 (1990). リンゴが [り・ん・ご] なら [り・ん・ご] はリンゴか？: ―「刺激等価性」の比較発達研究　浜田寿美男・無藤隆・岩田純一・松沢哲郎 (編)　発達論の現在　別冊発達, 10, 284-294.

友永雅己・伏見貴夫 (2002). チンパンジーにおける3次元物体を用いた条件性弁別とその転移　心理学研究, 73, 111-120.

Tsushima, T., Takizawa, O., Sasaki, M., Shiraki, S., Nishi, K., Kohno, M., Menyuk, P., & Best, C. (1994). Discrimination of English /r-l/ and /w-y/ by Japanese Infants at 6-12 Months: Language-Specific Developmental Changes in Speech Perception Abilities. *1994 International Conference on Spoken Language Processing*, S28F-1.

Turing, A.M. (1950). Computing machinery and intelligence. *Mind, 59*, 433-460.

Vosniadou, S., & Brewer, W. F. (1992). Mental models of the earth: A study of conceptual change in childhood. *Cognitive Psychology, 24*, 535-385.

Vosniadou, S., & Brewer, W.F. (1994). Mental models of the day/night cycle. *Cognitive Science, 18*, 123-183.

Vygotsky, L. (1962). *Thought and language*. Cambrige, MA: MIT Press. (ヴィゴツキー, L. 柴田義松（訳）(2001). 思考と言語　新読書社）

Wan, X., Nakatani, H., Ueno, K., Asamizuya, T., Cheng, K., & Tanaka,K. (2011). The neural basis of intuitive best next-move generation in board game experts. *Science, 331*, 341-346.

Wason, P. C., & Shapiro, D. (1971). Natural and contrived experience in a reasoning task. *The Quarterly Journal of Experimental Psychology, 23*, 63-71.

Watson, J. B. (1962). Behaviorism. Chicago: University of Chicago Press. (ワトソン, J. B. 安田一郎（訳）(1980). 行動主義の心理学　現代思想選6　河出書房）

Waxman, S. R. (1991). Semantic and Conceptual organization in preschoolers. In J. Byrnes & S. Gelman (Eds.), *Perspectives on language and thought* (pp. 107-145). Cambridge: Cambridge University Press.

Werker, J. F. (1991). *The ontogeny of speech perception*. In I. Mattingly & M. Studdert-Kennedy (Eds.), *Modularity and the motor theory of speech perception* (pp. 91-110). Mahwah, NJ: LEA

Werker, J. F., & Lalonde, C. E. (1988). Cross-Language Speech Perception: Initial Capabilities and Developmental Change. *Developmental Psychology, 24*, 672-83.

Werker, J. F., & Tees, R. C. (1984). Cross-language speech perception. Evidence for perceptual reorganization during the first year of life. *Infant Behavior and Development, 7*, 49-63.

Winner, E. (1996). The rage to master: the decisive role of talent in the visual arts. In K.A. Ericsson (Ed.), *The road to excellence: The acquisition of expert performance in the arts and sciences, sports, and games* (pp. 271-301). Mahwah, N. J.: Erlbaum.

Woodward, A. L., Phillips, A., & Spelke, E. S. (1993). Infants' expectations about the motion of animate versus inanimate objects. In *proceedings of the Fifteenth Annual Meeting of the Cognitive Science Society* (pp.1087-1091). Hillsdale, NJ: Lawrence Erlbaum Associates.

Wynn, K. (1992). Children's Acquisition of the Number Words and the Counting System. *Cognitive Psychology, 24*, 220-51.

山田恒夫・足立隆弘・ATR人間情報通信研究所（編）(2001). 英語スピーキング科学的上達法：発音の良し悪しをパソコンが判定！　講談社ブルーバックス

Yamamoto, J., & Asano, T. (1995). Stimulus equivalence in a chimpanzee (Pan troglodytes). *Psychological Record, 45*, 3-21.

横澤一彦・今井むつみ（1997a）. 物体認知における概念的関係の影響　日本心理学会第61回大会

横澤一彦・今井むつみ（1997b）. 概念類似性と物体認知　認知科学会第14回大会

事項索引

あ行

アクセント 43
アノマリー 107, 109
生きた知識 221
一般問題解決器 66
意図の理解 35
因果関係 95, 99
因果メカニズム 97
韻律 43
ウェイソン課題 79
エピステモロジー 205, 223
演繹推論能力 97
オートマタ 65
オペラント条件づけ 7
重さの概念 101
オントロジー（存在論） 31

か行

外延 57, 76
下位カテゴリー 52, 55, 56, 75
下位技能の自動化 157, 174
外国語学習 120
外国語教授法 113
外的リソース 196
概念 13
概念知識 13, 91
概念変化 100, 113, 133, 137, 209
学習 66, 85, 113
　　——の不可逆性 128
　　——のメカニズム 11
学習観 2
数の表象 25
形の恒常性 32
カテゴリー
　　意味ある—— 92
　　意味のない—— 92
カテゴリー分類 51
擬音語 132
機械式リレー計算機 64

基礎レベル 94
　　——のカテゴリー 53, 55
帰納推論 97
空間的近接性 97
計算 11
形状類似性バイアス 52, 53, 91
楔前部 78
言語
　　——処理の自動化 128
　　——の臨界期 116
言語プロトコル 6
語意学習バイアス 97
語彙体系 132
語彙爆発の現象 45
構造化された知識 161
行動主義 7
　　——の学習観 4
刻印付け 115
古典的条件づけ 7
固有名詞 51
コンピュータ 63

さ行

再構造化 99
才能 166
最適な方略 129
作業記憶 84, 158
猿とバナナの問題 66, 68
ジェスチャー 49
時間的近接性 97
思考プロセス 5
シナプス形成 116
シナプスの刈り込み 115
自発的な興味 9
ジャスパープロジェクト 226
10年修行の法則 139, 163, 224
熟達 17, 147, 173
熟達化 17, 218
熟達者 147, 199, 217, 224
　　——の記憶 153

245

——の問題解決　155
　　　チェスや将棋の——　149, 150, 154, 160, 177
手話　118
馴化　26
馴化脱馴化パラダイム　26
順序関係　99
上位カテゴリー　52, 55
状況論的学習観　201
条件刺激　7
条件反応　7
情報処理　11
情報処理プロセス　11
情報処理方略　128
人工知能　65
シンボル　22
シンボル操作　98
数値計算　70
スキーマ　80, 99, 136, 144, 158, 218
正統的周辺参加　200
正の事例　75
絶対音感　166
宣教師と人食い人種の問題　66
宣言的知識　17
　　　——の手続き化　155
選好振り向き法　43
前頭葉　16
総合学習　224
相互排他性バイアス　53, 54
即時マッピング　48
属性のラベルへの帰納的投影　60
素朴力学理論　27
素朴理論　81, 97, 99, 207, 218, 222
存在論（オントロジー）　31
　　　——的違い　31

た　行

ダートマス会議　66
第五世代コンピュータプロジェクト　77
脱馴化　27
タブララサ　21
短期記憶　84, 158
探究型プロジェクト学習　225
単語　40

探索　66
知覚次元　94
知覚的類似性　94
知識　11, 17, 85
　　　——についての知識　205
　　　——の活性化　13
　　　——の起源　36
　　　——の構造変化　113
　　　——の再構造化　99
　　　——のチャンク化　158, 169
　　　——の変化　113
　　　——の変容　17
　　　——の豊富化　99, 113
知識表象　22
知的好奇心　10
チャンク化　184
注視時間　12
チューリングテスト　65
長期記憶　158
チンパンジーの言語学習　59
ディープブルー　77
ディストラクタ　52, 55
手続き知識化　129
手続き的知識　18
鉄腕アトム　69
天井効果　122
統計的規則性抽出　71
動物と非動物の運動法則の区別　26

な　行

内観　6
　　　——の主観性　6
内観法　5
内発的動機　143, 168, 199
乳児
　　　——の数の理解　25, 29
　　　——の存在論的違いの理解　32
　　　——の意図の理解　35
　　　——の運動の因果関係の理解　34
　　　——の素朴力学の理解　27
ニュートラルネットワークモデル　19
認知的学習論　3
脳の成熟　116

は 行

背景知識　96
パターン認識　66
発声法　6
ハノイの塔　66
パブロフの犬　7
反応潜時　12
尾状核　78
ヒューリスティクス　78
標準刺激　55
表象　24
ブートストラッピング　96, 209
　　――の過程　84
ブートストラッピングプロセス　96
普通名詞　51
物質　31
物体　31
　　――の運動の基本原理　26
　　――の永続性　23, 25, 29
負の事例　75
プライミング　13
　　負の――　15
プライミング実験　12
プランニング　66
フレーム問題　16, 81
プログラム内蔵方式　64
プロダクション・システム　19
分散推論　210
分類カテゴリー
包含関係　99
報酬と罰による学習　9
母語の統計的特徴　44

ま 行

密度の理解　101

無条件反応　7
メタ知識　18, 50, 97, 110, 131, 144, 205, 223
メタ認知　18, 95
メタ認知能力　224
メンタルレキシコン　39, 57
文字再認　73
文字認識　73
問題解決　66, 225

や・ら・わ行

指差し　48
4枚カード問題（ウェイソン課題）　79
理論　207
　　――と仮説　207
臨界期　114, 115, 167
　　言語学習の――　116
　　学習の――　115
類似性　51, 93
レキシコン　57, 91
レス　イズ　モア（Less is More）仮説　117
練習　163
　　――の質　165
　　――時間　164
論理的推論　98
話者の視線　48

ASL（American Sign Language）話者　118
DENDRAL　76
ENIAC　63
IT　193
ITリテラシー　196
IQ　168
learning by doing　209
MEMEX　64
street mathematics　200
UNIVAC　68

人名索引

あ行

今井むつみ　14, 51, 55, 56, 103, 104, 131-133
ウイン，K.　29, 30
ウエイソン，P.　79
ウッドワード，A.　34
エリクソン，A.　6, 163-166
カトラー，A.　124, 125, 128, 134
クール，P.　135
クーン，D.　205
クレメント，J.　102, 103
ケアリー，S.　32, 33, 99-101, 207

さ行

サイモン，H.　66, 155
サマラプンガヴァン，A.　102, 105
シャンクス，W.　70
スキナー，B. F.　8
スペルキー，E.　28

た・な行

ダンバー，K.　210, 211
チブラ，G.　35, 36
チューリング，A.　64
デネット，D.　82

トマセロ，M.　49
ニューウェル，A.　66
ニューポート，E.　117, 134
ノイマン，J. von　64

は・ま行

パブロフ，I.　7
針生悦子　51, 55, 56
ピアジェ，J.　23
ファイゲンバウム，E. A.　76
ブッシュ，V.　64
ブランスフォード，J.　16, 197, 226
ホリオーク，K.　202
マクロスキー，M.　102-104, 106
マッカーシー，J.　81
マッカーシー，M.　66
ミンスキー，M.　66
メーラー，J.　124-126, 128, 129

ら・わ行

レナート，D.　83
レネバーク，E.　116
ローレンツ，K.　115
ワーカー，J.　41, 42, 123, 126, 128

著 者 紹 介

今井　むつみ
慶應義塾大学環境情報学部教授
1989年　慶應義塾大学社会学研究科博士課程修了
1994年　ノースウエスタン大学心理学部博士課程修了，Ph.D.
慶應義塾大学環境情報学部助手，専任講師，助教授を経て2006年より現職
著書に「ことばの学習のパラドックス」「こころの生得性」「レキシコンの構築」（共著），「ことばと思考」
専門は言語発達，認知発達，言語心理学
　　　http://web.sfc.keio.ac.jp/~imai/
　　　e-meil：imai@sfc.keio.ac.jp

野島　久雄
成城大学社会イノベーション学部教授
1983年　東京大学教育学研究科修士課程修了後日本電信電話公社に入社
NTTマイクロシステムインテグレーション研究所を経て2005年より現職
名古屋大学大学院情報科学研究科客員教授，博士（情報科学）
著書に「方向オンチの科学」（共著），「〈家の中〉を認知科学する」（共編著）など
専門は認知科学，ヒューマンインターフェイス
2011年逝去。

岡田　浩之
玉川大学工学部教授
2000年東京農工大学大学院生物システム応用科学研究科博士課程修了，博士（工学）
（株）富士通研究所を経て，2002年東海大学理学部助教授。2006年より現職。
著書に「基礎と実践ニューラルネットワーク」（共著），「インターネットが本当に使いこなせる」（共著）
専門は機械学習，ロボティクス，認知発達。
赤ちゃんの発達とロボットを融合させた研究に興味をもつ。ロボットを通じて，人間を知ることが目標。2008年，2010年ロボカップ世界大会＠ホームリーグ優勝。
　　　http://okadanet.org/
　　　e-mail：admin@okadanet.org

新 人が学ぶということ ―― 認知学習論からの視点

2003年4月20日　初版第1刷発行
2008年4月1日　初版第4刷発行
2012年4月20日　新版第1刷発行

著者　今井　むつみ
　　　野島　久雄
　　　岡田　浩之

発行者　木村　哲也

定価はカバーに表示　　印刷　新灯印刷　製本　新灯印刷

発行所　株式会社　北樹出版

〒153-0061　東京都目黒区中目黒1-2-6
URL : http://www.hokuju.jp
電話(03)3715-1525(代表)　FAX(03)5720-1488

Ⓒ 2012, Printed in Japan　　　　ISBN 978-4-7793-0321-0
（落丁・乱丁の場合はお取り替えします）